큰 가슴 작은 손

큰 가슴 작은 손

일오 정한숙 선생
탄생 백주년 기념사업회 엮음

정한숙 — 수필 선집 및 헌정 산문

KU PRESS
고려대학교
출판문화원

머리말

2022년은 일오(一悟) 정한숙(鄭漢淑, 1922-1997) 선생이 태어난 지 백 주년 되는 해이다. 선생은 전후 한국 문단을 대표하는 작가로서 지식인과 예술가, 현대인과 역사적 인물 등 하나로 갈피 지을 수 없을 만큼 다양한 인간상을 소설에 선보였다. 그러나 이 중 이 땅의 현실과 관련되지 않은 이는 한 명도 없었다. 선생은 자유분방한 상상력을 발휘하면서 그 안에 시대 정신을 투영하며 당대 독자에게 피폐한 현실을 견디는 동시에 극복하는 힘을 제공했다. 선생에게 일관된 것이 더 있다면, 조금 더 좋은 글을 쓰고자 했던 갱신의 노력이었으며, 하루도 빠짐 없이 원고지 30매를 채우는 성실함이었다. 160여 편의 단편소설과 17편의 장편소설을 생전에 발표한 선생은 개인의 실천과 시대의 발전 사이의 인과성을 높이는 데 힘을 보탰다.

고려대학교 국어국문학과 1회 졸업생이기도 한 정한숙 선생은 모교 교수로 30여 년간 재직하며 《현대한국소설론》(1973)·《소설기술론》(1975)·《현대한국작가론》(1976)·《해방문단사》(1980)·《현대한국문학사》(1982) 등의 연구서를 발간하였다. 언론과 교직 등 다양한 직종에 진출한 졸업생들이 졸업 후에도 선생과의 인연을 이어갔으며 많은 시인, 소설가, 비평가 그리고 학자가 선생의 문하에서 배출되었다. 또한 선생은 문예진흥원장, 대한민국 예술원 회장을 역임하며 행정가로서 나라의 문화적 품격을 높이는 데 기여했으며 고려대학교에서는 초대 사범대학장 등의 보직을 맡아 주어진 소임을 충실히 수행하였다.

2021년 정한숙 선생의 탁월한 업적과 정신을 기리기 위해 여러 제자들이 '일오 정한숙 선생 탄생 백주년 기념사업회'(약칭 정한숙 기념사업회)를 결성하였다. 정한숙 기념사업회에서는 학술대회 개최, 장편소설 웹 플랫폼 연재, 기념 도서 세 권 발간 등을 탄생 백 주년인 2022년의 주요 사업 내용으로 정하고 준비해 왔다. 2022년 7월 2일에는 고려대학교 백주년 기념관 국제 원격회의실에서 '일오 정한숙 탄생 백주년 기념 학술대회'가 열렸다. 삶과 예술, 등단 시기의 행적, 후기 소설의 특성, 예술과 사랑이라는 주제, 말년에 발표한 시와 수필의 의미 등 선생의 삶과 문학에 대한 연구 영역을 확장하는 발표가 이어졌다. 탄생 백주년인 2022년 안에 정한숙 기념사업회는 선생의 장편소설《바다의 왕자》를 웹플랫폼에 연재할 예정이며, 백주년 탄생일인 11월 3일에는 고려대학교 출판문화원에서 발행한 기념 도서 세 권에 대한 출간 기념식을 열 예정이다. 기념 도서의 대략적인 개요는 다음과 같다.

제1권은《금당벽화—정한숙 소설 선집》이다. 1997년 고려대 출판부에서 펴낸 선집에 6편을 추가하여 총 16편의 소설을 실었으며, 기존의 작가 연보 및 작품 목록에 최근 연구 성과를 더해 선생이 남긴 방대한 업적에 조금이라도 더 접근하고자 했다.

제2권은《큰 가슴 작은 손—정한숙 수필 선집 및 헌정 산문》이다. 1부에는 선생의 영결식 때 낭독된 조시와 조사, 2부에는 고향과 일상, 소설과 교육 등에 대해 선생이 남긴 수필, 3부에는 선생을 기리는 27명의 제자와 유족의 회고 산문이 담겨 있다. 문학 작품에서는 흐릿했던 선생의 인간적인 면모가 이 책에서 선명히 드러나기를 기대한다.

제3권은《정한숙의 삶과 문학—연구 논문집》이다. 선생의 삶과 문학에 대한 연구 성과를 모은 책으로, 선생의 생존 시에 나왔던 대표적인 성과물, 그리고 2022년 기념 학술대회의 발표문을 수록하여 정한숙 연구의 현황을 정리하는 동시에 후대 연구를 촉발하고자 했다.

본 기념사업회의 기획 취지에 공감하여 물심양면으로 도움을 준 고려대학교 정진택 총장, 고려대학교 민족문화연구원, 고려대학교 문과대학, 그리고 고려대학교 국어국문학과에 진심으로 감사드린다. 선생과의 각별한 기억으로 선뜻 선생과의 회고담과 후원금을 보내준 선생의 여러 제자들, 선생의 여러 글을 싣는 것에 동의해 주었을 뿐 아니라 선생이 말년에 남긴 여러 그림을 제공하여 기념 도서를 더욱 의미 있게 한 유족 측, 선생의 원고를 입력하고 교정하는 데 애쓴 고려대학교 국어국문학과에서 현대문학을 전공하는 대학원생들, 촉박한 기한 내에 번다한 원고를 성심성의껏 편집하고 출판해 준 고려대학교 출판문화원에 감사의 말씀을 드린다.

선생을 기리는 여러 힘들이 모여 기념 사업을 무탈하게 치를 수 있었다. 본 사업회는 자유분방하면서도 치밀했던 인간적 풍모와 문학적 실천으로 20세기 후반 한국 현대문학의 초석을 놓은 선생의 업적이, 문자 텍스트에서 영상 텍스트로 매체 영향력이 이동하는 21세기에 문학을 포함한 인문학의 방향성을 제시하며 거듭날 수 있기를 기대한다.

2022년 가을 일오 정한숙 선생 탄생 백주년 즈음하여
일오 정한숙 선생 탄생 백주년 기념 사업회

차례

{ **제3부** }

큰 산 같은 스승 — 정한숙 헌정 산문

일러두기

1. 이 책의 1부에는 정한숙 선생의 영결식 조시·조사, 2부에는 선생의 수필집 《공자는 남자인가 여자인가》(혜진서관, 1992)와 《꿈으로 오는 고향내음》(해문출판사, 1988)의 글 일부, 3부에는 유족과 제자의 선생에 대한 회고담이 실렸다.
2. 원문의 한자는 가능하면 한글로 바꾸었으며, 작품의 이해를 위해 필요한 경우에는 괄호 안에 한자를 병기했다.
3. 이 책의 맞춤법은 현대 표기법에 따랐으며, 명백한 오·탈자는 바로잡았다. 자연스러운 구어적 표현, 작품 분위기에 어울리는 방언, 의성어·의태어 등은 되도록 원문 그대로 살리고자 했다. 원문 표기의 소릿값을 존중하되 소리의 차이가 없는 경우 표준어로 바꾸었다.
4. 외래어 표기는 현대식 표기법에 따랐으나, 작품 고유의 분위기를 살리는 것이 필요하다고 판단되는 경우에는 원문의 표기를 그대로 살리고자 했다.

{ 제1부 }

정한숙 형을 보내며

영결식 조시 · 조사

정한숙 형을 보내며

조병화

오늘, 1997년 9월 21일, 일요일 10시, 맑은 가을 하늘, 이 시간은 형을 이 세상에서 저 세상으로 보내는 마지막 작별의 자리옵니다. 당신을 사랑하고, 그리워하는 따뜻한 사람들이 많이 모여들 있습니다.

형을 이렇게 먼저 보내게 되니 새삼 세월이 무상하고, 인생 또한 무상함을 느낍니다.

형은 진실로 솔직담백하면서, 정직하고 직설적인 좋은 성격의 착한 사람이었습니다.

당신이 있는 곳마다 즐거웠고, 통쾌하였고, 웃음이있고, 솔직하면서 언제나 맑고 밝은 비판의 우정이 흐르곤 했습니다.

이러한 좋은 착한 성격으로 많은 일을 하고, 많은 작품을 남기고,

많은 독자, 많은 제자들을 남기고, 좋은 벗들을 남겼습니다.

이제 우리와 작별하고 마지막 떠남에, 저 세상엔 인간의 희로애락, 근심과 고통이 없으려니 가시는 길 무사하옵고, 내내 평안하옵길, 고개 숙여 이곳에 모인 모든 이의 이름으로 명복을 비옵니다.

훗날 다 함께 다시 만나리니

김남조

그 누구와도
단 한마디의 작별도 없이
홀로 떠나시는 이별은
이별의 무효이리다.

가을도
청명한 첫가을에
님의 부음의
마른 천둥번개가 울려
거대한 하늘 청유리에
일천가닥의
아픈 실금을 그으니

절친하던 가슴들

앞앞한 비통의
두레박줄을 수심 깊이
풀어 내리는 일밖엔
다른 할 바가 없나이다.

정. 한. 숙.
그 깨끗하고 올곧은
이름 하나로
칠십 평생을 작가요 교육자시다가
지친 육신을
홀연 이승에 벗으시니

한평생
속마음에 응어리지던
거인적인 열정과
그리도 준엄하던 선비정신의
영롱하던 그 칼날도
오늘은 칼집에 거두시나이까

천지간 공막한 바람 일어
공막한 어질머리 뿐일래

지금 여기가
이별의 낭떠러지인줄.

연분의 양끝이
하늘의 땅까지 길게 쓸쓸히
너울거리는 줄은 조차
아득히 모르겠나이다.

다만 이 한가지
만남의 소중함을
영원까지 기억하며
삶과 죽음 간에
감사와 축원을 봉헌하리다.

편히 가소서
사람은 저마다
그 시간이 다를 뿐
훗날 다 함께 다시 만나리니
그 세상에선 이별도 없으리니
먼저 가 기다리소서
부디 부디
먼 길 외로워 말고 가소서.

우리 선생님

오탁번

선생님 앞에 서면
과거가 현재가 되고
또 미래가 되는
이 기막힌 문법의 까닭을
아직도 잘 모르겠습니다.

여기는 지금
1965년 여름 계룡산 갑사 뜨락입니다.
그때 베레모 쓰고 담배 피우던 선생님은
저에게 이렇게 말씀하셨지요?
—야, 임마, 한번 피워볼래?
선생님의 침이 묻은 파이프를 건네받아서
빼끔빼끔 담배를 피우다가
저는 심한 기침을 했었습니다.

이제 또 여기는
1969년 2월 흰 눈이 쏟아지는 고려대학교 캠퍼스
대학원 국문과 입학시험에 합격한 날
우연히 저를 보신 선생님은
—야, 임마, 합격 축하 술 사줄 테니 따라와.
선생님은 〈낭만〉으로 저를 데리고 가셔서
예쁜 저의 코가 미워지도록
맥주를 사주셨습니다.

선생님이 아무렇지도 않은 듯
그 자리에 그냥 앉아서
그냥저냥 말씀하시던
시간과 공간이 너무 절실하니까
너무너무 생생하니까
선생님의 발자국 선명한
이제 여기 또 또는 너무 많으니까!
과거가 현재가 되고
또 미래가 되는
이 기막힌 문법을
아직도 잘 모르겠습니다.

하지만
이제 정말 여기는
1997년 9월 21일

선생님이 이승을 떠나시는
한가위가 막 지난 가을 아침
—야, 임마. 울지 마, 울지 마.
나는 지금 내 고향으로
어머님의 품속으로 떠나는 거야.
선생님은 항상 현재입니다.
현재진행형입니다.
선생님의 목소리처럼
정말 정말 맑고 푸른
하늘입니다.
우리 선생님!

조사

전숙희

징한숙 선생님.

정녕 돌아올 수 없는 먼 나라로 훌쩍 떠나셨습니까?

도저히 믿어지지 않는 이 사실을 우리 모두는 받아들여야만 하나요. 항상 말없이나마 우리 곁에 계셔 든든하고 정겨우셨던 선생님. 어찌 이리도 갑자기 한마디 말도 없이 떠나셨나요?

사랑하는 가족들, 수많은 후배들과 제자들, 한잔 나누시며 즐기시던 친구들, 모두 다 두시고 이렇게도 조용히 떠나셨습니까?

오랜 세월 문단가족으로 선생님을 알고 지내면서 따뜻한 문안편지 한 장 드리지 못한 제가 감히 마지막 떠나시는 길에 "조사"라는 기묘한 이름의 편지를 쓰게 될 줄이야 인간의 예감이 어찌 감히 상상이나 했겠습니까.

생각해보니 선생님을 직접 뵈옵고 차 한잔을 나누며 웃고 반가워하던 때가 바로 한주일이나 지났을까요? 그리고 바로 며칠 전에는 전에 없이 먼저 전화를 거시고 집안이 다 보여 추석 잘 지내라고 축복의 말씀까지 해 주셨지요. 전에 없이 다정하고 명랑한 음성이셨습니다. 그리고 그것이 이 세상에서의 선생님의 마지막 음성이 될 줄이야 어찌 상상이나 할 수 있었겠습니까.

선생님. 구구한 잡담 다 버리고 이제는 선생님의 떠나가심을 우리 모두 받아들여야만 할 때가 왔습니다. 이 순간, 잠시 내가 아는 선생님의 생애. 그 모습을 떠올려 봅니다.

북한에서 월남하신 후 교육자로 투신하시며 고려대학에서 정년을 마치시기까지 빈곤 속에서도 청렴결백한 생애를 당당히 살아오셨습니다.

그보다 더 자랑스러운 일은 그 바쁘고 어려운 생활 속에서도 문학에 뜻을 두고 소설가로 대성하시어 예술원 원장의 책임까지를 다하시고 많은 명작을 남기신 일입니다. 선생님의 성품을 아는 모든 사람들은 그 물질적인 빈곤과 바쁜 일정 속에서도 절대 권력이나 금력에 굴하거나 아부하지 않고 정직하고 성실하고 도도한 생애를 살아오신 높고도 깊은 인생관과 품격입니다.

그런 중에도 불우한 이웃을 돕고 외로운 자들의 벗이 되어주시기를 기꺼이 하셨습니다. 거기에 문단의 후배를 이끌어 주시고 교육계의 제자들을 친자녀나 형제들처럼 돌봐주신 인간애는 우리 모두가 잊을 수 없는 특성이셨습니다.

그러나 자기자신의 생활에는 있는 그대로 아무런 불평 없이 받아들이셨습니다.

돈암동 꼭대기의 판잣집에서 몇십 년을 살면서도 친구나 제자만 만나면 그냥 보내지 않고 차 한잔이라도 대접해야 마음이 흐뭇한 분.

그 청빈의 마음. 넉넉한 마음가짐은 누구보다도 풍요로운 삶을 우리들 마음에 심어주셨습니다.

그 오두막집에서 십 년 전 지금의 아파트로 이사하셨을 때 겨우 한 사십 평짜리 집에 아드님 내외와 선생님 내외분이 같이 사시면서도 마치 고루거각에나 사시는 듯 흐뭇해하셨습니다. “자 사람 사는 게 이 만하면 됐지, 편리한 아파트에서 소설을 쓰며 퇴직금과 원고료로 알뜰하게 살만하니 내게 무엇이 더 필요하겠는가…”

그의 소박하고도 예술가다운 순수한 뜻은 말없이 우리에게 감탄과 삶의 참가치관을 깨닫게 해주곤 하셨습니다.

냉면 한 그릇, 냉수 한잔을 놓고도 그토록 사람을 반겨하시고 기뻐하시던 소박한 선생님의 삶.

떠나실 때도 가족들이나 친지들에게조차 폐를 끼치지 않으려 홀로 조용히 눈을 감으신 선생님.

그래서 더욱 아쉽고 존경스러운 선생님. “삶과 죽음”은 인간사의 엄연한 진실이건만, 왜 이다지도 믿어지지 않는 사실일까요.

조금 먼저 가신 선생님. 그래서 더욱 눈물겨운 오늘. 존경하는 선생님을 아쉬워하고 사랑하는 마음으로 모이신 후배 친지 내빈들을 대신해 인사드리옵니다.

이 탁류와 같은 속세를 한줄기 맑은 물처럼 살다 가신 선생님.

이제는 외롭지도 않고 그리움도 없고 걱정이나 괴로움도 없는 저 맑고 밝은 영원한 나라에서 우리 다시 만날 때까지 편히 쉬시옵소서.

우리들 모두 이 세상에서 있는 날까지. 그 도도하던 모습. 넉넉한 마음씨. 불의에는 용감하게 도전하던 정의감. 몸소 보여주신 그 정신. 한줄기 맑은 흐름이 되어 대대로 이어가오리다.

선생님. 안녕히 가시옵소서.

고별사

홍일식

오늘 우리는 고(故) 일오(一悟) 정한숙 선생의 전(前)에 마지막 고별의 인사를 올리기 위해 자리를 함께 하였습니다. 진세(塵世)의 험로 속에서도 일평생 올곧게 사시면서 늘 사표(師表)가 되어주셨던 선생의 모습을 영영 뵈올 길 없게 되었다니, "회자정리(會者定離)"요 "생자필멸(生者必滅)"이라는 만고의 진리가 새삼 원망스러워지는 마음 가눌 길이 없습니다. 더욱이 오늘의 우리 대학 문단과 사회가 처한 여러 가지 어려움을 생각할 때, 꼭 계셔야 할 어른을 잃은 당혹스러움 또한 형언할 길이 없습니다.

일오 선생께서는 1946년 단신으로 월남하여 고려대학교에 적을 둔 이후 지난 반세기 동안 고려대학교와 고락을 함께 하셨습니다. 국문학자로서 한국현대소설론 분야에 큰 학문적 업적을 남기셨고, 때로는 호랑하면서도 섬세하고 엄격하면서도 인자한 스승으로서, 수많은 제자와 후학들을 키우셨습니다. 그리고 현대사의 격동 속에서 학교와 교육이 흔들릴 때, 앞장서서 중심을 잡아 주시던 그 강직한 기개는 아직도 우리의 가슴속에 선연히 각인되어 있습니다.

또한 일오 선생께서는 일찍이 소설가로 입신하시어 광복 후 한국 문단을 이끌어 온 주역이기도 했습니다. 변덕스런 시속에 흔들림 없이 묵묵히 자신의 작품세계를 지켜서 방대한 양의 문학작품들을 우리에게 남겨 주셨으니, 한국현대문학사에 남긴 선생의 큰 자취 또한 너무도 뚜렷합니다.

일오 선생이 학자로서, 문인으로서 일평생 쌓은 업적은 우리 시대의 소중한 자산이 되었습니다. 하지만 우리에게 더 소중한 것은 선생의 의연한 삶, 그 자체가 주는 가르침이 아닌가 합니다. 선생의 기개와 의열은 어떤 어려운 상황에서도 원칙에 어긋나는 것과 비굴한 것을 용납하지 않았습니다. 그러면서도 언제나 동안의 맑은 미소로 세상의 고난을 뒤에 감추셨던 분이었습니다. 가슴에는 불꽃을 지니시되, 얼굴에는 미소를 띠었고, 정신의 서슬은 푸르르되, 마음의 훈풍은 부드러웠던 것입니다.

일오 선생께서는 칠순을 앞두고 쓰신 어떤 수필에서 "돼지같이 먹고 황소같이 걸으며 인생을 살아왔으며 이제는 학같이 늙어 가기를 바란다"고 말씀하신 적이 있습니다. 말씀대로 선생께서는 어떤 음식도 가리지 않고 드셨으며, 세상의 까탈스런 차별을 대범하게 무시하였습니다. 또한 곁눈 팔지 않고 묵묵히 황소걸음과 같이 평생을 사셨습니다. 그리고 마지막 임종까지 학처럼 고고한 모습을 지키셨습니다.

이제 우리는 일오 선생께서 남기신 큰 가르침으로, 마음의 애통을 달래며, 삼가 선생의 영전에 한줌 향을 사르고, 마지막 작별의 인사를 드리고자 합니다. 선생이 떠나신 빈자리에 쓸쓸한 가을바람만 표표할지라도 우리의 가슴속에 선생의 의연한 모습은 영원할 것입니다. 이승의 근심 훌훌 다 벗어버리시고 부디 평안히 가시 오소서, 삼가 거듭 명복을 빕니다.

{ 제2부 }

꿈으로 오는 고향내음

정한숙 수필

꿈으로 오는 고향내음

유년 시질은 꿈의 고향이다.

꿈속에서 가보는 시절. 그러나 깨어보면 캄캄한 밤이 도사리고 있다. 그래서 유년 시절을 돌이켜 보는 일은 언제 어느 때라도 싱그럽고 달콤하다. 왜냐하면 유년 시절은 때 묻지 않은 희망이 부풀었던 시절이고 무슨 희망이라도 서슴없이 품을 수 있었던 시절이기 때문이다.

그래서 나이가 많거나 적거나 어린 시절로 돌아가고 싶은 마음은 누구나 매일반일 것이다. 한번 그렇게 되돌아가 보면 티 없이 맑았던 하늘 빛깔도 볼 수 있고 마구 뛰놀던 뒷동산에도 올라가 볼 수 있다. 그뿐이 아니라 그 시절의 소꿉친구도 만날 수 있고 옛날이야기가 무수히 기다리던 동네의 사랑방에도 들어갈 수 있다. 그러나 비록 꿈일지라도 유년 시절로 가볼 수 있다는 것은 인간의 가장 큰 행복 중의 하나로 꼽을 수 있을 것이다.

그러나 안타깝게도 고향은 멀리 있다. 많은 사람들이 6·25 때문에 고향을 안타깝게 쳐다보고만 있다. 고향은 언제나 마음속의 가상자리에서 사람의 마음을 흔드는 것이니 그 고향으로 돌아가고 싶은 것은 인간의 본성인지도 모른다.

이렇듯 사람에게는 돌아가고 싶은 곳이 고향이니, 유년 시절을 그리워하는 것은 더구나 당연한 일이다. 다행히 유년 시절은 꿈속에서나마 자주 가볼 수 있는 곳이다. 실제의 유년 시절보다 더 아름답지도 않게 그보다 덜 아름답지도 않게 볼 수 있는 유년 시절. 이제 다시 가보는 유년 시절은 나의 살갗이고 비늘이다. 지금도 생각해 보면 내가 소설가가 될지 안 될지 몰랐던 그 때가 가장 행복했던 시절이다. 그래서 언제나 내 마음은 동심의 세계로 날아가고 싶다.

소월의 시, 〈진달래꽃〉 하면 누구나 영변을 연상한다. 그 영변이 내 고향이다. 나는 이곳에서 성장했다.

영변의 사계절, 영변의 산, 유유히 흐르는 청천강 등은 태어나면서부터 내 몸속에 스며있어 독특한 분위기를 갖고 있게 하는 것이다.

지하 금강 동룡굴이 있는 곳이요, 서산 대사와 사명당이 수도하던 묘향산이 있다.

해발 4백 미터의 약산을 기점으로 해서 능선을 따라 화강암의 성벽이 있으니, 난공불락으로 철옹성이다. 나는 맨발로 들과 산과 성벽을 다람쥐모양 오르내리며 새알을 훔쳐다 구워 먹었고, 덜 익은 열매를 따서 씹고 다니다 더위에 지치면 잉크병보다 더 푸른 강물 속으로 뛰어들어 개헤엄을 쳤다.

영변은 내게 핏줄을 이어주신 조상님들이 잠들어 계시는 선산이 있는 곳이다.

공산당이 싫어 고향 땅을 등지고 나올 때의 내 나이는 20대였다. 내 나이 이제 70을 바라보니 많은 세월이 흘렀다. 달이 바뀌고 해가 지나면서도 나는 단 하루도 고향을 잊어 본 적이 없다.

지척이 천리라는 말은 나 같은 사람을 두고 쓰는 글귀인 것 같아 절실하다. 가고 싶어도 갈 수 없는 내 고향이다. 그러나, 가끔 나는 이 고향으로 가서 노는 때가 있다. 꿈에서다. 꿈으로 회포를 풀 수 있기 때문에 사람으로 태어난 것도 고맙게 생각한다.

지금은 나모양 백발이 되었을 영이와 순이는 꿈속에서 만날 때는 언제나 10대의 처녀들이다. 그 수줍은 모습은 요즈음 젊은 여성들에게서는 찾아 볼 수 없는 순박한 표정이다.

청천강에서 배를 타고 약산에서 진달래를 꺾으며 우리는 동화 속의 소년소녀모양 하루를 지낸다.

갑자기 천둥이 울고 먹구름이 엉키며 소나기가 내리듯 달콤한 사랑에 취해있는 나를 엄습하는 것은 어떻게 공산당 치하를 빠져나가느냐는 공포와 불안 속에 떨다 꿈속에서 깨어나는 때가 많다. 식은땀이 전신을 적신다. 땀을 닦고 베개 옆을 더듬어 담배를 찾아 피운다. 날이 새기엔 아직도 먼 시간이다. 내 생전에 고향을 찾아 선산 조상님들에게 인사를 드릴 수 있는 날이 꼭 올 것이라고 나는 믿고 있다.

자나 깨나 잊을 수 없는 고향이기에 작품 속에 전개되는 자연은 모두가 고향의 산이요, 강이다. 그것이 비록 지명은 달리하고 있다 해도 내 몸속에 스며들어 있는 고향의 분위기들이다.

장편 소설 〈끊어진 다리〉는 내 고향 그대로일 뿐 아니라 주인공 연도 실은 나와 함께 자란 소년의 모습 그대로다. 지난달 발표한 〈송아지〉라는 단편 소설도 마찬가지다.

미루나무 위에 있는 까치둥지도 어릴 때 보았던 미루나무이다. 까치 둥지를 향해 돌팔매실을 하는 상태도 어릴 적 고향 친구다.

상태를 귀찮게 따라 다니는 검둥이도 내가 어릴 적에 살던 우리 바로 옆집 강아지다.

학교에 오고갈 때 심심하면 즐겨 하던 학교 군악 놀이도 내 고향 친구요, 나도 그 속에 끼어 있었다.

등굣길에서 잡은 도마뱀을 갖고 있다 한길로 나오는 길순이의 등에다 넣어주는 상태와 길순이는 내 어렸을 때 소꿉친구들이다.

길순이도 이제는 60대의 여인이 되었을 것이다. 그러나 내 작품에 등장할 때는 언제나 10대 소년 소녀로 등장하고 있다. 나는 늙어가도 내 마음속에 있는 그들은 언제나 소년 소녀일 뿐이다. 그들은 내가 죽을 때까지 나와 함께 있으니 나는 외롭지 않다.

우리는 시를 모르면서도 종달새의 울음소리를 듣고 시를 느낄 수 있었고, 소설이 무엇인지도 모르면서도 숲속에 모여 앉아 곧잘 입으로 한 편의 소설을 써서 들으며 즐겼던 것이다.

내 작품 〈평창 군수〉에 나오는 그 인물들도 우리 고을에 살고 있던 사람들이다.

나는 윗도리도 입지 않고 구두도 없이 맨발로 걷어 다니다 이런 어른들을 만나면 코가 땅에 닿을 정도로 절을 하곤 했다. 그 어른들도 이제는 타계했을 것이 분명하다.

오늘 저녁 기차를 타면 내일 아침쯤 고향에 들어갈 수 있을 것이다. 막상 고향에 찾아 가도 내 얼굴을 알아볼 사람도 없을 것이고, 내가 알 사람도 그곳에 살지 않을 것이다. 그런데도 나는 평생을 두고 그리고 있다.

꽃신

오내산 월정사에 오르는 세곡 잎길 숲속에 조그만 납이 세워져 있으니, 이름하여 '연화탑'이 라고 부른다.

1965년 7월 10일 오전이었다.

마당에 엽서가 떨어져 있어 주워 읽었다. 사회학과 일학년에 입학한 여학생이 보낸 문안 엽서였다.

언제나 지정석 맨 앞줄 앞자리에 앉아 강의를 듣던 키가 별로 크지도 않고 얼굴이 둥근 귀염성스러운 소녀였다.

자기는 불교학생 서클을 따라 월정사에서 수련을 받고 있는 중인데 퍽 재미있는 생활을 하고 있다는 내용이었다.

한 학기 동안 강의를 듣고 문안 편지를 주는 학생은 그리 많지 않다.

집사람이 점심을 먹으라고 불러 방으로 들어갔다. 점심을 들며 뉴스를 들으려고 라디오를 틀었다. 특별 뉴스라는 아나운서의 들뜬 목소리에 귀를 기울이는 순간 나는 놀랬다.

월정사에서 수련을 받던 우리 학생들이 계곡의 급류에 휩싸여 희생되었다는 내용이 되풀이 되었다.

점심을 들지 못하고 학교로 달려 나갔다. 이 소식을 전해 들은 선생님들이 여러 분 나와 계셨다. 모두가 다 비통한 표정들이었다.

학교당국에서 마련해 준 차를 타고 오대산 월정사로 달려갔다.

학부형들이 왔고 신문기자들이 달려오고, 온 마을 사람들이 나서서 시체를 찾기에 분주했다.

열 구의 시체를 찾아 눕히고 보니 눈을 뜨고 바라볼 수가 없었다.

아침에 나에게 엽서로 무척 흐뭇하게 했던 소녀가 그렇게 큰 충격과 슬픔을 안겨줄 줄은 꿈에도 생각지 못하던 일이다.

박하경……,

메마른 입술로 이름 불러도 대답이 없는 소녀…… 박 양의 아버지가 마련해온 수의를 입혔고 꽃버선과 꽃신을 신겨 주었다. 어언 세월이 흘러 20년이 가까워지고 있다.

마당에 한두 그루의 나무를 심으려 서초동 꽃마을을 찾았다.

"선생님……"

등 뒤에서 어떤 중년 부인이 부르기에 돌아서 보았다. 인상은 퍽 깊지만 언뜻 생각이 떠오르진 않았다.

"애, 인사 올려. 내 선생님이셔……"

옆에 선 소년이 절을 한다. 중학생인 모양이다. 그때서야 나는 이 중년 부인을 기억 속에서 살려낼 수 있었다.

박하경 양에게 내가 꽃신을 신겨줄 때 옆에서 슬피 울던 여학생이었다.

“어떻게 여기……”

“선생님, 저의 가게예요.”

그렇다. 이 부인이 그때 원예학과에 다니던 여학생이었다. 생각은 되돌아가지 않아도 될 20년 전 그 장소로 끌고 가는 것이었다.

돈을 굳이 받지 않고 싸준 묘목을 마당에 심고 창가에 앉아 있었다. 고운 꽃비가 내리기 시작하였다.

작품 속에 살아 있는 보살들

우리 문학과 불교는 아주 밀접한 관련을 맺고 있다. 시대를 위로 거슬러 올라갈수록 그것은 더욱 뚜렷하게 나타남을 볼 수 있는데 신라시대의 향가는 그 대표적인 예라 할 수 있다. 이때, 불교는 하나의 문학적 소재가 되었다는 사실보다 오히려 승려들이 직접 창작활동에 참여하고 있었다는 점이 더 주목할 만하다.

충담사(忠談師)는 〈안민가(安民歌)〉를 지었고, 월명사(月明師)는 〈도솔가(兜率歌)〉 〈제망매가(祭亡妹歌)〉를 지었는가 하면, 융천사(融天師)는 〈혜성가(彗星歌)〉를, 영재(永才)는 〈우적가(遇賊歌)〉를 남겼다. 그런가 하면 또 승려 아닌 일반 민간에서도 불교 의식(儀式)을 소재로 하여 많은 노래를 불렀음을 알 수 있다.

작자는 알려져 있지 않지만 선덕왕조의 승려 양지(良志)의 덕망을 칭송한 〈양지사석가〉라든가, 경덕왕대(代)에 실명한 아들을 안은 어머니가 분황사 좌전(左殿) 북쪽 벽에 그린 천수대비화상 앞에 가서 아들의 눈을 뜨도록 불렀다는 희명(希明)의 〈천수대비가(千手大悲歌)〉라든가 광덕(廣德)이 평소의 신앙생활을 읊은 〈원왕생가(願往生歌)〉 등은 바로 그런 경우에 해당한다. 지은이가 승려였거나 승려가 아니었거나, 그 내용은 대개 불교적인 세계로의 귀의였다.

여기서 잠깐 월명사의 〈제망매가〉를 놓고 우리 고대 시가에 나타난 불교적인 맛을 보기로 하자. 〈제망매가〉는 젊은 나이에 갑자기 죽은 누이와, 그 슬픈 감정으로부터의 인생의 허무감을 느끼고 나약한 인간 존재를 초극(超克)하기 위하여 불교적인 세계에 귀의하며 그곳에서 죽은 누이를 만나고자 하는 뜻을 읊은 노래다.

'살고 죽는 길은 이승에 있음에 두려워, 간다는 말도 못다 하고 가는고? 어느 가을 이는 바람에 여기저기 떨어지는 나뭇잎처럼, 같은 나뭇가지에 나고서도 너 가는 곳을 모르겠구나. 아아, 극락세계에서 너를 만나볼 나는 불도(佛道)를 닦으며 기다리겠다.'

풀어 쓰면 대개 이렇다. 인간으로서 죽음에 대해 갖는 두려움과 혈육의 정이 매우 이지적으로 표현되어 있다. 그런가 하면 또 감상적인 인생의 무상감에 사로잡히기도 하고 결국 종교적인 귀의가 그 귀결점이 되는 것이다. 옛사람의 글을 읽음으로써 생각이 신라에까지 뻗어갈 수 있다는 건 여간 재미있는 일이 아니다.

신라의 하늘은 언제나 흰 구름이 둥실둥실 떠다니는 맑고 푸른 것이었으리라고만 생각된다. 그 아래 나지막이 추녀를 맞대고 모여 앉은 초가집들이 한나절 평화를 구가할 테고, 골목마다 어린이들은 선화공주가 남몰래 서동(薯童)을 안고 놀았다는 〈서동요(薯童謠)〉를 읊으며 깡총거리리라. 그 평화로운 거리를 월명사가 가사를 걸치고 걸어가는 모습이 보이는 듯하다. 월명사한테는 다음과 같은 설화가 전한다.

경덕왕 19년 4월에 두 개의 해가 나타나 열흘 동안이나 없어지지 않았다고 한다. 왕의 부름을 받고 그가 〈도솔가〉를 지어 읊으니 그 괴사(怪事)가 없어졌다. 그는 사천사에 있으면서 피리를 잘 불었다. 일찍이 달 밝은 밤에 피리를 불며 문 앞 큰길을 지나니 달이 가기를 멈추었다. 그로부터 그 거리를 월명리(月明里)라 하고 이름도 월명(月明)이라 하였다.

나는 불교에 대해 아는 바가 많지 않아서 오늘의 불교는 왜 산속에만 있고, 오늘의 승려는 왜 세상과 절연을 해야만 하는지를 잘 모른다. 부끄러운 고백이다. 신라의 월명사나 융천사나 충담사는 내가 알기로 꽤 우러러볼 만한 승려였다고 믿는다. 오늘의 우리가 지금 그분들이 지은 향가를 읽는다고 해서 당시의 그분들이 한낱 유행가나 부르며 세속에 얽혀 사는 속인은 절대로 아니었을 것이다.

사랑하는 누이를 잃고 혈육의 정을 그리워할 줄도 알고, 나라에 변괴가 생기면 나아가 임금의 뜻을 이룰 수도 있고, 피리를 불어 그 노래로 흘러가는 달을 멈추게도 하는 풍류마저 갖춘 신라의 월명사였다. 정토세계를 이루고자 불도에 심취해 있으면서도 몸은 언제나 세상과 함께 희로애락을 겪을 수 있는 신라의 사회는 매우 바람직한 것이었다고 믿는다. 신라의 사회는 말하자면 승려나 속인이나 다 가까운 이웃이 되어 있었던 것 같다. 승려는 승려대로, 속인은 속인대로 각각 멀리 떨어져 있는 오늘일수록 그런 신라의 면모가 더욱 그리운 것이다.

이조시대 소설 〈구운몽〉을 읽은 사람이면 누구나 거기 나오는 멋쟁이 주인공 성진(性眞) 이를 기억하리라. 성진은 아직 협산(狹山) 연화봉 도량(道場)에서 육관대사(六觀大師)로부터 수련을 쌓는 중이지만 나이 스물에 이미 삼장 경문을 통하지 못한 것이 없어 장래 육관대사의 도(道)를 전수할 그릇으로 기대되는 인물이다. 이런 성진이 가사를 정제하고 육환장(六環杖)을 이끌어 동정용왕(洞庭龍王)을 만나러 가는 모습을 생각하면 멋이 뚝뚝 떨어지는 기분이다. 더구나 용궁에 들어가 신선이 주는 술을 몇 잔 기울였거늘 오는 길에 석교(石橋)에 걸쳐 노는 팔선녀(八仙女)를 만나 또 몇 마디 수작을 건네었으니 성진의 불심(佛心)이 흔들리지 않을 수 없게 되고 만다. 이때 불도로서의 성진이 속세에의 야망을 가득 품고 한비탕 갈등을 일으키는 장면은 볼 만하다.

"남아 세상에 나서 공맹(孔孟)의 글을 읽고 자라 요순 같은 임금을 만나, 나면 장수되고 들면 정승이 되어 비단옷을 입고 옥대를 띠고 옥궐에 조회하고 눈에 고운 빛을 보고 귀에 좋은 소리를 듣고 은택이 백성에게 미치고 공명이 후세에 드리움이 또한 장부의 일이라. 우리 부처의 법문은 한 바리 밥과 한 병 물과 두어 권 경문(經文)과 일백여덟 낱 염주뿐이라. 도덕이 비록 아름다우나 적막하기 심하도다."

성진이 여덟 선녀를 본 후에 정신이 자못 황홀하여 불심에 회의를 품는 일절이다. 성진의 인간다움은 바로 이런 대목에 있다고 본다. 작품에 묘사된 그대로 나면서부터 얼굴이 백설 같고 정신이 추수(秋水) 같고 총명과 지혜가 무리 중에 뛰어나서 불도에만 열중한다면 문제는 간단하다. 그러나 성진은 아직 인간이요 또 영원한 인간으로서의 불도를 완성하고자 하는 게 아닐까. 드디어 성진은 연화도량으로부터 쫓겨남을 당한다. 그는 그의 잘못이 매우 일시적인 감정이요, 또 어썰 수 없는 일이었다고 사죄하지만 이때 성진을 내쫓는 육관대사의 말이 우리를 감동시킨다.

"네 스스로 가고자 할 새 가라 함이니 네 만일 있고자 하면 뉘 능히 가라 하리요. 네 또 이르되 어디로 가리요하니, 너의 가고자 하는 곳이 너의 갈 곳이라."

다시 부끄러운 고백이지만 나는 지금 불교의 교리에 대해 아는 바가 적다. 그러나 이 육관대사의 한마디 말은 내 마음을 시원히 뚫어 주는 것 같다. 인간제행(人間諸行)이 내 마음가짐에 달려 있는 것 같다. 감히 이 한마디 외에 더 설명할 힘도 없지만 나는 지금 뭔가 깨달은 바가 크다. 마음 흐뭇한 일이다. 불문(佛門)을 떠난 성진은 간단없이 인간세상에 나와 양소유(楊少游)로 태어난다. 이제 불문에서 못다 푼 세상의 욕망을 마음껏 풀어 볼 기회가 생긴 것이다.

나이 이팔에 장원급제를 해서 벼슬이 명재상에 이르고, 여덟 선녀를 다시 만나 술과 노래를 즐김으로써 처음 마음에 그리던 대로 '나면 장수되고 들면 정승이 되어' 대장부의 욕망을 마음껏 누려 보는 것이다. 그러나 이것은 한낱 꿈이었다. 문득 정신을 차려 보니 여덟 낭자도, 고대광실 호화로운 풍경도 간데없고 다시 성진이만 한 작은 암자 중의 한 포단 위에 앉았으니, 일백여덟 낱 염주가 손목에 걸렸고, 갓 깎은 머리털이 까칠까칠하여 인생의 부귀영화가 다 일장춘몽임을 깨닫게 되는 것이다.

제 가는 길에 아무런 회의도 반성도 없이 사는 사람은 순종(順從) 이외의 아무런 보람도 없다. 더 큰 발전과 보람을 얻고자 하는 사람은 자신의 행위를 언제나 돌이켜볼 줄 안다. 성진이 잠깐 인간세상을 탐낸 죄로 육관대사로부터 꾸짖음을 받은 뒤 풍도로 가고 인간세상에

환도하여 양소유로 태어나 장원급제에 한림학사를 제수받고 출장입상(出將入相)하여 두 공주와 여섯 낭자와 더불어 즐겨 보지만 그것도 다 하룻밤 꿈이라, 이로 인해 인간의 부귀와 남녀 정욕이 다 허사인 줄을 알고, 그로부터 성진의 불심은 한층 더 심화되지 않았던가. 성진은 멋있는 인간이요, 불도였다. 인간의 부귀영화를 하룻밤 꿈으로 돌리고 다만 염주와 바리와 정병(淨甁)과 석장(錫杖)과 금강경 한 권으로 보살대도(菩薩大道)를 이루고 마침내 극락세계로 가는 성진은 내가 아는 보살 가운데 또 하나 멋있는 보살이었다.

신라의 월명사나 이조의 성진은 국문학의 한계를 뛰어넘어 지금까지 내 가슴에 살아 있는 자랑스런 보살이다. 언제 또 어느 작품에서 이런 보살이 다시 나타나 우리 문학 속에 면면히 흐르는 불교의 정신을 흠뻑 맛보게 될지 기대해 본다.

언제나 공직을 떠날 때를 생각하라

"맹자"의 백이유하혜장(伯夷柳下惠章:)에 보면 공직자의 두 가지 유형이 나타나 있다. 백이는 임금다운 임금이 아니면 섬기지 않았고 못된 무리들이 모인 조정에는 나서지도 않았다. 제후들이 좋은 말로 그를 모시러 와도 받아들이지 않았는데, 그들에게 나가는 일을 그리 선선하게 생각지 않았기 때문이다. 이에 반해서 유하혜는 더러운 임금을 부끄럽게 여기지 않았고, 작은 벼슬자리도 하찮게 생각하지 않았다. 자기의 재주를 감추려 하지 않았으며 버림을 받더라도 원망하지 아니하였고 곤궁하게 되더라도 성내지 않았다. 끌어서 잡아 앉히면 그대로 머물렀으니 유하혜는 물러나는 것을 떳떳하게 여기지 않았기 때문이다.

백이는 꿋꿋한 현인이요 유하혜는 부드러운 현인이라 하여 두 사람을 높이 평가한 맹자는, "나아갈 만하면 나아가고 물러날 만하면 물러나서 알맞은 때를 안 사람은 공자뿐이다"라고 하였다.

공자와 같은 인물을 바랄 수는 없겠지만 지금 생각해도 백이와 유하혜 사이에는 우열을 가리기 어려울 듯하다.

우리나라 사람들은 예로부터 경국지학(經國之學)이라고 하면서 벼슬길에 오르기만을 유일한 목표로 삼아 공부해 온 것이 사실이다. 요즘에는 입으로는 민주주의 국가에 관존민비가 무슨 말이냐고 큰소리를 하면서, 자식의 관로(官路)에 기대를 거는 사람이 왕왕 보이기도 한다. 벼슬에 오른 자의 집안과 재물 있는 자의 집안 사이에 흔히 이루어지고 있다는 이른바 정략결혼 이야기가 주위에서 심심치 않게 나도는 것도 우리 사회의 출세주의가 빚어내는 한 토막 에피소드일 것이다. 벼슬을 목숨으로 보존하려는 사람에게 있어서 공직을 떠나는 것은 죽음을 의미한다. 이러한 처지에 출입진퇴의 기틀이 보일 리 없다.

이와는 반대로 우리 사회의 일부에서는 공직자에게 겉으로는 존경을 표시하면서도 마음속으로는 도둑으로 여기는 경우가 없지 않다. 벼슬만이 아니라 나라 일이라면 가리지 않고 반대하고 야유하면서 입만 열면 백이와 같은 청절(淸節)을 일컫는 버릇이 보인다는 얘기다. 그 자리에 앉힌다면 현직자의 절반도 감당하지 못할 사람들이 모이면 공직에 대해 시비를 일삼는 것도 보기에 딱한 일이다.

어린 아이들조차 명재상으로 알고 있는 황희는 고려의 왕씨와 조선의 이씨 양조(兩朝)에 사환(仕宦)한 사람이다. 역성혁명이란 결코 작은 일이 아니었으니, 황희의 몸가짐에 대한 평가는 고려왕조의 입장에서 보는 것과 조선왕조의 입장에서 보는 것이 서로 다를 것이다. 그러나 오늘에 와서 돌이켜볼 때 조선 건국 초기의 어려운 때에 그의 조정과 타협이 아니었다면 나라를 보존하기 어려웠을 것이다. 세종성시(世宗盛時)도 어느 정도는 황희에게 빚지고 있는 바 적지 않다고 생각된다. 지금도 임진강변을 찾으면 반구정이라는 정자가 있다. 황희가 공직을 떠나 노닐던 곳이다. 북으로는 고려왕조의 송악산이 아득히 보이고 남으로는 조선왕조의 삼각산이 보인다. 만년의 황희는 북쪽을 바라보면서 고려왕조를 섬기던 때를 그리워했고, 남쪽을 향해 조선왕조의 발전을 기원하면서 갈매기를 벗 삼아 유유자적하였다. 황희는 세절(細節)에 구애되지 않음으로써 큰일을 이룬 사람이니 유하혜와 통하는 점이 있다. 어찌 보면 말 많은 우리 사회에 정작 필요한 사람은 백이와 같은 타입이 아니라 유하혜나 황희와 같은 공직자라고 생각한다.

우리 역사를 볼 때 정작 아쉬운 것은 육조(六朝)의 시인 도연명이 지은 〈귀거래사(歸去來辭)〉에 비견할 작품이 보이지 않는다는 점이다. 송강의 사미인곡이 있긴 하나 그것은 서인의 선봉장으로 동인과 싸우다 물러나 임금을 미인으로 비유하고 벼슬길에 오르기를 안타까이 구걸한 노래이니만큼 어딘지 악착스럽고 시원한 맛이 없다. 쌀 다섯 말에 구차히 허리를 접을 수 없다 하여 벼슬자리를 선선히 내던지고, 문전걸식을 해가며 고향에 돌아온 도연명의 생활은 가난 속에서도 여유만만한 것이었다. 어린 아이의 손을 잡고 소나무 사이를 거닐다가, 술을 빚어 스스로 자작하며, 때로는 지팡이에 의지하여 시냇가에 핀 국화에 심취하기도 하였다. 자연 속에 묻혀서 밭 갈고 김매며, 만물의 이치를 음미하고 천명에 순응하는 그의 생활은 조용한 기쁨으로 가득 차 있었던 것이다.

"벼슬을 다시 해서 그 무엇을 얻으랴. 거문고를 벗 삼고 책을 즐기니 그 무슨 근심이 있으랴."

평생을 교단에서 보낸 필자도, 이 글을 읽을 때마다 글을 마음 깊이 즐기지 못한 생활이 뉘우쳐지곤 한다.

생각하면 공직을 떠나는 사람의 경우도 한두 가지가 아닌 듯하다. 타의로 마지못해 떠나는 사람, 임기가 차서 떠나는 사람, 스스로 물러나는 사람, 실수로 물러나는 사람 등 각기 다른 처지를 같은 입장으로 묶어 버릴 수는 없는 것이다.

서예가 K씨는 나와 십년지기인데, 그러다 보니 그의 아들들과도 자연히 친분이 생겼다. K씨에게는 남다른 점이 있어 구차한 살림에도 불구하고 지방관으로 있는 아들의 생활비를 매달 부쳐 주었다. 내가 그 이유를 물었더니, 그는 한참 말이 없다가 빙그레 웃으며, "항산(恒産)이 있어야 도둑질하지 않을 것이 아니냐"고 대답하였다. 제 집살림을 축내는 것은 무방하나 나라살림을 그르쳐서야 될 말이냐는 것이었다. 아무것도 없더라도 호구(糊口)할 거리는 있으니 마음 편하게 물러날 수 있지 않겠느냐는 뜻이었다. 그런데 얼마 전에 지방관을 그만둔 그의 아들을 우연히 만나 무슨 일을 하느냐고 물어 보았다. 변함없이 공손한 태도로 어른에게 서예를 배우며, 어른의 일을 도와드리고 있다는 대답이었다. 그 말을 듣는 순간 문득 공직을 떠나 서예에 잠심하는 것도 도연명의 "귀거래사"가 될 수 있다는 생각이 들었다.

평소에 말이 없는 사람이라면 실언(失言)이 있을 리 없을 것이고, 평소에 낮은 곳에 서기를 꺼리지 않는 사람이라면 떨어질 근심이 없을 것이다. 높은 자리에 있을수록 더욱 마음을 나지막하게 가지는 사람이라면, 떨어져 아파할 까닭이 없을 것이다. 역경(易經)의 겸괘(謙卦)에 "산이 물 아래 있으면 길하다"고 한 이유를 되새겨 본다.

달아 달아 밝은 달아

학같이 조촐하게 살자던 어린 날의 향수

저녁마다 산허리에 올라앉아 보이던 초생달이 오늘 저녁엔 바로 내 뒤창문 밖에 걸려 있다.

오늘따라 마당 위에 걸려져 있는 그림자들이 눈에 뜨이게 싱그러워 보인다.

내가 밖으로 나갔는지, 달빛이 나를 이끌었는지 나는 뒤축 낮은 고무신을 끌고 달빛을 어깨 위에 받으며 서 있었다. 성벽 너머 저쪽 어느 곳에서 조무래기들이 두서너 명 모여 부르는 노랫소리가 들려온다.

달아 달아 밝은 달아
이태백이 놀던 달아
저기 저기 저 달 속에
계수나무 박혔으니
옥도끼로 찍어 내어

금도끼로 다듬어서
초가 삼간 집을 지어
양친 부모 모셔다가
천년 만년 살고지고
천년 만년 살고지고

성벽 너머 저쪽엔 옹기종기 판잣집들이 꽤 많이 들어서 있는 곳이다. 노래의 주인공들은 그 판잣집 어린것들이 앞뜰이자 한길인 그곳에 나와 서서 부르는 것이 아니면, 활짝 열어 놓았댔자 손바다만 한 창문턱에 모여 앉아 희뿌연한 구름 속에 부풀어 가는 달을 향해 부르는 것이 틀림없을 것이다.

노래를 듣고 서있는 순간, 까닭없이 가슴이 뭉클해지며, 코허리가 시큼해짐을 금할 수가 없었다.

나는 노랫소리가 들려 오는 쪽으로 눈길을 돌렸다. 물론, 판잣집이나 노래의 주인공들이 보일 리가 없었다. 그러나, 내 눈앞엔 무엇인가 보이는 것 같았다. 그것은 내 어린 시절의 고향과 추억들이다.

그러고 보면, 성벽 근처에 산다는 것이 나와는 어떤 인연인가 싶기도 한 일이다.

아버지의 사업이 실패한 후 옮겨 온 곳이 성벽 근처의 조그만 집이었다. 내 소년 시절의 대부분을 이 성벽 위에서 보냈다 해도 과언이 아니니.

이름도 얼굴 모습도 모르는 핀자 마을 소년들이 〈달아 달아 밝은 달아〉의 노래를 부르고 있듯이, 나도 성벽 위에 혼자 앉아 곧잘 이런 노래를 불렀던 것이니.

초가삼간 집을 지어 양친 부모 모셔다가 천년만년 살아보고자 하던 내 어린 시절의 꿈은 실현되지도 못한 채 나는 편모슬하의 몸이 되었던 것이다.

그리고, 그 어머니마저도 성 밑에 있는 조그만 집에 모셔보지 못한 채 오늘에 이르렀다.

바람결의 탓인지 노랫소리가 한결 더 가까워진 것 같다. 실현을 보지 못하던 내 소년 시절의 꿈으로 사라진 추억이어서, 지금 나에겐 더 절실하게 느껴지는지도 모른다.

뜰이자 한길인 그곳에 서서 노래를 부르는 소년과 성벽 위에 서서 그 노래를 부르는 나…….

우리들에게 있어선 그것이 유일한 희망이요, 꿈이요, 나아가서는 절실한 기도 같은 것인지도 모른다.

고래등과 같은 기와집이 아니라, 겨우 초가 삼간일 뿐이다. 생각하기에 따라선 보잘것없는 희망이요, 소극적인 염원에 불과한 일이다.

왜 이런 보잘것없는 희망과 소극적인 염원밖에 품어 보지를 못했던 것일까…….

나는 지금 내 집 마당 뒤에 서있는 것이 아니라, 내가 자라던 고향의 옛집에 서있는 것 같기만 하였다.

"올라가지 못할 나무는 바라보지도 마라……"

이것은 내 선친이 하시던 말씀이다.

"담 너머 옆집 나무는 엿보지도 말아라……"

내 귀엔 선비(先妣)의 이런 말이 거의 못이 박히다시피 되어 있었다.

아마도 이런 내 환경이 나로 하여금 고작 소극적인 염원이나 가지게 했는지도 모른다.

자라는 애들이란 부모를 닮지 않는 법이다. 가시 같은 잔뼈가 굵어지기 시작하면서 나도 나대로의 생각을 가져보려고 했다. 학창을 떠나 사회에 첫발을 들여 놓으며, 나는 이런 생각을 품었다.

소같이 일하고, 돼지같이 먹고, 학모양 늙어 보겠다는 것이다. 그러나, 소 같이 일한다고 마음껏 먹을 수 있는 것은 아니었다.

나도 모르게 나는 빈곤한 것은 내 죄가 아니라고 혼자 입버릇모양 뇌까려보는 자신을 발견하는 때가 있다.

이제 내 나이 사십—학모양 늙어 보겠다던 생각이 머릿속을 스칠 때마다, 온몸에 긴장을 느끼게 된다.

학모양 조출하게…….

제 자리가 아니라면 앉지 아니하고, 제 먹이가 아니면 입도 내지 않고, 주렸을망정 기색을 보이지 않고, 푸른 하늘에 흰 날개를 쭉 벌리고 목을 뽑아 울어 대며 천년 장수를 바라지 못한다 해도, 한때나마 그런 기상을 흉내라도 내어 보고 싶은 심정이다.

이런 생각을 하는 동안 퇴계(退溪)의 작(作)이니 율곡(栗谷)의 작(作)이니 하여 시비가 있는 〈낙빈가(樂貧歌)〉의 한 구절이 머리에 떠오른다.

이 몸이 쓸데없어 성상이 버리시니 부귀를 하직코

만년에 관직을 사하고 고원으로 돌아가는 선비의 모습이 눈에 선하다.

죽장 망혜(竹杖芒鞋) 분수대로 짚고, 보고, 천산만수(千山萬水)에 이

리저리 오락가락 값없는 강산풍월(江山風月)과 함께 늙고자 하노라

끝장에 이르러선 시큰둥할 지경으로 멋이 들어 있다.

돌아갈 고향이 있고, 집이 있고, 그리고 마음대로 산수간(山水間)에 발 닿는 대로 훨훨 떠돌아다닐 수 있는 분수의 낙빈이라면야 누구든 바라지 않을 수 있을 것인가 옛사람들이 낙빈뿐이 아니라, 청빈과 안빈을 일삼은 일도 허다하게 눈에 뜨인다.

노비가 거둬들여 온 곡식으로 쌀밥을 지어 먹고 술을 빚을 수 있는 낙빈과 청빈, 안빈이라면, 요 위에 엎드려 군밤 씹어먹는 맛일 것이다. 소같이 일하여도 돼지같이나마 먹을 수 없는 세상에 무슨 낙빈과 청빈과 안빈이 있을 수 있겠는가…….

어느 사이 이슬 기운이 등에 차갑게 느껴질 정도다.

달아 달아 밝은 달아의 노랫소리도 들리지 않는다. 이젠 조무래기들도 이 단칸방 어느 구석에서 잠이 들어 있을 것이다.

방안으로 들어가려던 참이었다. 훤히 불이 켜진 아들놈의 방에선 새로운 노랫소리가 흘러나온다.

양어깨를 멋대로 흔들거리는 모습이 들여다보인다.

"케세라 세라……"

나는 군입을 쭉 다시고 말았다.

어린 시절 성 위에서 〈달아 달아 밝은 달아〉를 부르던 내 모습과는 딴판이었기 때문이었을까?

영변 약산 동대

내 고향은 평안북도 영변(寧邊)이다. 나한테도 그런 고향이 있다. 생각나면 훌쩍 고속버스에 몸을 실어 다녀올 수 있는 그런 고향이 아니라, 지금은 꿈속에서나 가보는 고향이 내 가슴에 살아 있다. 다녀오면 마음 포근해지는 미더운 고향이 아니라, 그냥 두고 나와 내내 마음 놓이지 않는 애달픈 고향이다.

검은 머리가 어느덧 삐비꽃처럼 피어 흩날리는 나이에 고향은 생각해 뭣하랴마는 그러나 어느 한순간도 잊혀지지 않는 건 역시 고향이더라.

내 고향 영변은 해발 4백미터의 산 가운데 자리잡은 아늑한 분지다. 그 동쪽으로 모란봉이 있고, 동관암 앞뜰에 서면 달은 모란봉 등성이에서 떠온다. 그 북쪽엔 밀운산(密雲山)이 있고 남쪽엔 서울처럼 남산이 있나.

소월(素月)이 아름 따다 뿌리고 싶었던 진달래꽃의 약산은 그 서쪽에 있는 산이다. 동관암에서 바라본 달은 약산 기슭을 타고 넘어간다.

소월이 아니더라도 약산은 어차피 잊지 못한 산이요, 아름 따다 뿌리고 싶은 진달래꽃이 아니더라도 그것은 어차피 아름다운 산이다.

내가 지금도 잊지 못하는 것은 약산 동대(東臺)다. 동대까지 가는 길엔 울창한 솔밭이 있다. 내가 어렸을 때는 낮에도 호랑이가 길손을 인도한다는 무서운 송림이다.

그 깊숙한 산속에 한쌍 학(鶴)의 둥우리처럼 천주사(天柱寺)가 깃들여 있었고, 지나가던 길손은 여기서 목을 축였다. 나무 수채에 흐르는 석간수가 여름에도 빙수처럼 찼다.

소년인 나는 가끔씩 이 길을 걸었다. 봄이면 노래처럼 진달래가 피어 있었고 여름이면 무섭도록 우거진 밀림이었다. 소년인 우리들은 무서워도 이 길을 걸었고, 다녀와서는 으레 어머니한테 혼났다. 혼나면서 생각하면 그것은 정말 칙칙한 숲속이었다.

가을이면 불붙는 단풍이나, 겨울이면 볼 수 있는 눈 경치도 역시 이곳에서 생각나는 잊지 못할 추억이다.

뻐꾸기 한나절 외롭게 울고, 소나무 숲사이로 날으는 솔개 떼와 함께 오솔길을 오르면 거기에 석축(石築)이 나선다. 그 석축의 성문을 지나 오른쪽으로 돌아 오르면 문득 눈앞이 탁 트이는 조망과 함께 우뚝한 절벽이 나서는데 여기가 바로 약산 동대다. 낭떠러지 아래로 푸른 벌판을 가로질러 유유히 구룡강이 흐르고 그것은 그렇게 황해바다로 뻗어가는 것이다.

그 시절, 이 동대에 올라 바라본 세상을 나는 지금도 잊지 못한다. 생각하면 모두가 꿈 많던 소년이었다. 무지개를 잡고 싶어서 저녁 하늘을 향해 달리는 동인(東仁)의 소년이었다. 달려도 달려도 무지개는 멀리 달아나기만 해서 지금은 나도 모르게 피로를 느끼는 노인이 되어버렸지만 그때는 모든 것이 아름답기만 한 무지갯빛 소년이었다.

동대 주위의 바위들을 본다. 우뚝우뚝 치솟은 씩씩한 기상이다. 그때 무엇보다도 우리들 눈을 끄는 것은 그 절벽에 새겨진 이름자(字)들이다. 이 산을 오른 사람이면 누구나 이 유명한 바위 절벽에 자기 이름을 남기고 싶어한다. 위험을 무릅쓰고 가장 손 닿지 않는 절벽에 이름 석 자를 새겨놓고 가는 것이다. 누가 그들의 이름을 기억해줄까마는, 이 단단한 바위에 새겨 그들이 세상에 다녀감을 남기고 싶어하는 것이리라. 호랑이는 죽어서 가죽을 남기고 사람은 죽어서 이름을 남긴다는데, 구차하게 이들의 낙서를 욕하지는 말자. 세월이 흐르면 언젠가는 사라질 이름들이지만 아직도 그들은 이렇게 내 마음에 새겨져 보고 싶은 이웃으로 남아 있지 않느냐.

약산 동대 위엔 또 한 쌍의 돌거북이 꿇어앉아 천년 흐르는 구룡강을 지켜보고 있다. 동대에 오르는 이는 누구나 이 돌거북의 잔등에 걸터앉아 사념에 잠기기를 즐겨한다. 그리고는 이 거북이한테 소망을 빌기도 한다. 신령스런 짐승으로 믿기 때문이다. 나도 이 돌거북을 찾아가 젊은 날의 소망을 빌었다. 서낭당에 돌을 던지는 마음으로 내 간절한 소망을 빌었다.

약산의 동대도, 동대의 돌거북도, 그러나 지금은 모두 내 곁에 없다. 눈감으면 꿈속에서나 볼 수 있는 아름답고 애달픈 마음의 동산에 지나지 않는다. 추억은 언제나 아름다워야 할 것이련만 왠지 마음 한구석이 아파옴은 웬일일까.

가야할 곳
언젠가는 찾아야 할 곳.

내 어린 시절의 꿈이 아로새겨진
내 젊은 날의 소망이 무르익던 곳.
그러나 지금은 눈앞에만 선할 뿐, 그저 그립기만 한
옛동산.
그 고향에 다시 발을 딛는 날
네가 누구냐고 묻거든 대답해라.
아무개 아들, 아무개 딸이라고.
서로 얼굴은 알아보지 못해도
우리 고향의 사투리가 정답지 않겠느냐.

동대로 가는 솔밭 오솔길을 오늘은 누구네 아들 딸들이 오르고 있는지 궁금하다. 해마다 봄이면 돌아와 피는 진달래꽃은 이제 누구의 발걸음을 위해 뿌려지는지 궁금하다. 나 여기 이렇게 살아서 다시 그네들 친구의 아버지가 되어 그리워하는 마음을 아는지 모르는지……

오늘도 창밖엔 소년의 내가 옛 동산에 뒹굴며 보던 가을로 가득 차 있다. 맑고 푸른 하늘이 또 그렇게 펼쳐져 있지 않은가. 안타까이 창문을 열어 고개를 내민다. 가을바람이 스산하다. 하늘은 어디론지 넓게 펼쳐 있다.

나와 함께 살아가는 명작(名作)

식민지의 애증과 사랑과

생명의 대지/국경(國境)의 밤

밤늦게 집으로 돌아가는 길에서 우연히 듣게 되는 억세고 투박스런 막일꾼의 음성은 그때마다 가슴을 설레게 한다. 언어라는 것이 이제 소설가니 시인이니 하는 사람들에게 있어서는 너무나 닳아 빠지고 낡아 버려서, 요즈음은 어떤 글을 보아도 별로 감동을 받지 못하게 되었다. 내가 벌써 늙어서 가슴이 응고된 것인가 생각했으나, 연구실에 온 학생들에게 물어 봐도 역시 그렇다는 것이다.

문학은 언어를 길들이고 닦는 것이지만, 그것이 너무 지나치면 그러한 언어가 도리어 문학을 망친다. 문학하는 즐거움이란 역시 성난 황소를 길들이는 것과 비슷하다고나 할까.

그래서, 내가 창작에 대한 의욕을 가장 힘차게 느낀 것은 해군들의 언어 속에서 보내던 며칠, 어부나 광부들 사이에서 보내던 며칠 동안이었다. 아직도 완전히 표준어에 동화되지 못한 나의 사투리도 그렇지만, 제어하기 어려운 역동적인 말투를 대할 때마다 내 몸에 묻어 있는 고향의 자국들이 소리를 지르는 듯한 기분이 된다.

소박한 것, 억센 것, 솔직한 것에 대한 동경은 내가 고향을 떠나 공부하기 시작하던 무렵부터 싹튼 것이지만, 마침 그와 때를 같이해서 읽은 파인(巴人)의 〈국경(國境)의 밤〉의 영향 또한 적지 않을 것이다.

문학에 대해서 가르치고, 해석하고, 분석하고 하는 것과 어떠한 문학작품을 좋아하게 되는 것은 서로 일치하지 않는 일인 듯하다.

그것은 마치 여자에 대한 이성적인 구상이 살아 있는 여자와 어긋나는 것과 같다고 할까.

내가 〈국경의 밤〉을 좋아하는 데는 세 가지 이유가 있다.

우선 그것은 내가 소중하게 간직하고 있는 나의 유년의 기억을 더욱 생생하게 한다. 이 시의 무대인 S촌은 내 마음의 고향이다. 순이와 같이 맑고 고운 눈의 여자가 있었고, 그런 여자의 애인이 되어 보지는 못하였지만 고향에서 나는 바로 언문(諺文) 아는 선비였던 것이다. 함경도 변방의 산천과 말없이 일하는 착한 백성의 생활이 이 시처럼 잘 드러나는 시를 본 일이 없다. 소월(素月)은 나와 동향의 선배이지만 그 정서가 너무 가녀려서 생활이 보이지 않는다.

그네들은 혼탁한 공기를 모르고, 성가신 도덕과 예의를
모르고, 아름다운 말씨와 표정을 몰랐다.
그저 아름다운 색시를 만나면 아내를 삼고
그래서 어여쁜 자녀를 낳아 기르고
밤이면 달이 떠 적마(寂摩)할 때
모닥불 옆에서 고기를 구어서는

술안주하여 먹으며 타령하면서.

또 하나 이 시가 내게 크게 느껴지는 것은 파인(巴人)이 지니고 있던 현실감각이다. 밀정(密偵)을 미워하고 서로 따뜻하게 돕는 백성들의 삶을 그려낸 것도 그렇지만,

—그네들은 압제자(壓制者)로부터 두려운 과거를 가졌다.
생각하기에도 참혹한 기억을 가졌다. 그래서 그물에 놀
랜 참새처럼 늘 두려운 가슴을 안고 지내간다.
불쌍한 족속(族屬)의 가슴이 늘 얼어서!

와 같은 구절에 짙게 배어 있는 겨레 사랑의 불길이라든지, 일제하 농촌의 궁핍화를 지적하는 다음과 같은 귀절을 보면 그것을 알 수 있다.

무산령상(茂山嶺上)엔 화차가 통하여
검은 문명의 손이 이 마을을 다닥쳐 왔다.
여러 사람은 전토를 팔아 가지고 차츰 떠났다.
혹은 북간도로, 혹은 서간도로.

천대받는 토지의 주인들

처자를 먹여 살리기 위해서 밀수출 마부로 갔다가 호인(胡人)의 총에 맞아 죽은 순이의 남편 병남(丙南)의 시체를 놓고, 노훈장(老訓長)은 '그래도 조선땅에 묻힌다!' 라고 말한다. 파인(巴人)은 이때(1924년) 이

미 땅조차 지키기 힘든 식민지의 역사를 뚫어보고 있었던 것 같다.

장편 서사시라는 표제하의 이 시의 구성은 서사시답게 사건의 한가운데서 시작하고 있으며 사이사이에 많은 기대감을 일으키도록 설정해 놓고 있어 기법으로 봐도 좋은 점이 많다. 밀수출 나간 남편을 기다리던 순이가 서울에서 찾아온 옛날의 애인을 만나 대화하는 장면을 절정으로 해서 그 남자를 돌려 보내고 나자 곧 알게 되는 남편의 죽음으로 끝나는 단순한 구성 안에서 내가 특히 중요시하는 것은 문명에 대한 파인(巴人)의 생각이 들어 있는 부분들이다.

파인(巴人) 스스로 천대받는 족속으로서, 함경도에서도 천대받는 족속인 여진(女眞)의 후예를 주인공으로 설정했다. 천대가 풍습이 되고 끝내는 천대받는 자가 자진해서 그 유풍(遺風)을 지켜 나가는 것 자체가 순이와 소년의 사랑을 가로막는 인위적인 장벽이 된다.

> 고구려 지방족의 강인한 씨는
> 아침 저녁 호풍(胡風)이 부는 산국(山國)에도 피기 시작하였다.
> 여성은 태양이다! 하는 소리가 소년의 입술을 가끔 스쳤다.
> 두 절대한 친화력에 불타지면서 사랑은 재가승(在家僧)과 소언문(小諺文)
> 아는 계급을 초월하여서 붙었다.

이러한 사랑을 깨뜨린 것은 마을 사람들이 아니고 여진의 후예들이 스스로 지키는 계율이었다. 머리를 깎는다고 해서 재가승(在家僧).

파인(巴人)의 문명에 대한 견해가 드러나는 것은 사랑에 실패한 언문(諺文) 아는 선비가 고향을 떠난 지 8년 만에 다시 S촌으로 돌아와서

순이를 만나는 장면에서다. 18년 동안 그는 언문(諺文)도 쓸데없고 전토(田土)도 소용없는 것을 깨닫고 가만히 혼자 떠나 8년 동안 서울에 가서 머리를 깎고 학교에 다녔다. 거기서 그는 세상이 어떻게 돌아가는지를 알았고, 페스탈로치와 루소를 알고 문명의 좋은 면을 배웠다. 그러나 그는 차차 문명의 나쁜 면에 젖어들어 매독(梅毒), 임질(淋疾), 주정(酒酊), 인육(人肉)을 알게 된다. 그에게 단 하나 남은 것은 사랑의 흔적뿐이다. 그는 결국 순이를 찾아서 돌아온다. 죽었으면 무덤가를 지키고, 살아 있으면 젖가슴을 꿈으로나 만지겠다는 결심을 하고 '굴뚝이 노동자의 육반(肉盤) 위에 서고 호사(豪奢)가 잉여가치의 종노릇하는' 혼정(魂情)의 질곡(桎梏)인 도시를 떠나는 것이다. 그는 다음과 같이 노래한다.

나는 벌써 도회의 매연에서 사형을 받은 자요,
문명에서 환락에서 추방되구요, 쇠마치, 기계, 착류(捉柳), 기아(飢餓), 동사(凍死)
인혈을, 인육을 마시는 곳에서 폐병균이 유리하는 공기 속에서
겨우 도망하여 온 자라오.
몰락된 문명에서
햇빛을 얻으러 공기를 얻으러
그리고 매춘부의 부란(腐爛)한 고기에서, 아편에서, 빨간 술에서, 명예에서, 이욕(利慾)에서 겨우 빠져나왔소.
옛날의 두만강반이 그리워서
당신의 노래가 듣고 싶어서.

산촌의 율법을 깨뜨리겠다고 도시로 간 이 청년은 '도량형으로 우정을 바꾸는' 도회에서 완전히 깨어져 고향으로 돌아왔다. 그리고, 거기에서 기다리는 말은 "나는 매인 몸, 옛날은 꿈이랍니다."라는 순이의 한마디이다.

문명은 진보하는 것인가? 하고 나 스스로 물어 볼 때가 있다. 그러면 그때마다 눈앞에 떠오르는 것은 역사발전의 단계설(段階說)이나 고도산업사회의 풍문이 아니라 어릴 때 마을에 서 있던 홰나무와 그 둘레에서 같이 뛰놀던 동무들이다. 내가 평생 가야 한 번 들어가 보지도 못할 집들, 타 보지도 못할 차들이 많아졌다는 것으로 문명이 진보했다는 것을 승인하기는 내가 너무 속이 좁아서인지 모르지만 선선히 마음이 내키지 않는다. 행복한 생활, 또는 생활의 행복감을 기준으로 해야 한다고 혹자는 말하지만, 그것도 국회의원에 낙선하고 자살한 사람에게는 국회의원이 행복의 조건이 될 터이며, 아버지 회사가 파산하고 댄스홀의 정부가 배반하여 자살한 도련님의 경우엔 돈 버는 아버지가 행복의 조건이 될 터이니 너무 복잡하고 모호한 말인 듯하다.

나 개인의 생각으로는 문명이 진보했느냐 낙후되었느냐를 따지는 기준은 어느 사회에 파인(巴人)과 같이 투박하고 솔직하고 힘찬 말을 쓰는 사람이 더 많으냐에 달려 있다고 믿는다. 나는 도량형으로 우정을 사고 파는 세상보다는, 전기가 없고 수도가 없어도 우애가 있을 수 있는 사회가 더 진보된 사회라고 생각한다. 정신분석에서 말하는 무의식이 어떤 것인지는 모르지만, 따지고 맞추고 하는 의식이 총명한 사람들이 사는 세상보다는 마음자리의 본바탕을 지키고 본원청정(本源淸靜)의 상태대로 사는 사람이 많은 세상이 더욱 진보된 사회라고 생각한다.

문학하는 우리의 태도

문학을 공부하는 사람이라면 누구나 한 번은 생각해보지 않을 수 없는 문제이다.

문학하는 태도란 어떤 목적에서 어떻게 문학을 해야 하는가 하는 행위가 포함되어 있는 것이다.

문학에 종사하는 사람들도 항상 그런 생각을 하고 있으면서도 실제로 작품을 행위로 옮길 때는 어려워지는 문제인데, 하물며 문학을 공부하여 앞으로 문학에 종사해 보려는 사람들에게는 더욱 어려운 일이 아닐 수 없다.

문학이란 그 시대성과 사회성을 떠나서 존재할 수 없다는 것이 지금까지의 문학에 관한 일반론이었다. 그렇다면 우리가 살아가고 있는 현대라는 오늘을 생각해 보자.

현대란 철학적으로나 정치적으로나 역사적으로 볼 때 복합적이고도 대단히 복잡한 오늘이라는 것은 누구나 다 아는 사실이다. 대단히 살아가기 힘든 시대라고들 말하고 있다. 그것은 경제적으로도 그렇지만 정신적으로는 더욱 그러하다. 이렇듯 힘든 사회를 사람들은 힘들다고 하면서도 나름대로 열심히 살아가고 있는 것이 또한 오늘의 실정이다.

오늘날의 사회가 왜 이렇게 살아가기가 힘들어졌을까? 나날이 늘어가는 인구의 팽창도 그 원인의 하나이기도 할 것이다. 그래서 세계 여러 나라 정부에선 앞다투어 산아제한 문제를 들고 나와 자기 나라 국민들에게 이 운동을 계몽하고 있는 줄로 알고 있다. 이것은 식량문제와도 연관성이 있을 것이다. 그러나 오늘날을 살아나가기 힘들다고 하는 것은 이런 기초적인 경제문제보다도 정신적인 문제가 더 크다고 보겠다.

메시아가 오셔서 우리를 구원해 주리라고 믿었으나 메시아는 오시지도 않고 세계는 구원되기는커녕 더 큰 혼란에 빠져 들어가고 있는 형편이다.

이적은 예수가 살았던 시대에만 있었을 뿐 예수가 가신지 거의 2천년이 지나도록 한 번도 그것을 본 사람이 없었다. 이런 혼란 속에서 사람들은 정신적인 터전을 잃기 시작했다. 이렇게 정신적인 터전을 잃다 보니 사람들은 살아가는 꿈[理念]을 잃어버리게 되었다.

과학문명이 발달되어 지구(地球)가 지구촌이라고 불리우는 한 마을로 좁혀질 정도로 교통이 편리해졌지만 사람들의 마음과 마음의 거리는 교통이 불편했던 태고 때보다도 멀어지고 인정은 날로 식어 차가와지고 있다. 이런 상태 속에서 팽창해지기 시작한 것은 불신이다. 사람은 사람들끼리 서로 믿으려 하지 않게 되었다. 서로가 믿지 못하는 세상이 되고 보니 신도 인간도 빛이 바랜 채 세상은 혼미한 상태가 되어 버렸다. 여기서 현대인은 새로운 고민을 갖게 되었다.

우리들이 지금 직면하고 있는 이 혼돈과 혼미 속에 계속되는 고민을 촉구하여 나갈 길이 무엇일까? 누구도 정확한 답변을 할 수 없는 어려운 문제이다. 이 누구도 답변할 수 없는 무거운 짐이 오늘을 살아가는 문학인들에게 지워진 것이다.

삼강오륜(三綱五倫)의 유교 윤리를 삶의 가치 기준으로 삼던 시대에 있어선 임금님에게 충성하고 부모에게 효도하는 문학작품이 많이 나와 독자의 심금을 자극했다. 박노계가 지은 〈선상탄〉이 바로 그러했다. 임진왜란이 일어나자 칼을 들고 배에 올라 백의종군했던 충절이 백성으로서 도리를 다하는 것으로 행복을 느끼게 했다.

홀아버지를 모신 장님의 딸인 심청은 아버지의 눈을 뜨게 하기 위해 몸을 팔아 자신을 물에 장사지내게 함으로써 사람의 도리를 다하는 것으로 행복을 느꼈다.

> 흰 수건이 검은 머리를 두르고
> 흰 고무신이 거친 발에 걸리우다.
>
> 흰 저고리 치마가 슬픈 몸집을 가리고
> 흰 띠가 가는 허리를 질끈 동이다.

1938년 일제 식민지하에 만주 간도 땅에 살고 있는 슬픈 족속 흰 옷을 입은, 나라 없이 유랑하는 우리 모습을 조용한 눈길로 바라보며 시인 윤동주(尹東柱)는 슬픈 마음을 달랬다.

> 망우리를 돌아 들면

아 그리운 서울
예서 죽기로 했던 이 몸이 다시 살아
돌아오는 서울은 구십일 전장

죽지 않고 살았구나 모르던 사람들도
살아 줘서 새삼 고마운데

손을 흔들며 목이 메어 불러주는
환성 소리에 고개를 숙인다 눈시울이 더워진다.

나의 조국은 나의 고심
내사 충성도 공동(功動)도 하나 없이 돌아왔다.

버리고 떠나갔던 성북동 옛집에
피난 갔던 가족이 돌아와 풀을 뽑는다.

밤길을 걸어서 아이를 데리고 울며
갔다는 먼 산중 절간

아내 아는 집에 맡겨 논 보퉁이를
찾으러 가고 없고

도토리 따먹느라 옻이 올라 신물이 나는
세살백이 어린 것을 안고 뺨을 무빈다.

'가재 잡아 구워 먹는 맛이 참 좋더라'
아 여섯 살짜리 큰놈이 돌아온다.

애비를 잘못 둔 탓
찢어져 죽었으면 어쩔 것이냐.

밤마다 죄지은 듯 아프던 가슴
근심은 실상 그것밖에 없었더니라.

아 나의 어버이도
이렇게 나를 사랑했으리라.

아버지가 안 계시다.
죽었을까 염려하시던 자식은 살아 왔는데

원수가 돌려준 아버지 세간
안경과 면력(面力)만이 돌아와 있다.

어머니는 아직
짓밟힌 고향에서 소식이 없다.

서른을 넘어서 비로소 깨달은
내 육친에의 사랑이 아랑곳 없음이여.

아내를 만나지 않고 집을 나선다.
백의종군 내 몸이 인정 탓으로
신의 저버림 어찌 하느냐

서울신문사에서 편집실에서
석천선생(昔泉先生)이 손을 잡고 운다.

'영우(永郵)가 죽었다'고
아 그 우는 얼굴
옛날의 명동 거리를 찾아간다.

숨었다가 겨우 산 옛벗을 만난다.
껴안을 수가 없다.
말조차 없던 그 대면

저무는 거리에서 추억을 타고
우이동의 CP를 찾아간다.

가족의 생사를 아직 모르는 목월(木月)을 보내고
내가 혼자 이 밤을 거기서 자리라.

사단장이 웃으며 맞아 준다.
'오늘 저녁에는 안 오실 줄 알았는데, 죽다 산 사람들끼리
하소연이 많을 텐데……'

무기도 하나 없이 암호를 외우며
어두운 밤길을 혼자서 걸어온다.

돈암리 길가에서 주워 업은 전쟁고아는
이름을 물어도 나이를 물어도 대답이 없다.

북괴의 남침으로 가족을 버려둔 채 종군하다 9·28 수복이 되어 서울로 돌아와 보고 느낀 사항을 쓴 지훈(芝薰)의 시다. 6·25를 겪었던 모든 문인들은 누구나 할 것 없이 조국(祖國)의 깃발 밑에 작품활동을 했다. 그 길만이 민족이 살아남는 길이었기 때문이다.

세계 대전을 치르고 나서 우리는 우리 땅에서 역사상 볼 수 없었던 처참한 동족상잔의 전쟁을 또 한 번 경험해야 했다.

휴전이 되었지만 조국의 산하와 사람마다 가슴 깊이 남은 전쟁의 상흔은 쉽게 가셔지지 않았다. 잃어버린 형제와 전우의 넋을 달래는 노래가 있었고 폐허의 덤불 속에서 살아야 하는 애달픈 소설이 생겼다.

전쟁의 상흔도 가시고 사람마다 냉혹한 공산주의 학정을 겪고 나니 오직 우리들의 살길은 민주주의밖에 없다는 것을 알았다.

4·19가 일어났다. 민주주의 노래가 있었다.

참여의 문학을 말하고 고발의 문학을 부르짖는 사람들이 생겨났다.

60년대에서 70년대로 접어들면서 우리들의 환경은 급격히 달라지기 시작했다. 일찍이 보지 못했던 산업사회가 전개되기 시작했기 때문이다. 이 시대를 맞아 전통이 무너지는 아픔이 생겼고 혼란 속의 방황이 일어났다. 가치기준이 바뀌기 시작했다. 일찌기 서구사회가 겪었던 그런 일들을 누구든 이때부터 뼈저리게 느끼게 되었다. 누구를 막론하고 스스로를 지키지 못하니 원리가 깨졌다. 세대가 바뀌어 도덕도 척도가 없어졌다.

현대 특유의 혼돈 속에 지성은 고민하지 않을 수 없게 되었다.

과학 문명은 날로 발달하는데 현대문학은 막다른 골목에 들어선 형편이 되었다. 과학 문명이 인간의 생활을 보다 편리하게 만들어 줄 순 있어도 영혼을 구해 줄 힘은 갖지 못하고 있다.

찬란한 과학 문명 속에 인간의 생활은 풍요로와지고 있다고 할 수 있지만 인간의 정신생활은 날로 황폐화되고 있다. 이렇듯 황폐화되어 가는 정신을 은폐하려고 사람들은 감각에 치우쳐 관능에 빠져드는 현상도 있다. 허무주의적인 암울한 수렁을 헤쳐 나오지 못하는 현상이다.

세상은 다양화되어 가고 또 복잡화되어 진정한 색깔을 구별할 수 없는 지경에 이르렀다. 이것은 비단 우리들뿐만 아니라 선진을 자처하는 서구문학의 현상도 그러하다. 이와 같은 막다른 골목에서 어떻게 벗어 나가야 할 것인가? 이런 슬픔을 어떻게 하면 종식시킬 수 있을 것인가? 이런 고민에서 어떻게 해서 깨어날 수 있을 것인가…… 이런 것을 극복해 나가는 길이 오늘날의 문학인들에게 짊어 지워진 무거운 짐이다. 이런 것을 해결해 나가는 길이 문인들의 문학하는 태도인 것이다.

무거운 짐을 지고 찾아갈 곳과 사람도 없다. 이 무거운 짐은 문학인 스스로가 어떤 장소에 풀어 놓아야 할 것이나.

사족을 붙이는 말 같지만 과학 문명이 발달할수록, 인간의 존엄성은 잃어지고 있는 형편이다.

자기 자신을 상실한 인간에게는 꿈이 없다. 꿈을 잃어버린 인간에게 어떻게 하여 꿈을 꿀 수 있는 기능을 회복시켜 줄 수 있을 것인지를 생각해야 할 것이다.

의학의 발달로 암을 정복할 수 있을 날이 그리 멀지 않았다는 반가운 소식을 가끔 듣는다. 그러나, 잃어버린 질서를 찾고 상실된 인간성을 회복시키고 혼돈과 혼란을 거듭하는 정신적 영토에 안정을 주어 새로운 가치와 부끄러움을 느끼지 않고 살 수 있는 윤리를 바탕으로 하는 도덕적 기준을 세울 수 있는 새로운 문학을 낳는 것은 그리 쉬운 일이 아닌가 보다.

딱한 마음

풍요로운 추석을 맞아 즐거운 마음으로 어머님 산소를 찾아 살 기대에 부풀어 있을 즈음 뜻하지 않은 물난리를 겪게 되었다. 다행히 우리 집은 달동네 마을이라 큰 피해는 없었지만 수많은 이재민이 구호를 받고 있으니 우울하기 짝이 없다.

농작물을 거둬들이지도 않고 큰 풍년이 들 것이라는 예상만으로 입방아를 찧고 조잘대던 사람들이 마음에 걸리더니만 이런 재해를 입고 보니 허탈해지는 마음 비할 데가 없다.

한강 물줄기는 나날이 줄어들고 복구작업은 눈부시게 전개되어 각급 학교에 수용되었던 이재민들이 속속 집으로 돌아간다는 신문 보도지만 물이 들었다 나간 집이 오죽하랴…… 거기다 비는 계속 내리고 있다. 언뜻 떠오르는 것은 어머님의 묘소다. 이번 비에 산사태로 씻기워 나가지나 않았는지, 혹시 물에 잠기지나 않았는지 혼자서 이런 걱정을 하고 있으면서도 누구에게도 털어놓지 못하고 벙어리 냉가슴을 앓고 있다.

천재지변의 물난리에 살아 있는 사람들의 걱정도 태산인데 무슨 산소 걱정이냐고 핀잔을 받을지 모를 일이다.

어머님이 세상을 떠나신 것은 부산 피난시절이었다. 어언 30여 년이란 세월이 흘렀다. 어머님은 학교 교육을 전연 받지 못하신 분이다. 외할아버지 몰래 성경학교에서 일주일간 배운 한글 교육의 덕으로 겨우 성경책을 읽을 정도였다. 그런 인연으로 어머님은 독실한 기독교 신자가 되었다.

어머님이 임종하실 때에는 그 옆에 목사님과 나와 아내가 지켰다.

"목사님, 교리에 어긋나는 줄 알지만 저는 아들에게 화장을 부탁하고 싶습니다."

"왜요."

"저는 하나님을 믿습니다만 제 남편을 사랑했습니다. 그 남편 옆으로 가 묻히기 위해선 제 아들에게 화장을 부탁할 수밖에 없습니다."

"소원대로 하시죠."

"목사님 감사합니다."

나한테로 시선을 돌린 어머님의 모습은 몹시 수척해 있었지만 눈빛은 금시 숨을 거둘 것 같아 보이진 않았다.

어머님은 나와 아내의 손을 잡고 낮은 목소리로 말씀하셨다.

"목사님도 허락하셨다. 나를 화장해서 무슨 일이 있어도 선산에 묻혀 있는 너의 아버지 무덤 옆에 묻어주기 바란다."

나와 내 아내는 어머님의 유언을 약속했다. 피난지에서는 물론 서울로 수복하고 나서도 우리는 이집 저집 셋방살이를 하면서도 그 유골함을 소중히 모시고 다녔다. 세월이 흐를수록 어머님의 소원을 풀어 드리기란 점점 요원해지기만 했다. 그러기를 10년이 지난 어느 해,

청명날 어머님을 망우리 지금 묘소에 모시게 되 었다. 언젠가는 이북 땅 선산에 모신 아버님 묘 옆으로 모셔가야 한다는 생각으로 나무 팻말 하나를 세워 두고 기다렸지만 통일의 날은 점점 멀어져 가기만 했다. 그러다간 어머님의 묘마저 잃어버릴까 두려워 작은 돌을 깎아 비석을 세웠다. 언젠가는 선산으로 모셔가야 한다는 생각이 앞서 반영구적인 유택을 마련해드리지 못하고 우리가 셋방살이를 하던 때모양 한 해 한 번 청명날 조금씩 손질을 하다보니 초라하기 짝이 없는 무덤이 되어 버렸다.

비가 내릴 때마다 목이 터지게 울어대는 청개구리의 심정도 이해할 만한 일이다.

꼭 선산으로 모셔다 아버지의 무넘 옆에 묻어 달라던 어머님의 유언이 없었던들 아무리 내가 부모님에게 성의가 없는 불효자식이라 해도 좀더 좋은 유택을 마련해드렸을 것이다. 그랬더라면 폭우가 쏟아졌다고 이렇게 안쓰러운 마음으로 벙어리 냉가슴은 앓지 않았을 것이다.

생각하면 어머님이 나한테 부탁한 일이 있다면 이 마지막 유언뿐이다. 그런데 이 약속을 실천에 옮길 수 있는 가능성은 거의 희박하지 않는가?

가끔 선산의 아버님 묘소를 머릿속에 그려 본다. 누구도 돌보는 사람 없이 40여 년이 지난 그 산소가 원형 그대로 남아있을지 가슴이 미어지는 느낌이다. 내 나이 60을 훨씬 넘긴 나이다. 내 생선 어버니의 마지막 소원을 꼭 풀어드릴 생각이지만 내 생각만으로 되는 일도 아니고 보니 딱한 일이다.

슬하에 자식들도 자라 부모의 말을 알아듣고 이해할 수 있는 나이들이지만 아직까지 그들에게 딱한 이 심정을 털어 놓지 못하고 있다. 서울에서 태어나 부모님의 고향엔 가보지도 못한 그들에게 딱한 이 심정을 말했다간 과중한 짐이 될까 염려스러워서다.

추석날 아침이면 다례를 지내고 꽃을 들고 어머님의 무덤을 찾아가겠지만 어머님 앞에 무어라고 말씀드릴 수 있단 말인가.

방황 30여 년

영번에 약산

진달래꽃

아름따다 가실 길에 뿌리오리다.

그렇다. 약산에 진달래꽃은 자고로 유명하다. 일찍이 최치원(崔致遠)이 이곳을 가리켜 다음과 같이 기술하고 있다.

藥山四方高峻嶺石削立稱天作之域

최치원(崔致遠)의 기술은 조금도 더한 데도 없고 덜한데도 없이 있는 그대로나.

예리한 칼로 깎아세운 듯한 낭떠러지, 발붙일 곳이 없는 돌벼랑 위에 천년을 헤아리는 앉은뱅이 늙은 소나무가 있고, 그 사이사이를 수놓은 듯이 진달래가 불타듯 피어 있다. 짙은 녹음 속에서 하루종일 뻐

꾸기가 운다. 장마가 지나가고 하늘이 높아지면 다래와 머루가 덩굴 속에 무르익으며 온 산이 홍염으로 물든다.

약산 동대에 올라 사방을 둘러보면 천지의 조화는 온통 이 돌산에 응결되어 있는 것 같은 느낌이다.

금강산의 겨울 이름이 개골산이라 하듯이 약산 동대의 설경은 이른 봄의 진달래꽃에 못지않게 장관이다.

서쪽이 약산 동대, 동쪽이 모란봉 북쪽이 밀운산, 남쪽이 남산으로 둘러싸인 영변골은 해발 4백 미터의 분지다.

나는 이곳에서 태어나(1922년) 이곳에서 소년기를 보냈다. 영변골을 둘러싼 산줄기는 묘향산의 줄기를 잇는 명승지다. 동남쪽으로 청천강의 원줄기가 흐르고 서쪽으론 지류인 구룡강이 흐르고 있다.

나는 이곳에서 유치원 2년과 보통학교 8년을 다녔다. 보통학교는 6년인데 8년 다닌 것은 중학교 입학시험에 떨어져 재수했기 때문이다.

학교에선 별 볼일이 없는 평범한 소년이었다. 그러나 유년주일학교에선 두각을 나타내었다.

성극을 지도하기도 하고 때에 따라선 찬양대 대원이 되기도 하였다. 기독교에 심취했던 것은 16~17세 때까지다.

나는 지금까지 어느 작가를 사숙한 일이 없다. 성서는 생활화하다시피 읽었다. 구약에서 시편을 읽었고 신약에선 네 복음과 고린도전서를 읽은 기억이 있다.

중학교 때 춘원과 상허의 소설을 읽었다. 춘원 소설의 큰 스케일과 주인공들의 민족에 대한 숭고한 사랑에 감탄했고, 상허의 세련된 문장과 섬세한 묘사 능력에 탄복했다.

때는 세계2차대전이 막바지에 이르렀다. 일본제국주의는 조선 청년들이 그런 소설을 읽게 내버려두지 않았다.

조선어 말살정책이 있었고 징용과 징병제도가 있었다. 해방이 우리들을 이런 수렁 속에서 구출해 준 셈이다. 해방될 때까지 나는 징용을 피해 국경시대인 만포와 강계에 있다가 해방을 맞았다. 고향으로 돌아왔다. 고향땅엔 이미 공산당의 정치적 소용돌이가 일고 있었다.

1946년 단신 월남하였다. 해방 후 처음 사귄 문우는 전광용(全光鏞), 정한모(鄭漢模)다. 그들을 통해 작고한 남상규(南相圭)와 전영경(全榮慶)을 알게 되었다. 20대 우리들은 문학을 토론하기보다는 술타령을 많이 한 셈이다. 이 무렵 나는 외국 작가의 작품, 특히 불란서 작가들의 작품을 많이 읽었다.

발지크니 스탕달은 별로 좋아하지 않았고 모파상과 지드, 생텍쥐페리와 알랭푸르니에 등에게 친근감을 느꼈다. 1948년 《예술조선》지에 〈흉가〉가 발표되었다. 6·25 동란 때는 부산으로 피난을 갔다. 피난지에서 황순원(黃順元), 김동리(金東里), 허윤석(許允碩), 박연희(朴淵禧), 박목월(朴木月) 등을 알게 되었다.

1952년 〈광녀〉, 〈아담의 행로〉 등을 발표했고, 1953년 중편 〈배신〉을 조선일보에 발표했다. 그러나 1955년 〈전황당인보기(田黃堂印譜記)〉와 희곡 〈혼항(昏巷)〉이 한국일보 신춘문예에 발표됨으로써 본격적인 작품활동을 하게 되었다.

《예술조선》에 〈흉가〉를 발표할 때 나는 대학 재학 중이었다. 소설가가 되겠다는 생각보다 요즈음 말로 아르바이드 용돈벌이로 했던 것이 인연이 되어 소설을 쓰게 되었던 것이다. 내가 대학과 인연을 맺은 것도 이와 비슷하다. 부산으로 피난을 가자 송도에 개교한 중앙대학에서 출강을 하라 해서 나가게 된 것이 동기가 되었다.

소설을 발표하게 된 것이나 대학에 적을 두게 된 것은 내가 소설을 쓰는 재주가 있었거나 학문(學問)에 대한 실력이 남달리 뛰어나거나 해서가 아니라 그 시절엔 사람이 없었기 때문이라고 생각한다.

1950년대 초반에서 1960년대 초반에 이르는 10년간은 나의 명동시절(明洞時節)이라고 할 수 있다. 주로 명동의 명천옥(明泉屋)에 출입하면서 술을 마셨고 글을 썼다. 많은 장편과 중편 그리고 다양한 단편소설을 이곳에서 구상하고 집필했다. 이 무렵 문단의 원로 시인, 작가들을 많이 모실 수 있었다. 그들 중에는 자기 문학만이 순수문학이라고 떠들어대는 선배들이 많았다. 나는 그들의 생리가 싫어 술좌석은 같이하면서도 인간적인 친분을 두텁게 갖질 못했다.

명천옥(明泉屋)과는 거리가 먼 작가들이 있었다. 작고한 김말봉(金末峰) 여사, 시인 공초(空超) 오상순(吳相淳), 김래성(金來成), 박계주(朴啓周), 김광주(金光州)등이다. 생존하신 분들이 많아 언급을 피하겠다.

어느 때 어느 장소에서 만나도 항상 온화한 성격을 가진 분들이었다.

"니 지금 어데 소설을 쓰고 있노? 내가 지금 모(某)신문에 연재하고 있는데 끝나면 다음에 네가 쓰도록 내가 주선을 함께 꼭 쓰라……"

독특한 경상도 사투리로 내 등을 두드려 주며 말씀하시던 김말봉(金末峰) 여사의 육중한 모습이 아직도 눈앞에 생생하다. 그분들은 순수도 통속도 내세우지 않고 자기가 하고 싶은 작업을 꾸준히 계속한 분들이다. 그분은 나에게 항상 문인들 사이에서 문화대사(文化大使) 노릇을 하라고 타일러 주었다.

지금도 그러하지만 그 당시도 문학계는 양분되어 있었다. 개인개인 사귀어 보면 그렇게 다정한 사람들이 무엇 때문에 서로 패를 가르고 싸우는지 알 수 없는 일이었다.

좁은 땅에 많지도 않은 문인들이 서로 갈라서서 파당을 짓는 이유가 하도 딱해서 나더러 문화대사 노릇을 하라고 했을 것이다. 그러나 나에겐 그런 역량과 주변이 없어서 오늘날까지 아웃사이더의 위치에 서서 지내왔다.

명동골목에 부부동반으로 잘 나온 분은 김래성(金來成)이다. 명동에서 만나면 고려정(高麗亭)으로 갈비에 소주를 먹으러 가자고 유인했고 소주를 마시며 김래성(金來成)은 수심가(愁心歌)를 불렀다.

"수심가도 요즈음 유행가와 같은 것이야. 유행가라고 다 저속한 것은 아니지 않아. 안 그래? 정형……"

이 말 뒤엔 자신이 쓴 소설이 나 통속소설이 아니라는 뜻이 내포되어 있었다.

소설 〈청춘극장〉은 우리나라에선 보기 드문 대작이요, 전작소설(全作小說)이다. 지금까지 〈청춘극장〉에 대한 본격적인 분석도 해보지 않고 김래성 하면 미스터리 작가요. 통속작가라고 규정하는 것은 우리나라 문학사의 정립을 위해 불행한 일이다.

50년대 초에서 60년대 초에 이르는 동안 명동에서 마시고 명동에서 살면서 쓴 소설이 장편만 해도 10여 편이 넘었고 단편은 근 150편에 이르렀다.

4·19와 5·16을 겪어야만 했다. 정치인이 아닌 나에게 직접적인 책임은 없었다 해도 나는 큰 충격을 받았다. 생각해 보면 나는 10여 년 동안 학교를 너무 떠나 있었다. 내 모든 정열과 역량을 명동에서 8을 소비했다면 겨우 2 정도 학교에 봉사했을 뿐이다.

새로운 강의안을 싸야 했고 논문 준비도 해야 했다. 이 무렵부터 대학원생들과 연구실에 묻혀 살았다.

창작생활에 기울였던 정열을 늦게나마 학문 쪽으로 방향을 바꿨다. 60년대 중반부터 80년대에 이르는 10여 년간 완전히 생활 패턴이 달라진 셈이다.

《소설문장론》, 《소설기술론》, 《현대한국소설론》, 《현대한국작가론》, 《해방문단사》, 《현대한국문학사》, 《한국문학의 주변》 등과 논문 10여 편을 쓰는 한편 전작장편 2편과 단편 50여 편을 쓴 셈이다.

50년대와 60년대를 창작생활에 열중했다면 60년대 후반과 70년대는 학교 생활에 몰두한 셈이다.

내 머리는 반백이 되었고 갑년을 맞게 되었다. 그 동안 후진들이 자라 내가 없어도 나를 대신해서 누구든지 내가 맡았던 강의를 계속할 수 있게 되었다. 그래서가 아니라 연구실에 앉아 있으면서도 내 마음은 명동시절의 창작생활에 향수를 느끼며 항상 방황했다 해도 과언이 아니다. 갑년이 되었으니 인생은 이제부터 새로운 시작이 된 것이다. 작년 9월 생각지 않았던 장암 수술을 받았다. 이제 회복도 빠르니 이제부터는 30여 년의 긴 방황을 끝내고 다시 창작생활에만 열중해 볼 생각이다.

나의 명천옥 시대

해방 후 단신 월남하여 고려 대학에 적을 두었다. 그 무렵 김광용, 정한모, 남상규 등과 사귀며 '주막'이라는 문학 동인을 마련하였다.

20대의 우리들은 문학론을 말하기보다는 술타령을 많이 한 셈이다. 이 무렵 나는 외국 작가의 작품, 특히 프랑스 작가들의 작품을 많이 읽었다.

발자크나 스탕달은 별로 좋아하지 않았고 모파상과 지드, 생텍쥐베리와 알랭푸리니에 등에게 친근감을 느꼈다.

문단의 등용문은 아직 열리지 않았을 때다. 마침 《예술조선》이란 문예지가 처음 발간되어 신인들에게 문단에 등용할 기회를 주었다. 그때 〈흉가〉라는 작품이 입선되었다. 그러나 그 문예지는 3호를 끝으로 자취를 감추었다. 해방 직후의 혼란기라 문화 전반이 침체된 계절이었다.

50년 5월, 나는 학교를 졸업하였고, 한 달이 지나자 6·25 동란이 터졌다. 월남한 나는 적치(敵治) 90일 동안을 숨어 살아야 했다. 서울이

수복되었으나 중공군 개입으로 서울을 떠나야 했다.

부산으로 피난을 갔지만 일자리가 있을 리 없었다. 피난지에서 황순원, 김동리, 허윤석, 박연희 등을 알게 되었다.

40계단 밑 돌체다방의 신세를 져야만 했다. 그러나 차 한 잔을 마시고 하루종일 앉아 있을 수는 없었다.

피난민 떼가 들끓는 부둣가로 나가곤 했다. 영도 다리 밑으로 오르내리는 뱃고동소리에 피난 생활의 서글픔을 달래며 부두 노동자들의 틈에 끼어 동동주를 한 사발 마시면 눈시울이 복사꽃모양 붉게 물들던 시절이었다.

전세는 일진일퇴를 되풀이하며 장기화의 기미가 보였다.

잡지가 한두 권 발간되었지만 지면이 넓지 못해 원고를 싣는다는 것은 거의 불가능했다.

작가들이 몸을 담고 있었던 곳은 종군 작가단이었다.

육군본부에서 발간하는 간행물에 글을 쓰며 연명을 하던 시절이었다.

〈광녀〉란 단편 소설과 〈아담의 행로〉라는 중편을 발표하였다. 좁은 지면이었지만 잡문이라도 간간이 쓸 수 있는 기회가 생겼고 몇 푼 안 되는 돈으로 친구들과 어울려 한때라도 동동주를 푸짐하게 마실 수 있었다.

《예술조선》에 〈훙가〉를 발표할 때 나는 대학 재학 중이었다.

소설가가 되어 대성해 보겠다는 생각보다 요즘 말로 아르바이트로 용돈벌이를 했던 것이 인연이 되어 피난지에서 소설을 쓰게 되었던 것 같다.

대학과 인연을 맺은 것도 이 무렵이다. 당시 부산에 피난 내려온 중앙대학이 송도에다 자리를 잡았다.

출강을 해달라는 청을 선배인 양재연 교수로부터 받았다. 쓸 만한 교수는 대부분 납북되어 사람이 없다는 것이다. 출강을 해달라는 청은 고마웠지만 실력도 없고 책도 없는 판에 어떻게 강의를 할 수 있겠느냐고 거절을 했다. 그러나 그는 막무가내였다. 하는 수 없이 학교로 나갔다.

송도 바닥에 모래 사장은 있어도 교사가 있을 리 없었다. 대학 본부라는 가건물이 하나 있을 뿐이었다.

백사장에 가마니를 깔고 앉아 강의를 들어야 하는 실정이었다.

내 자신 속에 든 것이 없어 한 학기 이상 강의를 할 수가 없었다. 한 학기로 대학을 그만두고 피난 내려온 휘문 고등학교에 취직했다.

판자 건물이지만 교실이 있었고 의자가 있었고 책상과 칠판이 있어 나름대로의 정열을 쏟을 수 있었다. 이 시기가 내 기억에 가장 즐거웠던 시기다. 부엌이 있는 방에서 제대로 다리를 뻗고 잘 수 있었고, 끼니를 걱정하지 않아도 살 수 있었을 뿐 아니라 친구들과 어울려 마음대로 동동주를 마실 수도 있었다.

소설을 쓰게 된 것이나 대학에 적을 두게 된 것은 내가 소설을 쓸 수 있는 재주를 타고 났거나 학문에 대한 실력이 남달리 뛰어나서가 아니라 그 시절엔 사람이 없었기 때문에 실력 이상의 대우를 받게 되었던 것이다. 그러는 동안 부산에 정이 들었다.

전쟁이 소강 상태로 접어들자 피난민들은 고향을 찾기 시작했다. 서울이 완전히 수복되지도 않았지만 서울로 떠나는 사람들이 늘어갔다.

월남했던 나는 반드시 서울로 가야 할 이유가 없었다. 항도 부산에 자리를 잡고 살 수 있다면 그곳에 머무를 생각이었다. 그러는 동안 휴전이 성립되어 휘문 고등학교도 이곳에서 완전 철수한다는 방침이었다.

성큼 떠날 생각을 못하고 머뭇거리고 있을 때 먼저 상경한 교장으로부터 빨리 서울로 올라오라는 독촉을 받았다. 이 때가 54년 이른 봄이었다.

서울로 돌아온 그 해 조선일보에 〈배신〉이라는 중편 소설을 연재하게 되었다. 그러면서도 문단 어느 구석에 완전히 발을 붙힌 것은 아니었다.

55년 단편 〈전황당인보기(田黃堂印譜記)〉와 희곡 〈혼항〉이 한국일보 신춘문예에 발표됨으로써 비로소 본격적인 작품 활동을 하게 되었다.

문예지는 물론 각 잡지와 신문사에서 원고청탁이 빗발치기 시작했다. 선배 대가들도 써보지 못한 중요한 일간지에 연재 소설을 쓰게 되었을 때는 기쁘기도 했지만 선배 작가들에게 미안한 생각도 들었다. 그 미안한 생각을 씻기 위해 명동 출입을 했다.

휘문 고등학교 전임 수입과 대학 강사료와 매달 들어 오는 고료는 아무리 명동에 나가 술을 마셔도 바닥이 나질 않았다.

시인·소설가·화가·음악가들과 친교를 맺었고 술자리를 마련하여 즐길 수 있었다.

이 시기를 가리켜 나는 항상 '명천옥 시대'라고 말한다.

이 술집에서 많은 장편 소설과 중편, 그리고 다양한 단편 소설을 구상하고 집필했기 때문이다.

잡초 동산

왜 정원을 가꾸지 않느냐고 찾아오는 사람들마다 한마디씩 한다. 그러나 나름대로 정원을 가꾸고 있는 것이 사실이다. 보는 사람들이 정원을 가꾸지 않는다고 말하는 것은 우리 집 정원에 잡초가 무성하게 자라고 있기 때문이다.

정원이랄 것도 없다. 집 뒤쪽에 경사진 언덕이 있다. 언덕을 다듬어 잔디를 심고 군데군데 관상목과 이름 있는 꽃나무를 심으면 훌륭한 후원이 될 텐데 그냥 버려두는 것이 아깝다는 말투들이다. 언덕의 흙이 밀려 내리지 않게 잡석을 모아 쌓아놓은 그것도 흉칙한 모양이다. 약간의 돈을 들여 정원석을 사다 놓지 않느냐는 충고를 하는 사람도 있다. 있던 잡석으로 흙이 밀려 내리지 않게 막아놓은 언덕엔 자생한 나무와 잡초들이 꽤나 무성한 그늘을 이루고 있다.

잡초 한번 뽑지 않고 버려두었으니 남들은 우리 식구들이 퍽 게으른 사람들로 보일지 모른다. 그러나 게으른 것도 아니요 돈이 아까워 정원석이나 정원수를 옮겨 놓지 않고 잡초동산으로 버려두는 것도 아니다. 있는 그대로 우거진 잡초동산이 좋아서 그냥 두고 보고 있을 뿐이다.

새순이 돋은 싸리나무와 단풍나무의 연녹색 빛깔은 값진 관상수보다 더 아름답다. 이른 봄이면 쑥이 먼저 돋고 그리고 질갱이가 싹튼다. 쑥과 질갱이의 순은 뜯어 된장국을 끓이기도 하고 쑥떡을 빚어 입맛을 돋구기도 한다. 왜 정원을 가꾸지 않느냐고 말하는 이웃들도 공해 없는 쑥과 질갱이 순을 얻어가곤 한다.

보라색 제비꽃이 피면 민들레도 뒤따라 피고 할미꽃이 피었다 지면 은실 같은 씨를 날린다. 이 무렵부터 잡초동산은 점점 더 무성해진다. 키가 훤칠하게 자란 엉겅퀴가 톱니 같은 잎을 활짝 펴보이며 붉은 꽃시울을 벌린다. 소박해 보이는 토끼풀도 제법 나비와 벌을 부른다.

60이 넘은 늙은 아내는 아직도 소녀 시절의 꿈을 버리지 못하여 네잎 달린 가지를 찾기에 여념이 없다. 어떤 행운과 소망을 걸어보는 것일까? 미소를 머금고 바라보는 때가 있다.

낯가리지 않는 어린애가 누구에게나 안기듯이 메꽃 넝쿨이 마구 줄기를 휘두르며 엉켜 오르고 있다. 메꽃은 이른 새벽 피었다 햇빛이 퍼지면 오무라드는 수줍음이 있어 아름답다. 여기 저기 돋아 있는 고사리 잎도 깊은 산속이 아니고서는 볼 수 없는 정경이다. 키장다리 원추리꽃에 지지 않으려고 한낮에 피어 있는 달맞이꽃의 모습도 그냥 웃어넘길 수는 없다.

가꾸지 않아도 잡초 동산은 해마다 무성해진다.

그런데 나비와 벌떼는 해마다 줄어들고 있다. 여름이면 귀를 따갑게 해주던 매미 울음소리도 작금 양년은 엄청나게 줄어들어 새벽 한때 울 뿐이다.

전염병을 예방하기 위한 연막 소독차의 횟수가 늘어감에 따라 벌도 나비도 매미도 점점 자취를 감추는 것 같아 서운하다.

무더운 여름밤이 금년은 유달리 덥다고 아우성이다.

아무리 무더워도 이 잡초 동산엔 바람이 멎질 않는다.

의자에 앉아 잡초동산을 바라보고 있노라면 우리 집 뒤 언덕의 잡목과 잡초들은 이 한밤중에도 제멋대로 자라고 있다.

이웃집 정원수들은 자기 의지가 아닌 정원사의 의지에 따라 자라고 있지만 우리집 잡목과 잡초들은 위로 자라건 옆으로 퍼지건 자신의 의지대로 자라고 있다. 밤이 점점 깊어가고 있다. 이슬이 내린다. 무섭게 울어대던 풀벌레의 울음소리도 들리지 않고 온 세상이 텅 빈 것 같은 적막강산을 느끼게 하는 순간이다.

그 순간에도 흰 분꽃이 하늘을 향해 피어오르고 있다.

옛날 같았으면 이렇게 흰 분꽃이 피어오를 즈음이면 어디선가 꼬리에 파란 호롱불을 킨 반딧불들이 날아오련만 기다려도 기다려도 보이질 않는다. 반딧불이 날아오는 잡초동산의 광경도 이제는 내 기억 속에만 남아 있는 설화다.

하얀 쪽배

요즈음 학교엔 젊은 미국인 영어 교사들이 많이 와 있다. 주로 학생들에게 영어 회화를 가르치고 있다. 국제어로서 영어의 필요성이 그만큼 절실해졌기 때문이다. 그들 중에는 우리나라 문화에 관심을 갖는 사람들이 있어 그들로부터 들은 말이다. 경주 여행을 하고 돌아온 그는 불국사를 비롯한 용마총 등을 구경하고 놀랐다는 말을 한 끝에 첨성대를 보고는 더 놀랐다는 것이었다. 그때 벌써 천문을 관측할 수 있던 그런 사적을 보니 고대 한국의 과학 문명이 상당히 발달되었던 것 같다는 말이었다. 강의가 끝난 한가한 시간이어서 나는 그에게 이런 질문을 던졌다.

"세계에서 해저 개발 계획의 착상을 제일 먼저 했던 나라가 어떤 나란지 아시오?"하고 묻자 그는 한참 생각을 가다듬던 끝에 고갤 설레설레 흔들며 "어느 나라입니까?"하고 물었다. 나는 낮은 목소리로 "고대 한국사람."이라고 말하자 그는 다시 한 번 놀라는 표정을 지었다. 그런 전설이 기록에 남아있다는 설명과 함께 나는 구토설화(龜兎說話)

를 설명했다. 바다엔 용왕이 살고 있는데 그 용왕이 불치의 병에 걸려 자리에 눕게 되자, 주치의 말이 대왕의 병을 고칠 수 있는 약은 꼭 한 가지가 있는데 그 약은 바다에 있는 것이 아니라 바다 밖 육지에 살고 있는 토끼의 간을 구해다 먹어야 한다고 했다. 여러 중신들이 이마를 맞대고 의논한 끝에 토끼의 간을 구해올 무거운 책임을 거북이에게 맡기어 육지로 내보냈다. 거북은 육지로 나와 며칠을 두고 초원을 헤매던 끝에 토끼를 만나 용궁을 구경시켜 주겠다는 감언이설로 꼬여 용궁으로 토끼를 데려 왔다.

용궁의 무사들이 토끼를 죽여 간을 꺼내려 차비를 할 때 수상히 여긴 토끼가 그 이유를 묻자 그들은 자신의 뜻을 설명해 주었다. 그때 토끼는 거북을 향해 크게 꾸짖었다. 이 어리석은 거북아, 그렇게 중대한 일이라면 처음 만났을 때 진실을 말하고 데리고 올 것이지 무엇 때문에 속임수를 썼느냐고 했다.

그리곤 용왕에게 말하기를 대왕의 병에 토끼의 간이 꼭 필요하다면 자기의 것뿐만 아니라 자기 친구의 것까지도 얻어다 드린다고 하며, 자기네 토끼 족속은 간을 한 달 한 번 입으로 뽑아 내어 햇볕에 말렸다가 그것을 다시 입으로 집어넣는데, 마침 자기는 간을 뽑아내어 바위 위에 놓고 왔으니 지금 자기 배를 가른다 해도 간은 나오지 않을 것이라고 했다. 그들은 당황할 수밖에 없었다. 이때 토끼는 대왕에게 거북이로 하여금 자신을 바다 밖으로 보내주게 하면, 바위에 놓고 말리고 있는 자기 간을 가져다 드리겠노라고 했다. 용왕은 이를 허락하여 거북으로 하여금 토끼를 육지로 데려다 주게 하여 토끼는 용궁을 빠져나와 생명을 구할 수 있었다는 얘기다.

미국의 젊은 친구는 구토설화를 듣고 한국의 전설을 신기해했다.

신화나 전설은 재미있고 흥미로운 얘깃거리가 되어 전해지고 기록되어 남은 것이 아니다. 신화나 전설이 후손에게 전해지고 그 후손이 또 그 후손에게 반드시 전해지게 하는 데에는 그만한 이유가 있어서이다.

메마르고 비좁은 육지 아닌 새로운 삶의 터전이 바다 속에도 있다는 암시이다. 심청전은 이조시대의 여인들에게 사랑받으며 안방에서 전해 내려온 문학이다. 오늘날도 심청전은 여러 모양으로 윤색되어 많은 사람들에게 사랑을 받고 있다. 그러나 우리가 생각해야 할 것은 흔히 이 작품의 주제를 심청의 앞 못 보는 아버지에 대한 지나친 효심만을 두드러지게 말하고 있다는 점이다. 유교 사상이 윤리의 근본이었던 이조시대에 있어서는 그런 해석밖엔 하지 못했고, 또 그렇게 해석하는 것이 옳았는지 몰라도 해저개발이라는 점에 더 관심을 가졌던들 우리의 해양과학은 오늘에 머물러 있지 않았을 것이다.

인당수를 오가는 무역선의 선주들이 가장 두려워한 것은 이곳에서 발생하는 해난 사고였다.

이런 해난 사고는 모두 다 용왕의 노여움 때문으로 생각한 그들은 용왕의 노여움을 사지 않기 위해서 용신제를 지내야 했고 이 용신제의 제물은 아름다운 처녀였다. 뱃사람에게 팔려 제물로 희생되었던 심청이가 용왕의 왕비가 되었고 왕비가 된 심청은 아버지를 만나기 위해 용궁에서 지구상의 장님을 초청하여 파티를 열었고 그 파티에서 아버지를 만나게 되어 눈을 뜨게 되는 해피 엔딩의 스토리이다.

심청전의 근원설화는 말할 것도 없이 구토설화에서 비롯되었다는 것을 알 수 있다.

성웅 이순신 장군을 말할 때 우리는 항상 거북선을 생각하게 된다.

왜구의 침범으로 당시의 세상은 늘 어지러웠다.

섬나라 왜구의 해상술은 상당히 발달되어, 그들은 우리나라 근해뿐이 아니라 멀리는 동남아 일대까지도 서슴지 않고 침범하였다. 그런 막강한 왜구의 침략을 막기 위해 심혈을 기울여 고안해 낸 것이 거북선이었고, 이 거북선으로 이순신 장군은 노량대첩을 얻을 수 있었던 것이다.

거북선은 남해 앞 바다에 침몰되어 오늘에 전해지는 실물이 없어, 그 원형은 상상이 아니면 추측에 의해 그려지고 있지만 이순신 장군이 거북선을 창안하게 된 동기는, 전해져 내려오는 구토설화에서 비롯된 것이 아닌가 생각한다.

바나 위들 마음내로 오고 갈 수 있을 뿐만 아니라 경우에 따라시는 바다 속으로 들어갈 수 있는 배의 구조야말로 거북이가 아니고서는 해낼 수 없었을 것이다. 아깝게도 오늘날 쓰이는 잠수함의 원형을 창안해 내기는 했지만 우리는 조상의 유업을 이어 그것을 발전시키지 못한 부끄러움을 느낄 때가 있다.

80년대 들어서면서 우리나라 조선기술은 세계적으로 크게 부상되고 있는 것이 사실이다. 나는 이런 현상이야말로 우연이라고만은 보지 않는다. 이런 기술이야말로 조상들로부터 물려받은 막강한 잠재력의 발로라고 보고 싶다.

구토설화를 창안해낸 그런 슬기가 있어 거북선을 만들어 나라의 위기를 막을 수 있었듯이 그런 잠재력 때문에 우리의 조선기술은 세계적으로 어깨를 겨루게 되었다고 생각한다.

나는 가끔 이런 동요를 읊으며 혼자 환상에 사로잡히는 때가 있다.

푸른 하늘 은하수 하얀 쪽배에
계수나무 한 나무 토끼 한 마리
돛대도 아니 달고 삿대도 없이
가기도 잘도 간다 서쪽 나라로

돛대도 없고 삿대도 없는 그런 배는 어떤 배일까? 그런 배가 바다 밑으로 쏜살같이 다니면 잠수함일 것이고, 동요에서 말하듯이 하늘 위로 날아올라 대기권을 벗어나면 우주선이라고 부른다.

끈질기게 전해 내려온 구토설화에서 거북선이 창안되어 국난을 극복할 수 있었듯이, 우리나라 어린이들이 열심히 부르고 있는 돛대도 아니 달고 삿대도 없는 배가 고안되어 인류문화에 기여할 수 있는 날이 반드시 올 것을 나는 믿고 있다.

6월의 사념

유월의 교정에 서면 짙은 녹색의 풀 내음이 인상적이다. 4월의 꽃향기와 5월의 신록도 그 나름의 계절감각을 풍기고 우리들에게 가슴 뿌듯한 희망을 안겨 주지만 유월의 녹음을 대하면 더욱 왕성한 젊음을 대하는 것 같아 삶에 활기를 얻는다.

나이가 들어 갈수록 교정에서 보낸 세월이 헛되지 않다는 생각을 하게 된다. 세월이 덧없음을 탓하기로 한다면 이제 정년을 바라보는 나라고 어찌 세월을 탓하지 않을 수 있을까만, 그나마 교정에서만 30년을 보낸 일이 다행이라는 생각도 든다. 요즈음은 제법 한가한 틈을 내어 종로나 광화문 거리를 나가보는데 그곳의 공기가 혼탁한 것은 호흡으로도 금방 느낄 정도다. 젊은 시절 한때는 그런 도심지에 근무하는 사람들이 훨씬 활기에 넘치고 보람 있는 생활을 하는 것처럼 느껴지던 것도 또한 솔직한 심정이었다. 변두리에서 어린 학생들을 데리고 개미 쳇바퀴 돌듯한 생활을 하는 선생의 입장에서 보면 그도 그럴 수밖에 없는 일이었다고 생각한다. 그러나 직업이란 원래가 마지

못해 그 자리에 눌러 있는 것만은 아니다. 아무리 시원찮아 보이는 직업이라도, 하다보면 더 잘하고 싶은 욕구가 솟는 법이고, 조금만 더, 조금만 더, 잘하고 싶은 욕망이 어언간 그를 그 자리에 눌러 있게 만드는 일이 곧 직업의 생리인지도 모른다. 돌이켜 보면 나의 학교 생활도 결국 해가 바뀔 때마다 행여 좀 나아질까, 하는 욕심에 끌려 여기까지 버티어 온 것이 아닌가 하는 생각이 든다. 그동안 학교를 떠나야겠다는 생각을 해본 적은 감히 한번도 없었다. 학교 생활이 그만큼 만족스럽다거나 보람스러워서만 그랬던 것은 더구나 아니다. 정말이지 해가 바뀔 때마다 행여 좀 나아질까 하는 욕심이 나를 학교에 붙들어 매었다고 생각한다. 아직도 그 욕망을 만족스럽게 충족시켜 본 적이 없다. 그나마 지금 학교생활에 미련을 갖고, 또한 애착을 갖는 이유는 바로 그 점 때문이 아닌가 한다.

요즈음은 학제(學制)가 바뀌어서 유월이면 벌써 종강을 하게 되고 기말시험을 본다. 유월의 대학가는 벼가 익는 계절처럼 숨소리가 가쁘다. 학생들은 시험준비에다가 밀린 리포트를 작성하느라고 눈코 뜰 사이가 없으며, 교수들은 또한 채점과 리포트 검토에 여념이 없다. 벌써부터 학교 정문이나 게시판에는 각종의 하계특강이 준비되어 게시되고 있다. 영·독·불·일어 등의 외국어 특강도 있지만 전공과목에 대한 'Study Group'이 또한 인상적이다. 방학이 되고서도 아마 도서관은 물론 강의실까지도 학생들로 가득 찰 것이다. 옛날에는 여름방학이 되면 무전여행을 떠날 준비, 고향으로 내려갈 준비로 학교 안은 갑자기 텅텅 비어 버리는 경우가 많았다. 산으로 바다로 가서 심신의 피로를 씻고 정신을 수양한다는 것은 이제 옛말이 되고 말았는지도 모른다. 요즈음 학생들의 대조적인 모습을 보면, 단순히 세태의 변화 때문이라기보다 절실한 삶의 현장에 서있다는 생각이 앞서는 것은 피할 수 없는 사실이다. 그만큼 이 사회가 경쟁적이고 치열해졌다는 것은 뻔한 사실이지만 그것만을 탓할 일은 아닌 것 같다. 느끼는 생활에서 어느덧 행동하는 생활로 바뀌어 버린 것이다. 그런 생활의 틈바구니에 끼어 젊은 학생들을 보고 있으면 그들의 모습이 어찌나 진지해 보이는지 모른다. 이런 점을 지적하여 대개의 사람들은 요즈음 세태가 너무 이기적이라느니, 그래서 너무 메마르다느니, 하면서 개탄하는 경우가 많다. 물론 정확한 지적이다. 그러나 그것은 따지고 보면, 변화하는 젊은 세대에 초점을 맞추지 않고 그렇게 말하는 자신들의 구태의연한 생각에다 초점을 맞춘 탓임에 불과하다는 것을 알 수 있다. 물 흐르듯, 사는 삶이 순리라지만 그렇다고 변화와 순리를 혼돈하는 것은 더욱 큰 죄악이다. 흐르는 물은 원래 변하는 법이다. 요즈음 학생들은 엄청나게 많은 공부를 한다. 그 태도와 방법이 다만 옛날과 달라졌을 뿐, 공부하는 학생으로서의 본분은 예나 지금이나 다를 바가 없는 것이다. 4월의 꽃향기와 5월의 신록과, 그리고 6월의 짙은 녹음을 번갈아 보면서 유난히 6월에만 삶의 현장에 서있는 것 같은 생각이 절실해지는 까닭은 아무래도 6월의 독한 녹색의 냄새가 우리들을 일깨워 주기 때문이 아닌가 싶다.

산은 인생의 도량

젊은 알피니스트들에게

가을은 등산의 계절이라고들 한다. 그러나, 어찌 가을철만을 유독 등산의 계절이라고 할 수 있겠는가! 나는 등산엔 계절이 없다고 생각한다.

봄은 봄대로 즐거움이 있고, 여름은 여름대로의 유쾌함이 있는가 하면, 가을은 가을대로 소소(蕭蕭)하고, 겨울은 겨울대로 또한 장엄하여 좋다.

그렇게 산을 즐기는 사람이라면 계절을 따질 것이 아니라, 언제나 발 닿는 대로 또는 기분 내키는 대로 오르는 것이 등산이다.

근간, 우리 주변에도 등산을 즐기는 경향이 퍽 눈에 띄는 것 같다. 그래서인지 등산을 말하는 알피니스트들의 발언이 많아, 우리들에게 퍽 많은 교훈을 주고 있다. 그러나, 이러한 발언 중에는 가끔 납득이 가지 않는 때가 없지 않아 있다.

그들은《논어》에 말한 바 "요산 요수(樂山樂水)"를 인용하여 말하기를, 슬기로운 자는 바다를 즐기고, 어진 자는 산을 즐긴다 운운하여,

마치 등산가는 인자(仁者)에 속하는 것 같은 착각의 말을 하는 넌센스를 일으키는 때가 있다.

"지자요수 인자요산 지자동 인자정 지자락 인자수(知者樂水 仁者樂山 知者動 仁者靜 知者樂 仁者壽)"라고 한 것은, 어디까지나 지자(知者)와 인자(仁者)를 비교한 것인지, 흔히 등산가들이 사용하는 아전인수격인 뜻은 아닌 것 같다.

그런데, 요즈음 인자연(仁者然)하는 등산가나 등산가연(登山家然)하는 등산가가 나타날 때마다 나는 불쾌를 느낀다.

등산을 한다는 것이 무슨 자랑이겠는가? 자기가 즐겨 산을 오르내리는 것이 무엇이 자랑이 될 수 있을까. 아무리 생각해 보아도 알 수 없는 일이다. 이런 경향이 날로 심해져 가고 있는 현상의 한 가지는 왕성해지는 스포츠의 경쟁의식에서 오는 것이 아닐까 한다.

등산은 역시 기록을 다투는 스포츠와는 달라야 할 것이다.

산악 훈련이란 자라나는 청소년들에게 있어서 중요한 일이다. 그 중요성을 인정해서인지 각 대학 또는 고등학교 산악부의 등산 코스 경주가 있다는 소식을 듣고 아연실색하지 않을 수 없었다. 물론, 한다면 하지 못할 행사가 없겠지만, 역시 그것은 아무리 생각해 보아도 무모한 일이라고 하지 않을 수 없다.

대학의 산악부란 이런 경쟁을 하기 위하여 조직되지는 않았을 것이다.

일요일 한가한 시간이 있어 노봉에라도 나가면, 성발 등허리가 오싹할 지경의 광경을 보게 된다. 그것은 암벽 위에서 록클라이밍을 연습하는 모습이다.

등산하는 데 록클라이밍의 훈련도 필요한 건 사실이다. 그러나, 그들이 도봉의 암벽에 자일을 걸고 연습하는 그것은 등산을 위한 진지한 록클라이밍이 아니라, 위태로운 곡예사의 곡예와 같은 광경이니, 식은땀이 흐를 수밖에 없다.

록클라이밍이란 관중에게 보이기 위한 서커스의 줄타기는 아니다. 그런데, 록클라이밍 하는 장소에서 왕왕 박수소리가 들리는 것은 무슨 이유이며, 이 박수에 흥분하여 몇 번이고 그것을 반복하는 젊은 등산가들의 심정은 무엇일까. 등산에 장비를 갖춰야 한다는 것은 소중한 일이다. 그러니까 그 장비 속에 도끼와 칼도 들어 있어야 하는 것은 물론이다. 그런데, 일행이 열 명이면 열 명이 각기 도끼와 칼을 소지하는 이유는 무엇인가?

캠핑을 하며, 나무를 자르기 위하여 ? 아무리 그렇다 해도, 각자마다 그것이 필요한 것일까. 나무 말이 나왔으니 말이지 기막힌 일이다.

서울 근교의 가까운 코스를 다녀 본 사람은 누구나 알 일이지만, 천막을 쳤던 자리에 성한 나무가 서 있는 것을 보았을까. 간혹 서있다 해도 그 둘레엔 수많은 칼자국이 아니면 도끼 자국을 우리는 보게 된다.

물론, 그 나무도 멀지 않아 쓰러질 것이 뻔하다. 그 때는 또 죽은 나무라하여 그것을 잘라 떼버릴 것이다. 산은 이렇게 해서 헐벗어 간다.

인간이란 어떤 흔적을 남겨 놓고 싶어하는 것은 고금과 동서가 통하는 하나의 본능인 것 같다.

고분의 벽화도 그러한 흔적일 것이고, 심지어 유치장이나 변소 벽에 남아있는 낙서도 그런 본능적인 표현이라 하겠다.

우리나라 사람, 아니 특히 등산하는 사람들에게 저런 습성이 더 심한 것 같다.

자리를 뜨는 새는 떠나는 자리를 어지럽히지 않는다는 말이 있다.

머물렀다가 가는 자리를 깨끗이 치우고 갈 수는 없을까.

방분(放糞)·방뇨(放尿)

이런 습성이 있는 사람은 아예 산에 갈 생각을 않는 것이 좋을 것이다.

무엇 때문에 젊은 사람들이 이름을 남기기를 즐겨 할까…… 일찍이 동남동녀(童男童女)를 싣고 불로초를 캐러 가던 서불의 흉내를 내기 위해서인가…….

제주도 남면에 쏟아지는 정방폭포 옆에 새겼다는 서불의 이름자는 보이지도 않을 뿐 아니라, 우리들 사이에 전해지고 있는 전설은 한낱 웃음거리로 남겨져 있을 뿐이다.

미끈하게 자란 나무줄기에 이름을 팠는가 하면, 청태(青苔) 속에 유현(幽玄)을 자랑하는 바위를 어질러 놓았으니, 누가 그 이름을 보고 칭찬해 줄 것인가—

날로 이런 경향이 심해 가고 보니, 사실 요즈음엔 산으로 나가고 싶은 생각이 별로 나질 않는다. 하루를 즐기기는커녕 도리어 불쾌를 느껴야 하게 되니 말이다.

산에 맛을 들이게 되면, 자연 산의 깊은 곳과 높음을 찾게 되고, 때로는 험준한 곳만을 찾아가 즐기려는 성벽이 자기도 모르게 생기는 법이다. 이런 것을 가리켜 산에 대한 젊음이라고 할까.

어떻든 이런 경향은 산을 즐기고 산을 알려고 하는 것이 아니라, 소유욕에 의한 성복욕이 아닐까 한다.

과연 험준한 길을 더듬고 그 산의 정상에 올랐다 하여, 우리는 그 산을 정복하였다고 할 수 있을까?

언제 시작하였으며, 언제 그칠지도 모르는 산의 역사를 짚고 서서, 그것을 정복하였다고 정상에 올라 함성을 지르는 것을 산이 듣는다면, 얼마나 가소로이 여길 것인가……

인간이란 자연 앞에 항상 겸손해야 한다는 것은, 산을 오르내리는 동안 산으로부터 받은 교훈이다. 그렇기에 나는 정복이라는 말을 싫어한다.

그러고 보면, 남이 올라가 보지 못한 곳에 오른다거나, 또는 산을 잘 탄다는 것도 별로 자랑될 것은 없다.

나는 언제나 말하지만 산을 잘 타는 것은 원주민이라 생각한다. 그런 포터를 가리켜 알피니스트라고는 하지 않는다. 또 사람이 오르지 못하는 곳까지 오르내리는 것은 다람쥐가 아니면 원숭이가 더 잘 타는 것이 상식이다. 그렇기에 높은 산에 올랐다고 해서 위대할 것도 없고, 자랑할 일도 못 된다.

산을 이해하는 마음, 자연을 사랑하는 마음이 산에 오르고자 하는 사람에겐 가장 필요한 것이다.

비 내리는 산길을 혼자 오른다거나, 눈이 덮인 바위 밑에 천막을 치고 잤다면, 산을 이해 못 하거나 자연을 사랑할 줄 모르는 사람이라면 미친 사람 취급을 하는 것이 당연한 것이다.

그러나, 비 내리는 산길을 즐겨 방황하게 되고 아이스홀을 파고 잠들려고 하는 이유는 무엇일까……

이렇듯 겸허한 마음으로 산을 오르내리는 동안, 우리는 터진 지각(地殼)과 용해된 바위에서 오묘한 자연의 섭리를 감득할 수 있게 될 뿐만 아니라, 때로는 자연을 응시하게 되고, 인간을 돌보게 되는 것이다.

또한 구름이 산허리를 스칠 때, 우리는 한 모금의 담배로써 따뜻한 인정을 느끼게 될 뿐만 아니라, 별들의 대화와 바람들의 밀어 속에 귀를 기울이게 될 때, 우리는 다시 한 번 인간과 자연과 신(神)을 명상하며 옷깃을 여미게 된다.

이런 생활을 반복하는 동안, 보잘것없는 산사람에게도 이런 품격을 갖추게 될 때, 산은 자연 그대로의 산이 아니라, 인생의 한 도량이 되는 것이다.

{ 제3부 }

큰 산 같은 스승

정한숙 헌정 산문

나의 문학과 교육인생을 이끈 현장 교과서

고형진

정한숙 선생님을 처음 뵌 것은 대학에 입학한 후 첫 학기 현대소설론 수업 시간에서였다. 당시 고등학교 국어교과서에 선생님의 소설 〈금당벽화〉가 실려있었기 때문에 그 분의 얼굴을 교실에서 직접 뵐 수 있다는 기대감에 수업 전부터 마음이 설레었다. 국어교과서에 나오는 소설가로부터 직접 수업을 받다니, 이게 대학이구나 하고 대학 입학의 실감을 비로소 했었다. 첫 시간 교실문을 열고 들어오시는 선생님의 첫 인상은 막연한 예상과는 달랐다. 나는 〈금당벽화〉와 〈고가〉를 쓴 작가답게 한복이나 그와 유사한 옷을 걸친 옛스러운 모습을 상상했었는데, 실상은 새파란 슈트에 샛빨간 넥타이를 매고 가슴 포켓에 행커치프를 꽂은 양복에다 머리 위엔 고동색 베레모까지 쓴 댄디한 차림의 신사 한 분이 들어오시는 것이었다. 고등학교 때까지 헙수룩한 복장에 어딘가 피곤해 보이는 모습의 선생님을 많이 봐왔던 터라 그 눈부신 복장과 여유넘치는 내노는 '선생'에 대한 나의 선입견을 바꿔놓았다. 정한숙 선생님의 완벽한 정장은 허름한 잠바를 걸치고 꾸부정하게 앉아 있던 우리들을 졸지에 초라하게 만들었다. 선생님께선 유명 소설가이기 전에 복장만으로 선생의 위엄을 보였고, 그것으로 교실을 완전히 제압하였다. 선생이 교단 위로 올라가 교탁 앞에 놓여 있는 의자에 앉은 후 베레모를 벗으니 머리카락이 하얗게 빛났다. 때마침 창가로 들어오는 3월의 봄 햇살을 받아 은빛으로 반사되는 백발의 광채는 행커치프의 색과 어울리며 선생 주변을 하얗게 물들였고, 파란 슈트와 빨간 넥타이가 주는 원색의 싱그러움을 더욱 도드라지게 만들었다.

선생님께선 소설이론 보다는 소설가들의 사생활과 에피소드들을 주로 전해주었다. 고등학교 국어시간엔 한 번도 들어보지 못한 흥미진진한 얘기들이었다. 작가들의 사생활이 만들어내는 실제 '소설' 들을 들으며 나는 '소설작품'의 배경들을 비로소 하나하나 실감하게 되었다. 그러면서 픽션과 논픽션의 차이를 이해하게 되었고, 소설가들이 논픽션을 어떻게 픽션으로 전환시키는지 어렴풋이 알아차리게 되었다. 그런데 정 선생님의 이런 이야기가 시종일관 우리들에게 긴장있게 전달되었던 것은 선생의 복장 영향이 적지 않았다. 아무리 재미있는 이야기라도 수업인지라 간혹 딴 생각이 들기 마련인데, 그때마다 교단 위에서 광채를 띠는 선생의 칼 같은 복장이 우리들의 시선을 끌어모았다. 그후 나는 지금까지도 복장과 외적인 분위기가 중요한 교수법의 하나라는 생각을 버리지 않고 있다.

대학 졸업 후 대학원에 진학하여 1년이 지났을 때 나의 지도교수인 오탁번 선생님께서 1년간 미국 하버드대학교 엔칭연구소의 방문학자로 떠나게 되었다. 개인용 컴퓨터와 스마트폰이 발명되기 이전이라 해외에 체류하는 교수로부터 논문지도와 심사를 받는 것이 불가능한 시절이었다. 오 선생님께서는 내 지도교수를 정한숙 선생님께 의뢰하였고, 그때부터 나는 정 선생님을 가까이서 뵐 수 있게 되었다. 정 선생님은 내 부친보다도 연세가 거의 열 살 정도 많으신 어른이어서 대하기가 좀 어려웠다. 선생님께선 아침 일찍 연구실에 나오시는 듯 했고, 그래서 나는 부지런을 떨며 아침 8시쯤 연구실로 찾아갔었는데 그때 이미 소설 집필에 삼매경이셨다. 선생님께선 그보다도 훨씬 이른 시간에 연구실에 나와 피치를 올리며 소설을 쓰고 계신 것 같았다. 선생의 연구실 문은 늘 열려 있었고, 그래서 살짝 얼굴을 비치며 들어서서 나가셔도 선생님께선 인기척을 전혀 못 느낀 채 소설 집필에 온 신경을 곤두세우고 계셨다. 나는 선생님의 작업을 방해하기 싫어서, 사실 방해할 엄두도 나지 않아 눈 인사만 하고 그냥 돌아오곤 하였다. 오후엔 웬일인지 연구실 문이 잠겨 있을 때가 많았고, 선생님의 행방도 묘연했다. 그래, 괜히 선생님 귀찮게 하지 말고 나도 선생처럼 열심히 논문을 쓰자, 하고 마음 먹곤 거의 혼자서 논문을 써나갔다. 사실, 선생님께서는 이미 《현대한국문학사》 안에 백석 시에 대한 자신의 생각을 피력해 놓았다. 짧막한 서술이지만, 백석 시의 중요한 특징들이 언급되어 있었고, 그 안에 새로운 연구주제의 힌트가 숨어 있었다. 정 선생님은 책을 통해 이미 내 논문지도를 하고 있는 셈이었다.

논문심사는 김인환 선생님과 송하춘 선생님이 맡으셨다. 두 분은 내 논문을 꼼꼼히 읽고 코멘트해 주셨고, 정한숙 선생님께선 내 논문을 자세히 읽은 것 같지 않은데도 아주 그럴 듯하게, 그러면서 논문을 정에 꼭 필요한 말씀을 해주셨다. 심사를 마치고 당시 학교 근처의 오래된 중국집인 '진성반점'에 가서 중국요리로 점심식사를 하였다. 나올 때 나는 얼른 계산대로 달려가 식사비를 내려고 했는데, 이미 정한숙 선생님께서 결제를 마치셨다고 주인장이 말하는 것이었다. 나는 커피를 대접하려고 세 분 선생님을 모시고 커피숍으로 갔는데, 이번엔 또 심사위원 선생님께서 커피값을 잽싸게 지불하셨다. 나는 지도교수와 심사위원들로부터 심사를 받고 비싼 점심과 커피까지 얻어먹게 되어 참으로 난감하게 되었지만, 대낮에 3차를 갈 수도 없는 노릇이어서 몹시 미안한 표정으로 인사를 드리고 선생님들과 헤어질 수밖에 없었다. 그러곤 집으로 돌아오면서 나는 은근히 기분이 좋아졌다. 논문 심사때 받은 약간의 칭찬보다 그분들이 식사와 커피를 사주셨다는 사실이 더 기뻤다. 비로소 내 논문을 인정받는 느낌이었고, 설사 그게 아니라도 적어도 격려를 받은 것은 분명하기 때문이었다. 20대 중반, 동년배들보다 훨씬 숙맥이었던 나는, 빨리 잘 커서 선생님들께 몇 배로 갚아드려야지 하고 굳게 다짐하며 들뜬 기분으로 귀가하였던 아주 오래 전 일이 바로 어제 일처럼 떠오른다.

오탁번 선생님이 미국서 돌아오시고 나의 지도교수는 다시 오 선생님으로 복귀되었지만, 정한숙 선생님과의 인연은 계속되었다. 내가 박사과정에 들어가고 얼마 후 정 선생님께서는 정년퇴임을 하셨고, 학교를 나오신 후에는 전숙희 선생이 발행하는 동서문학사 한 켠에 방을 얻어 지내셨다. 어느 날 인사차 동서문학 사무실로 찾아뵈었더니 선생님께서는 내게 소설 원고를 주시면서 원고지에 정서해 달라고 하셨다. 나는 만년필로 흘려 써서 알아보기 힘든 글자들을 앞 뒤

문맥을 헤아려서 정확히 판독한 후 한 자 한 자 정성들인 정자체로 원고지에 옮겨서 선생님께 갖다 드렸다. 그랬더니 그 자리에서 또 새 원고를 건네주시며 정서해 달라고 부탁하셨다. 이번엔 얼른 끝마치고 내 일을 하려고 빨리 써서 갔다드렸는데, 또 새 원고를 주셨고, 그 다음에도 또 원고를 주셨는데, 그렇게 주고받는 속도가 점점 빨라졌다. 나는 정 선생님께서 그동안 써 놓은 원고들을 정리하려는 줄 알고 한꺼번에 전부 달라고 하였더니 매번 새로 쓰는 소설이라는 것이었다. 정 선생님은 내가 선생의 소설을 베껴쓰는 것보다 더 빠른 속도로 작품을 쓰고 계셨던 것이다. 무슨 소설을 이렇게 빨리, 쉽게 쓰실까?

당시 나는 오탁번 선생님 연구실에서 공부하고 있었는데, 그곳에서 하루종일 정한숙 선생님 소설을 원고지에 옮겨 적는 일만 해야 했다. 옆에 계신 오 선생님은 딱하게 나를 쳐다보셨고, 좀 난감한 표정을 지으시는 듯 했다. 공부하라고 당신 방에 나를 앉혀놓았는데 하루종일 정 선생님 소설을 옮겨적기만 하고 있는 나를 안쓰럽게 생각하시는 듯 했고, 또 한편으론 일을 좀 시켜려고 해도 내가 워낙 바쁘게 소설을 옮겨 적고 있으니 그럴 틈이 없어서 난처해하셨던 것이 아닐까 한다. 당신 방에서 당시 스승의 일만을 죽어라고 하고 있으니 열심히 하라고 하기도 그렇고, 그렇다고 적당히 하라고 하기도 어려운 일이었을 것이다.

내가 다른 소설가의 작품을 직접 손으로 써 본 것은 그때가 처음이었다. 소설을 직접 써 보니 읽었을 때와는 느낌이 딴판이었다. 특히 캐릭터의 심리를 묘사한 대목에선 그의 내밀한 욕망과 미묘한 마음의 움직임이 내 전신으로 들어와 혈액 속에 알알이 박히는 것 같았다. 소설 문장의 실체도 새롭게 깨달았다. 눈으로 읽었을 때 멋있게 생각

되었던 어떤 묘사문은 직접 써 보니 막상 별다른 감흥이 없었던 반면, 읽었을 때 평범한 서술 같았는데 써 보니 실제론 캐릭터의 심리를 꿰뚫어낸 문장으로 전해지는 경우도 많았다. 소설 문장에서 화려한 문체가 능사가 아니라는 것을 그때 몸으로 느끼게 되었다. 그리고 소설이 힘든 '노동'이라는 걸 새삼 절감하게 되었다.

교육과 문학에서 정말 중요한 것은 이론습득이 아니라 실행과 연습일 것이다. 현장에서 여러 번 직접 보고, 듣고, 겪으면서 스스로 깨닫는 것이 진짜 문학이고 교육일 것이다. 정한숙 선생님께서 강의실과 연구실과 식당에서 펼쳐보이셨던 행동들 하나하나는 나도 모르는 사이에 내 가슴 속 문학과 교육의 현장 교과서가 되어 그것들을 따라 하면서 오늘에 이르게 된 것이라고 생각하고 있다.

일오 정한숙 선생님을 그리고 기리며

김미혜

나의 대학시절, 아버지 같으셨던 선생님

내 나이 70대 중반, 의식적으로, 아니 어느 틈엔가 과거를 소환하여 곱씹기보다는 내일 할 일을 계획하고 내일을 오늘로 만들며 지내려 노력하고 있다. 과연 그랬는지 모르겠으나 좋았고 황금 같았던 과거에 매몰되는 내가 싫고, '죽으면 늙자'는 것이 나의 삶의 모토 때문이기도 하다. 한데 정한숙 선생님을 그리고 기리는 글을 쓰려하니 56년 전인 1966년부터 시작되었던 나의 대학시절이 슬그머니 소환된다.

내 삶의 과정에서 어느 땐가 그 존재가 뚜렷했던 사람들이 문득 떠오르면—적어도 내게—그 사람의 특징이 되는 몇 가지 이미지가 눈앞에 이른댄다. 정한숙 선생님의 경우, 제일 먼저 떠오르는 이미지는 꼬리가 처진 두 눈에 늘 따뜻한 웃음기가 있는 정겨움을 보이는 소년 같으셨다는 점이다. 난 정말로 날 바라보시는 그 두 눈에서 따뜻함과 스승의 사랑을 읽었고, 그 눈앞에서 내가 늘 존중받는다는 느낌을 받았다. 이 첫 이미지가 시각적인 것이었다면 두 번째 이미지는 청각적인 것이다. 평안북도 영변이 고향이신 정 선생님이 구사하시던 이북 사투리는 그냥 정겨웠고 부드럽게 들렸다. 지역 학생들이 많았던 고대의 강의실이나 캠퍼스에서 늘 듣던 호남이나 영남 쪽 사투리와는 많이 달랐는데도 전혀 낯설지 않았다. 마지막은, 이미지가 아니라 정 선생님께서 언젠가 해주신 농담이 생각나곤 한다. "우리 고대에 사이비 여교수가 두 명"이라는 말씀이었다. 본인의 이름이 정한숙이라 '숙'으로 끝나고, 내가 다닌 영문과의 여석기 교수님은 성이 '여'씨이기 때문에 두 분이 교수들 사이에서 사이비 여자로 놀림을 받는다는 말씀이었다. 그 뒤로는 내가 가끔 정 선생님께 여자교수님이라고 장난을 치곤했다.

정 선생님과 나의 각별한 인연이 본격적으로 시작된 건 2학년 때 내가 고대신문 기자였다는 것과 깊은 관련이 있다. 1학년(그땐 foolish freshman이라고들 했다) 말, 편집국장이었던 오탁번 선배의 꼬드김(?)에 넘어가 2학년이 되자 특채로 기자가 되어 수습기자를 거쳐 문화면을 담당하는 정식기자가 되었다. 한데 하루에 세 시간씩 일주일에 세 번 들어있는 전공과목인 '영어학' 강의가 문제였다. 신문을 찍느라 신아일보 외관과 분실에서 꼬박 하루 반을 보내야했으니 그 강의에 자주 출석하지 못했기 때문이다. 결과는 1학기 동안 13번의 결석이었고, 한 학기 동안의 강의내용이 너무 많은데 내가 모르는 부분이 거의 전부라는 것이었다. 조성식 담당교수님한테서 성적을 받는 일이 쉽지 않은 영문과의 전통이 있었기 때문에 걱정이 컸다. 그래도 내가 많은 남학생들의 선망의 대상이라는 점(?)을 이용하여 공부 잘하는 남학생 세 명을 꼬드겨(?) 나를 예뻐하시던 김진웅 출판부장님께 출판부의 방을 하나 얻기로 허락을 받았고 밤새도록 함께 시험공부를 했다. 대학에 가서 그렇게 공부한 적은 처음이자 마지막이었다. 나름 답안지 작성도 형편없이 한 것 같지는 않았는데 결과는 38점—종이 성적표에 빨간 숫자 두 개, 낙제였다. 나의 놀라움은 차치하고 부모님이 용서할 수 없는,—어머니의 말씀을 빌리자면—부계 모계를 다 합쳐도 있어본 적이 없는 성적이었다. 그때 신문사 지도위원이셨던 정 선생님을 찾아가 울며 호소했다. 정 선생님께서 자초지종을 들으시고는 "따라오라우!" 하시면서 날 데리고 조성식 교수님 연구실로 가셔서 항의를 하셨다: "야, 너 내 딸 같은 아한테 성적을 어드레 그렇게 주네?" 정 선생님의 항의 말씀 아직도 귀에 생생하다. 그렇다고 38이라는 점수가 바뀌진 않았지만 정 선생님께서 날 딸처럼 생각하신다는 그 말씀에 가슴이 뜨겁게 차올라 내친 김에 더 많이 울었다. 내가 받은 점수는 76점이었는데 13번 결석한 것 때문에 한 번에 3점씩 감점하여 나온 점수라고 하니 나로선 더 할 말이 없었다.

그 사건 이후 난 정 선생님 연구실에 자주 놀러갔다. 늘 반겨주셨고, 내가 작가 지망생인 걸 아시고 문학의 동향, 작가가 된 선배들, 그들 작품의 장점과 단점, 문학 쪽의 지인들 등에 대해 많은 이야기를 들려주셨다. 수업시간에는 들을 수 없는 산교육이었다. 그 산교육은 오랜 시간 내 내면에 침잠되어 효모로서 작용하고 있었을 것이다. 그러나 3학년 말 모 신문사 신춘문예 예심에 들었을 뿐 나의 문학과의 인연은 거의 끝났다. '거의 끝났다'고 한 이유는 하마터면 작가가 될 계기가 있었기 때문이다. 1982년, 비엔나에서 유학 중 둘째 아이 출산으로 산후 우울증에 시달리던 나는 단편소설을 한 편 썼다. 아이를 씻기고 젖을 주는 일 외엔 원고지 메우는 일만 했다. 그리곤 모 신문사 신춘문예 응모작으로 보냈다. 그때 유학생에겐 국제우편료도 비쌌다. 꼭 당선을 원했던 것은 아니었고 그건 그냥 우울증에서 벗어나기 위한, 하기 힘든 공부에 아이까지 생겼으니 어떻게 하면 좋을지, 과연 공부를 계속할 수는 있을지에 대한 걱정으로 쌓인 스트레스에서 벗어나기 위한 나름의 세정작업이었다. 한데 그 세정작업은 마지막 당선작과 겨루다 탈락되는 결과를 가져왔다. 심사위원장은 나의 소설이 너무 잘 썼지만 이미 나이를 먹었기 때문에 앞으로 더 발전할 시간이 짧아 작품의 퀄리티는 조금 떨어지지만 앞으로의 가능성이 많은 20대의 젊은 남자 작가지망생의 응모작을 선한다는 평을 썼다. 참으로 희한한 심사평으로 생각되었지만, 그렇게 나와 문학과의 인연은 완전히 끝나고 말았다.

비엔나에서 공부하는 기간이 8년으로 짧지 않아 한국, 서울과의 인연은 거의 끝날 수밖에 없었다. 영문과를 전공하다 독일어권에서 연극학으로 박사학위를 하려니 한국말과 글은 기피해야 할 생활목록 중 하나였고 옛 인연들을 지속해서 가꾸는 인간적인 삶과는 담을 쌓을 수밖에 없었기 때문이다. 결국 옛 스승님들, 선후배들, 친구들과 소원해졌고 심지어는 가족과도 소원해질 지경이었다. 지금은 화상통화, 이메일, 문자보내기 등으로 간단히 할 수 있는 일이 그때는 불가능했다. 내 박사논문도 IBM 전동타이프로 쳤으니 요즘 MZ세대가 듣는다면 신석기 시대에 있었던 일로 생각될 것이다.

정한숙 선생님과의 재회는 내가 귀국 후 한국문화예술진흥원(현재 한국문화예술위원회)의 국제교류 관련 전문위원에 위촉되면서 이루어졌다. 한국에 대한 정보가 여전히 어두워 전혀 모르고 있었는데 정 선생님께서 원장으로 계셨다. 첫 출근하고 원장님께 인사를 드리러 갔더니 원장실엔 곱게, 소년처럼 나이 드신 정 선생님의 웃음 머금은 눈길이 나를 기다리고 있었다. 내가 올 것을 이미 알고 계셨지만 그 재회 전까지 어떤 언질도 없으셨고, 마치 어제까지도 만났던 제자처럼 너무 자연스럽게 맞이해주신 정 선생님의 따뜻함에 귀국 후 이런저런 일로 한국에 대한 분노와 실망에 차 있던 나는 비로소 고국을, 고향을 느꼈다. 그날 점심을 사주시면서 내가 박사학위논문을 독일어로 썼다는 것이 신통하다는 말씀 외엔 그냥 일상적인 대화만 하셨다. 그 뒤로 정 선생님께선 점심시간이 되기 전 전화를 자주 주셨고 난 점심값을 많이 절약했다.

그리고 내가 진흥원을 그만 두기 전 정 원장님은 임기가 끝나 퇴직을 하셨다. 어느 틈에 진흥원 내에선 내가 정 원장님이 많이 아끼던 제자라는 것이 알려졌기 때문에 퇴직금 전달을 위해 비서, 총무과 직원 그리고 나까지 정 원장님 댁을 방문했다. 그때 또 놀라운 사실을 알게 되었다. 사모님께서 나의 어머니의 선배님이셨던 것이다. 정 선생님께선 오래 전부터 이 사실을 알고 계셨지만 특별히 말씀이 없으셨기 때문에 난 처음 알게 된 것이다. 어머니 선배의 남편이라면 내가 부담을 가질까봐 말씀 안 하신 거라고 난 해석했다. 날 편하게 해주시려고 그러셨다는 걸 오늘도 생각한다. 왜 정 선생님을 나의 대학 시절 아버지처럼 느꼈는지 내가 알지는 못했지만 어떤 텔레파시가 작용했던 건 아닐까?

이 글을 쓰다 보니 내가 과연 정한숙 선생님의 제자였는가라는 질문이 생긴다. 내가 국문과를 다닌 게 아니고 영문과를 다녔기 때문에 떠오른 질문인 것이다. 그러나 학문으로 맺어진 스승과 제자가 아니어도 매우 깊은 연계의식을 갖는 그런 인연도 있지 않은가? 작가이시고, 대학에 재직하신 분의 예술과 학문에 대한 언급이 아니라 지극히 개인적이고도 인간적인 인연에 대해 쓴 것을 피안에 계실 정 선생님께서도 이해하고 용서하시리라 믿는다.

정한숙 선생과 '국문학 연습(3학점)'

김보한

고교 시절, '정한숙이 여류 작가다, 아니다' 하며 친구들과 언쟁을 벌였던 일을 회상해 보니 지금도 절로 웃음이 나온다. 나는 휘문고등학교 출신, 고향 선배를 통해서 정한숙 선생님은 남성이라는 것을 이미 알고 있었지만, 이름만 보고 짐작해 주장하는 친구들은 고집스럽게 여류 작가라고 우겼던 것이다. 나는 이 당시, 서기원, 이호철, 송병수, 이범선, 오상원, 박경리, 오영수, 한무숙, 손창섭, 전광용 등 주로 전후(戰後)에 주목받은 작가들과 함께 정한숙이란 이름은 어느 정도 알고 있었다.

내가 정한숙 작가에게 각별히 관심을 갖게 된 것은 〈고가(古家)〉 때문이었다. 이 작품은 1957년에 나왔고, 1960년 '한국 전후 문제 작품집'에도 수록되었다. 작품을 보면 장동 김씨(壯東 金氏) 종손 중의 하끝이 경북 영주(榮州) 고을로 내려가 자리 잡고 살아 가다가 해방과 6·25 사변이라는 큰 시대적 변화 속에서 이 종가가 그간 완고하게 견지해 왔던 봉건적인 사고와 가족 구조가 와해되고 종국에는 '종가',

'종손'이라는 개념 자체도 아예 사라지게 되었다는 이야기로 되어 있다.

나는 종손은 아니지만 장동 김가의 한 종원이었기에 이 작품에 관심이 컸던 것 같다. 장동(壯東)은 한양의 서쪽, 인왕산 아래 마을인 지금의 '서촌'을 가리키는 지역이었다. 병자호란 시기(17세기)를 대표하는 안동김씨(安東金氏)의 선원(仙源) 김상용(金尙容)과 청음(淸陰) 김상헌(金尙憲) 형제 중에서 특히 청음의 손자인 문곡(文谷) 김수항(金壽恒)의 후손들이 주로 이곳에 모여 살았기에 이들을 일컬어 장동김씨라고 하였던 것 같다. 지금은 청운동에 위치한 경복(景福) 고등학교 교문 앞, 한 곳에 '김수항 생가터'라는 조그만 표지석 하나만이 옛 자취를 증거하며 서 있을 뿐이다.

1960년 국문학과에 입학한 첫 해에 정한숙 선생님으로부터 '국어작문(1학점)'을 시작으로 하여, 2학년 때엔 '문장론(2학점)'과 '창작법(2학점)을 배웠다. 3학년이 되어서 '한국 현대 문학사(4학점)'를, 4학년 마지막 해엔 '국문학 연습(3학점)'을 지도 받아 총 12학점을 선생님으로부터 받았다. 내가 4년 동안 이렇게 선생님으로부터 직접 가르침을 받았다는 사실에 가슴 뿌듯한 자부심을 갖는 것은, 1학년부터 3학년까지의 성적이 모두 B학점에 겨우 머물었다가 마지막 졸업하던 해에 수강한 '국문학 연습'을 A학점으로 마무리 지음으로써 그 기쁨이 더욱 컸기 때문인지도 모른다.

'국문학 연습'의 학습 진행 방식은 학생들이 우리나라 작가들 중에서 한 사람을 골라 집중적으로 연구하도록 한 다음 그 내용을 전체 수강생들 앞에서 발표하게 하고 그 후에 정리하여 리포트를 작성해서 제출하는 것이었다. 그런데 선생님께서는 우리들의 연구 내용이, 이미 남들이 연구 발표한 것과 같거나 그와 유사하기만하여도 추상같이 직설적인 화법으로 엄하게 지적하시는 것이었다. 나는 이런 꾸지람을 피하기 위해 남들이 연구하지 못한 월북 작가를 택하였다.

극좌파의 한 사람으로서 계급문학의 중심적 인물이었고 해방 후 KAPF의 부위원장을 지내다가 월북한 김남천을 연구하게 된 것이다. 이 작가를 연구하며 봉착한 난관은 그의 작품이 시중에 없음은 물론이고 대학도서관에서조차 열람을 금지 당하였다는 점이다. 부득이 이 작가가 활동하던 시기의 '작품 연감', '문예 연감', 일간지, 월간지 등에서 한 편 한 편 찾아 볼 수밖에 없었다. 이렇게 쉽지 않은 과정을 거쳐 나온 연구 결과는 다행스럽게도 선생님의 좋은 평가를 받아 나는 매우 기뻤다.

나는 재학 중에 입대하여 학보병으로서 1년 6개월 만에 귀휴(歸休)했고 그 6개월 뒤에 복학함으로써 62학번 후배들과 함께 졸업반이 되었다. 2학기 말, 졸업을 앞두고 누군가는 필히 과를 대표하여 지나온 4년 간 연구한 것 중에서 한 편을 택하여 국문학과 전체 재학생들과 우리 과의 여러 교수님들 앞에서 발표해야 한다는 것이었다. 발표하겠다고 자진해 나오는 사람이 없자 후배들은 나를 지목해 어찌나 떼를 쓰던지 나는 부끄러움을 무릅쓰고 겁 없이 〈프로 문학 소고(小考)〉라는 타이틀을 걸고 발표하였다. 그것은 많이 부족하고 어설펐지만 강평을 맡으신 정한숙 선생님께서 긍정적 평가와 함께 과분한 칭찬까지 해주셔서 나는 조였던 가슴을 쓸어내리고 얼마나 고마워했는지 모른다.

이때 발표했던 내용은 후일, 더 다듬고 정리하여 〈김남천과 그의 문학 세계〉란 제목으로 변변치 못한 내 수필집에 수록하였다. 이 밖에도 선생님께서 1학년 국어 작문 시간에 이효석의 작품 한 편을 가르치시며 '이효석과 D. H. 로런스(D. H. Lawrence)를 비교 연구해 보라'고 권유하신 뜻을 받들어 〈이효석 문학의 성(性)〉이란 제목의 비교 연구 평론문도 그 수필집에 실었다.

만일 선생님이 지금 생존해 계셔서 변변치 못한 나의 이런 글들을 읽어 보셨다고 가정해 본다면 분명히 단번에 "이것도 글이라고 썼느냐?"며 그 평안도 특유의 직설 화법으로 꾸중하실 것만 같다. 우리들이 무서워했던 그 엄한 꾸중도 지금은 몇 번이고 더 듣고 싶도록 선생님이 그립다. 60여 년 전에 선생님의 그 엄중했던 지도편달이 없었다면 어찌 우리들이 오늘 이렇게 문학인을 자처하며 글을 쓰고 있겠는가.

낭만시대

김인환

눈이 오실 것 같은 날씨다. 민음사판 프루스트를 한 권 들고 집을 나와 101번 버스를 탔다. 종각 근처에서 내려 카페 드 람브르로 들어갔다. 1996년 도쿄에 있을 때도 일역본 프루스트를 들고 긴자 뒷골목의 카페 드 람브르에 자주 가 앉아 있었다. 70년대 진주 시절에 능성출판사판으로 한 번, 80년대에 정음사판으로 한 번, 90년대에 국일문화사판으로 한 번, 몇 년 전에 펭귄클래식코리아판으로 한 번, 이번에 다섯 번째 읽는 셈인데 언어의 폭포수에 숨이 막혀 구성이니 문체니 따져볼 엄두가 안 나기는 처음 읽었을 때나 같았다. 불어본과 대조해 보는 것이 좋을 것 같은 대목에 표를 하며 페이지를 넘기다가 점심시간이 되어 샐러드와 샌드위치로 요기를 하고 나왔다. 예전 '낭만'이 있던 건물에 '짱 오락실'이라는 간판이 붙어 있었다. 선생님과 거의 매일 다니던 술집이있다. 과음으로 배가 아파서 오늘은 못 가겠다고 말씀드리면 "체했다고 밥 안 먹냐" 하시고 웃으시던 기억이 바로 어제 일처럼 떠올랐다. 뽑기 상자에 진열된 인형들과 장난감들을 바라보고 있는데 점원이 와서 무어라고 말을 건넸다. 이명과 난청에 자성 강청이라고 자기 목소리가 크게 울리는 증세가 생겨서 무슨 말인지 알아들을 수 없었다. 건너편 이층에 '홍길동 중고서점'이란 책방 겸 카페가 있기에 올라가 커피를 시키고 앉아서 돌아가시기 사흘 전까지 술을 드시던 선생님을 생각했다. 어려서는 선교사 집 미국 아이들과 친하게 지내셨다. 영변 농고를 나와 곡물 검사원을 하시다가 해방을 맞으셨다. 고무신 닳는 것이 아까워서 한길을 벗어나면 맨발로 걸으시던 어머니 이야기를 여러 번 하셨다. 선생님께서는 성남시 분당구 야탑동에 당신의 유택을 미리 정하시고 그 바로 윗자리에 선대부인의 유골을 안치하셨다. 전쟁 때에는 소프라노 이관옥 씨의 집 마루 밑에 숨어 계시다가 월북했다 당 간부가 되어 내려온 대학 친구를 만났는데 그 친구는 서울에 남아 있던 애인을 도와주어 고맙다고 하며 통행증을 만들어 주었다. 그 통행증으로 의용군에 끌려갈 뻔한 정한모 선생님을 빼낼 수 있으셨다. 선생님은 공산주의를 싫어하셨으나 영문학자 오화섭 선생님의 인공시절 부역 혐의가 문제 되자 앞에 나서서 글과 말로 옹호하셨다. 4·19 직후에는 고등학교 동창인 김일성대학 김하명 교수가 대남방송에서 선생님 앞으로 보낸 편지를 낭송해서 잠시 고생하신 적도 있었다. 판문점 휴전협정에 통역으로 나가서 이북측 통역으로 나온 아버지를 만났다는 영문과 조성식 선생님의 이야기는 관철동 '낭만'이 아니라 길음동 '뉴호수'에서 들었던 것 같다. 남으로 가십시다라고 했더니 네 어머니를 두고 어떻게 가느냐고 하셨다고 하시며 그날 이후 어머니 생각 때문에 술 없이는 잠들 수 없었다고 말씀하셨다.

집에 가기에는 이른 시간이었다. 두어 집 건너 있는 '밀크 홀'에 들어가 우유와 마들렌 과자를 사 들고 4층으로 올라가 앉았다. 심심한 하루를 보내고 내일도 서글프기는 마찬가지란 생각을 하면서 과자 조각을 우유에 적셔서 입에 넣었다. 혈압과 콩팥에 문제가 생겨서 술을 끊고 나서 반사가 시들해졌고 시간이 흐르면서 텅 빈 느낌은 점점 더 심해져만 갔다. 감정에 호소하는 일을 그친 지 오래되었다. 2016년에 어머니가 돌아가신 후로 나는 세상에 대한 요구를 포기하였다. 권리란 의무의 또 다른 면인데 의무를 방기하고 친구도 친척도 거의 만나지 않고 사는 나에게는 내세울 권리가 소멸했다고 생각했다. 주위에서 벌어지는 일들은 모두 나의 밖에서 풍문처럼 흘러갔다. 단조로운 덧셈으로 날들에 날들이 이어지는 불안정한 시간 속에서 나는 비척거리며 이 거리를 떠돌다가 멀지 않아 한 줌의 재가 되어 흔적도 없이 사라지리라. 모든 것이 질풍처럼 변하는 세상에서 선생님은 내게 다시 옮겨지지 않고 다시 칠해지지 않는 고정된 척도였고 방향을 잡을 수 있게 해 주는 이정표였다. 선생님은 늘 안고수비(眼高手卑)를 경계하셨다. 문학은 입으로 하는 것이 아니라 손으로 하는 것이라는 말씀을 제자들은 귀에 못이 박히도록 들었다. 뇌막염에 걸린 큰 아드님의 치료비를 마련하기 위해서는 다작을 하지 않을 수 없으셨다는 사정도 있었겠지만 정지상 군이 완치된 후에도 선생님은 평생토록 매일 원고지 스무 장 쓰는 것을 일과로 정하고 사셨다. 회갑 이전에는 일요일과 광복절에도 학교에 나와 글을 쓰셨다. 아무리 귀찮더라도 글 쓰는 일을 그만두면 안 된다는 것과 문학에 대해 부질없이 떠드는 일은 피해야 한다는 것이 내가 선생님께 배운 작문 규범이었다. 160편의 단편소설과 17권의 장편소설, 거기다 시와 수필과 희곡에 미발간 신문연재소설까지 모은 선생님의 전집이 나왔으면 좋겠다. 소설

전공 교수들과 대학원생들이 편찬 작업을 맡고 비용의 절반씩을 제자들과 출판사가 분담하는 식으로 해서 장기 계획으로 추진한다면 불가능한 일은 아닐 것이다.

대학 시절을《맹자》와《장자》읽는 데 다 보냈다. 4학년 1학기를 마치자마자 JTBC의 전신이었던 TBC에 취직이 되었다. 홍두표 편성과장 밑에서 〈샐러리맨의 하루〉라는 다큐멘터리 시나리오도 만들어 보고 황정태 피디의 〈쇼쇼쇼〉에서 플로어 매니저로 심부름도 해보았다. 밥벌이는 대중음악 피디로 하며 소설을 써야겠다고 작정하고 있을 때 선생님께서 회사로 전화를 하셨다. 문과대학 수석 졸업이니 대학원에 들어오라는 말씀이셨다. 2학기 내내 한 시간도 수업을 못 들어가서 졸업이나 하면 다행이라고 생각하고 있다가 벼락 맞은 것처럼 놀랐다. 이 생각 저 생각 하다가 이왕 대학원에 갈 거라면 국내용 문학보다는 국제용 어학이 나을 것 같아서 전공을 국어학으로 정하고 중간에 포기하더라도 최소한 영어 공부를 한 2년 더 할 수 있지 않겠느냐는 마음으로 대학원 시험을 치렀다. 당장 생활비가 문제였는데 박노준 선생님이 도와주셔서 대광고등학교 교사가 되었다. 2학년 이과 국어와 3학년 문과 고전, 거기다 2학년 이과와 3학년 문과의 오전 과외, 오후 과외로 주당 40시간을 맡는 바람에 논문 준비를 할 수 없었다. 논문을 못 쓸 것 같다고 말씀드렸더니 선생님은 어학은 안 되겠지 하시더니 바로 그 다음 날 몸소 대학원장을 만나서 내 전공을 현대문학으로 바꾸어 놓으셨다. 나는 졸지에 현대문학 전공자가 되었다. 고등학교 시절 이과라서 용산고등학교 3학년 6반 친구들 가운데는 화학자나 건축가가 많은데 나 혼자 어쩌다가 평론가가 됐듯이 가려던 길과 다른 길을 가게 되는 것이 부모미생전에 정해진 운명이었는지도 모르겠다. 그렇다면 운명을 사랑할 수밖에! 전임이란 기대할 수 없었던 강사 시절 3월 어느 날 밤 진주 출신 법대 학생 정봉렬 군이 집으로 찾아왔다. 전임으로 초빙하려던 연대 출신 어떤 사람이 갑자기 못 가겠다고 해서 난처해하는 려증동 교수께 내 강의를 좋게 이야기했더니 만나자고 하신다는 것이었다. 그날 밤차로 진주로 내려가 그 이튿날부터 경상대학교 국어교육과에서 가르치기 시작했다. 5년 동안 한문강독, 산문강독, 운문강독, 동서고전강독 등 주로 강독 과목을 맡았다. 진주가 내 집처럼 편해질 무렵에 서울로 올라오라는 학과장 송민호 선생님의 전화를 받았다. 학교에서는 모교의 은혜를 갚으라며 기숙사 사감, 신문사 주간, 학생처장, 교무처장 하다못해 농구부장까지 숱한 보직을 맡겼다. 못하겠다고 할 때마다 선생님은 강의만 하라고 월급 주는 게 아니라고 나무라셨는데 아마도 거절 못 하게 하라는 학교 측 누군가의 부탁을 받으신 것 같았다. 선생님 때문에 나는 잘하지도 못하는 현대문학을 공부하며 힘들게 살아온 것은 아닌가 모르겠다. 그러나 선생님께서 일찍 할 일과 갈 길을 정해 주셨기 때문에 크게 헤매지 않고 늙을 수 있었으니 저승에 이민 가면 찾아뵙고 감사의 큰절을 드릴 생각이다.

'밀크 홀'을 나와 광화문까지 걸어가서 교보문고에 들렀다. 외국 서적 코너를 훑어보다가 2020년에 케임브리지 대학 출판부에서 나온 래드포드의 《영어문장구조》(Radford, *English Sentence Structure*)가 있기에 사서 들고 나왔다. 전공을 바꾸고서도 동사론에 대한 미련을 버리지 못해 50년 동안 촘스키를 따라왔다. 촘스키는 내게 아직도 희미한 옛사랑의 그림자로 남아 있다. 거리에는 축복처럼 눈이 내리고 있었다.

정한숙 제자라고 말해

김종성

그해 겨울 나는 소설가 박태순 선생의 권유로 한양대학교 행정대학원에 입학원서를 접수하는 것을 포기하고, 고려대학교 국어국문학과 3학년 편입학 시험에 응시했다. 영어 시험과 국어 시험, 그리고 면접 시험으로 합격자를 선정했던 고려대학교 편입학 시험의 국어 시험 문제는 '한국인의 주체 의식에 대해 한자를 섞어 써서 논하라'는 논제와 '한국현대시 1편의 전문(全文)을 쓰고 분석·평가하라'는 논제가 출제되었다. 나는 한국인의 언어 의식을 중심으로 논리를 전개하면서 훈민정음 서문을 인용해 한국인이 언어 사용에 있어서 주체 의식을 갖게 된 것이 "나랏말이 중국과 달라 문자와 더불어 서로 통하지 아니한다. 그런 까닭에 우매한 백성들이 말하고 싶은 것이 있어도 마침내 제 뜻을 능히 표현하지 못하는 사람들이 많다(國之語音, 異乎中國, 與文字不相流通, 故愚民有所欲言, 而終不得伸其情者多矣)"의 구절에 잘 드러나 있다고 썼다. 그리고 현대시를 분석 평가하는 문제는 이상의 〈오감도〉 '시제1호'의 전문을 쓰고, '막다른 골목에 선 13인의 아해'라는 존재에 박두해 있는 어떤 존재의 불안감에 대해 논했다.

마침내 나는 서른네 살의 나이에 고려대학교에서 공부할 기회를 얻게 되었다. 서울로 가서 공부해보겠다는 꿈을 가슴 한구석에 품고 발버둥쳐온 지 15년 만이었다. 논픽션을 공모했던 기독교 기관의 배려로 구로공단에 있는 연희중고등성경구락부 교사로 취직이 되었다. 구로구 가리봉오거리에 자취방을 정한 내가 낮에는 고려대학교에서 국어국문학과 한문학 강의를 듣고, 밤에는 연희중고등성경구락부에서 청소년 노동자들에게 영어와 한문을 가르치는 동안 한 학기가 막바지에 이르고 있었다. 현대소설론을 종강할 무렵 정한숙 선생이 나를 연구실로 불렀다. 서관의 복도가 끝나는 곳에 자리잡고 있는 연구실로 찾아가자, 정한숙 선생이 나에게 이선영 교수와 박태순 선생을 어떻게 아느냐고 물었다. 고려대에 오기 전에 방송대학문학상을 두 번 수상했는데, 첫해 가작으로 입상한 작품을 이선영 교수가 심사했고, 그 이듬해 당선된 작품은 박태순 선생이 심사했다고 대답했다. 정한숙 선생이 물끄러미 창밖을 바라보다가, "탄광촌에서 오랫동안 살면서 탄광에서 일한 경험도 있으니, 탄광촌을 무대로 한 소설을 제대로 써 봐"라고 말하면서 고려대학교 출판부에서 출간한《현대한국작가론》의 면지에 사인펜으로 '김종성에게 저자'라고 써서 나에게 주었다. 서관을 빠져 나온 나는 제기역에서 1호선 지하철을 탔다. 슬레이트집 앞에 마른수수깡처럼 우두커니 서 있는 어머니의 모습이 차창에 나타났다가 사라졌다.

1969년 10월 강원도내에서 654명이 응시해 15명이 합격한 중학교 졸업학력 검정고시 합격자 명단에 내 이름 석 자도 있었다. 장성탄광에서 신산부로 일하다가 진폐증에 걸린 아버지 내신 생계를 노밭은 어머니가 푸성귀를 리어카에 싣고 가서 철암시장에 내다팔아 살아가는 가정형편 때문에 고등학교 진학을 포기했다. 나는 고등학교 졸업학력 검정고시를 스승 없이 혼자 공부하면서 강원탄광의 덕대 갱(坑)인 '오구삼갱'에서 검탄부로 일했다. 12시간 동안 삽으로 석탄을 퍼서 10톤 트럭에 싣고 나면 팔에 마비가 왔다. 식사를 하려고 수저를 들면 손가락이 제대로 펴지지 않았다. 나는 첫 월급으로 탄 쌀을 쌀가게에 되팔아 받은 돈으로 임종국 편《이상전집》과 제임스 조이스의《더블린 사람들》을 구입했다. 4년만에 고등학교 졸업학력 검정고시에 합격한 나는 중등학교 준교사 검정고시를 통해 교사 자격증을 취득하여 서울로 가서 교사 생활을 하면서 대학을 다닐 계획을 세웠다. 국어 교사가 되려면 무슨 과목을 공부해야 하는지 물어 보기 위해 태백중학교로 찾아갔다. 내가 찾아 온 목적을 가만히 듣고 서 있던 사십대 후반쯤 되어 보이는 교사가, 마침 수업을 마치고 교무실로 들어오는 앳된 여교사에게 "이선생, 이분이 교원 검정시험을 준비하는데…"라고 말했다. 그녀는 나에게 국어과를 준비하려면 국어국문학과 교육학 과목을 공부해야 한다는 것을 말해주면서《소설문장론》을 빌려주었다. 나는《소설문장론》을 노트에 마지막 페이지까지 필사한 뒤 겉장에 '정한숙 저, 소설문장론, 고려대학교 출판부'라고 볼펜으로 꾹꾹 눌러썼다.

검탄부 생활을 그만두고, 철암고등공민학교에서 영어를 강의하기 시작한 지 삼 개월쯤 지난 6월 어느 날이었다. 교무실로 찾아온 외판원이 선명문화사에서 발간한 '국어국문학총서'를 12개월 할부로 판매한다고 말했다. 그 총서는《한국문학배경연구》등 20권으로 구성되어 있었다.《고려가요어석연구》와 같은 고어와 난해한 한문으로 이루어진 학술서를 이해하는 것은 쉬운 일이 아니었다. 그리고 조윤제·이숭녕·정병욱·장덕순·김형규·이희승·이가원·유창균 선생이 집필한 학술서들도 구입해 공부했다. 국어국문학과 교육학을 스승 없이 혼자 공부하는 동안 다시 4년이라는 세월이 흘러갔다. 중등학교 준교사 검정고시를 실시한다는 공고문이 발표되었다. 국어 과목이 빠져 있었다. 중등학교 준교사 검정고시 제도가 사실상 폐지되는 수순에 들어갔다는 것을 모르고 있었던 나는 '막다른 골목에 선 13인의 아해(兒孩)'의 처지가 되어버렸다.

서울대학교 부설 방송통신대학 초급대학 과정 농학과를 졸업하던 해 대학편입학자격 검정고시에 합격한 나는 1982년 3월 한국방송통신대학교 농학과 농촌개발학 전공 3학년 편입학 시험에 합격했다. 농업경제학과 토지경제학을 수강하면서 행정대학원에 진학해 토지평가사 시험을 준비할 계획을 세웠다. 불뫼문학동인회 모임이 황지연못 가근방 식당에서 있던 날이었다. 문우가《소설기술론》을 갖고 있느냐고 나에게 물었다. 내가 그 책을 갖고 있다고 말하자, 그가 정한숙 교수가 지은《소설기술론》이 한국인이 쓴 최고의 소설창작 이론서라고 말했다. 그 무렵 나는 기독교 기관에서 공모한 논픽션에 당선된 데 이어서 한국방송통신대학 학보사에서 공모한 방송대학문학상을 연이어 수상했다.

다음 정차역이 신도림역임을 알리는 안내방송이 흘러나왔다. 나는 읽고 있던《현대한국작가론》을 가방에 집어 넣고, 신도림역에서 내려 가리봉역으로 가는 전철로 갈아탔다.

이동환 선생이 최치원부터 정약용까지의 한국한문학 원전을 강독하는 한국한문학강독 시간에 쉴 틈 없이 부과되는 리포트를 작성하며 졸업 후의 진로 문제를 고민하기 시작했다. 나는 졸업하기 전에 문단에 데뷔해야겠다고 결심했다. 연희중고등성경구락부 교장 선생에게 나의 사정을 말씀드리고, 1주일에 하루만 출강해 한문을 가르치게 해달라고 말했다. 자취방 보증금을 빼내 생활비에 쓰기로 하고, 수유리 화계사 근처에 있는 독서실로 거처를 옮겼다. 정한숙 선생이 담당한 현대문학사 시간에 홍명희의 대하소설《임꺽정》의 구성이 초가 지붕이 잇대어 있는 것처럼 연이어 구성되어 있다는 강의를 듣고, 연작 중편소설 〈검은 땅 비탈 위〉를 구상했다. 11월로 접어들자, 허벅지로 파고드는 냉기로 독서실 바닥에 누워 있을 수 없어 첫 버스를 타고 학교 정문 앞 버스 정류장에 내려 중앙도서관으로 갔다. 열람실 책상에 원고지를 쌓아 놓고 〈검은 땅 비탈 위〉의 초고를 써 나갔다. 대단원을 어떻게 쓸까 망설이다가 정한숙 선생이 이기영의 중편소설 〈서화(鼠火)〉를 강의하면서 '서화'가 상징하는 농민들의 숙명성을 근거로 하여 가난한 사람들의 페이소스(Pathos)가 긴박하게 그려지고 있다고 설명한 것을 떠올리고, 〈검은 땅 비탈 위〉의 대단원을 '불길이 산등성이를 타고 올라, 어둠을 사르며 북쪽으로 가로질러 가고 있는' 것으로 마무리했다.

나는 습작 소설을 들고 연희동으로 박태순 선생을 찾아갔다. 습작 소설을 다 읽은 박태순 선생이 주인물이 경찰에 삿대질하는 장면을 수정해서 문예지에 응모해보라고 했다. 나는 우체국에서 동서문학사로 작품을 부치고 청량리역으로 가는 버스를 탔다. 1월이 다 지나가도록 잡지사로부터 아무런 연락이 없었다. 어둑어둑해질 무렵, 문밖에서 김종성 씨, 전보요, 도장 갖고 나오세요라는 목소리가 들렸다. '중편소설 당선, 당선 소감 10매 써서 급히 내사 바람.' 전보를 어머니에게 보여드리자, 말 없이 내 등을 쓰다듬었다. 밤 10시에 철암역을 떠나는 서울행 열차를 탔다. 열차는 다음 날 아침 5시경에 청량리역에 도착했다. 한남동에 있는 동서문학사에 가기에는 너무 이른 시간이었다. 나는 제기동 골목에서 소고기 국밥으로 허기진 배를 채우고, 서관으로 향해 갔다. 복도로 몇 발짝 걸음을 옮겼을 때 정한숙 선생이 맞은편에서 걸어오다가 걸음을 멈추고, 방학 중에 무슨 일로 학교에 왔느냐고 물었다. 나는 동서문학사에서 공모한 신인문학상 중편소설 부문에 탄광촌을 무대로 한 〈검은 땅 비탈 위〉가 당선되어 상경했다고 대답했다. 정한숙 선생이 "편집장을 만나거든 정한숙 제자라고 말해"라고 말했다.

서관의 육중한 출입문을 힘껏 밀고 밖으로 나왔다. 비둘기들이 날개짓을 하며 햇빛 속으로 날아오르고 있었다.

정한숙 선생님을 지도교수로 모시고

김춘미

1997년 9월 18일, 추석연휴를 이용해서 일본에 다녀오던 길이었다. 대한항공 기내에서 오랜만에 읽게 된 한국 신문에서 정한숙 선생님 부음에 접하게 되었다. 청천의 벽력이라는 말은 이런 때 쓰는 것일까? 근래 자주 못 가뵈었는데 무슨 일이 있으셨나? 갑자기 급병에라도 걸리신 건가? 도착하는 대로 옷을 갈아입고 안암동 고대병원 영안실로 달려갔다. 아는 얼굴들이 보였다. 멍하니 앉아있으려니 선생님과의 인연이 주마등처럼 스친다.

고려대 국문과 박사과정(비교문학 전공)에 입학한 것은 1979년이었다. 세 아이의 엄마이자 한 지아비의 아내인 내가 뒤늦게 한국외대 일본어과 석사과정에 들어가 고생고생하며 간신히 석사논문을 마쳤는데 무슨 욕심에 박사까지 해보겠다고 감히 고대 국문과에 입학원서를 냈는지 지금 생각해도 참 겁도 없고 황당하다고 할 수밖에 없다는 생각이 든다.

그러나 늦게 배운 도둑질이 더 무섭다고 뒤늦게 시작한 공부가 정말 재미있어서 이왕 시작한 것, 박사까지 해보고 싶기도 했고 교단에 설 기회가 주어졌으니 좀 더 깊이 공부해서 좋은 교사가 되고 싶은 욕심이 생긴 탓도 있었다. 천우신조로 합격이 되어 강의 듣고 발표하고 리포트 준비하면서 한 편으로는 한국외대 일본어과 전임으로 강의 준비하고… 지금 생각하면 내 인생에서 참 겁 없이 모든 일에 적극적으로 부딪쳐가던 한 시기였다.

신동욱 교수가 지도교수였다. 비교문학에 관심이 많고 한국근대문학은 일본근대문학과 깊은 연관이 있으므로 한국근대문학의 형성기를 제대로 알려면 일본문학과의 관계연구가 필요하다는 입장이셔서 내 입학을 많이 격려해주셨다. 그런데 연구방향도, 논문주제도 정하기 전에 신 교수께서 연세대학교 국문과로 옮겨가셨다.

그렇게 되어서 새로 지도교수가 된 분이 정한숙 선생님이셨다. 나는 고대 국문과 출신도 아니고 애당초 국문학자나 작가 지망생이 아니었기 때문에 선생님 수업을 들을 기회가 없었다.

지도교수가 되신 후에야 어떤 책을 쓰셨고 어떤 소설을 쓰셨는지 검색해서 부랴부랴 대강 읽어보는 지경이었다.

문과대학 1층 맨 안쪽에 있는 선생님 연구실로 찾아갔을 때에야 처음으로 직접 뵙고 인사를 드렸다. 자기소개를 하고 앞으로 뭘 연구해야 좋을지, 어떤 방법으로 하면 좋을지 여쭈어 보았지만 별 말씀이 없으셨던 길로 기억한다. 아마 치열하게 공부하는 국문과 학생들을 지도하시다가 아무 것도 모르는 맹문이 같은 문외한이 지도받겠다고 찾아오니 어이가 없으셨던 게 아닌가 싶다. 그 후에도 몇 번 찾아뵈었지만 논문에 대한 조언은 전혀 없으셨다.

나는 학부 때부터 학문에 뜻을 두고 연구자가 되려고 생각한 적이 한 번도 없었던 날라리였으므로 손을 잡고 이렇게 해라, 저렇게 해라 하고 지도해줄 스승이 절실했는데 선생님은 사자가 사자새끼를 훈련시키듯이 네가 알아서 해라, 고 내버려두셨다.

몇 번 서론 비슷한 것을 써갔는데 한 번 대충 읽어보시고는 아무 말 없이 그냥 도루 내주셨다. 지금 생각하면 너무 한심해서 지도할 것도 없으셨던가 보다. 그래도 내 입장에서는 이건 뭐가 안 되고 어떤 부분이 어떻고… 등 혹평이라도 해주시면 좋으련만 도통 말씀이 없으시니 뭘 어떻게 해야 할지 막막하기만 했다.

솔직히 정한숙 선생님은 무척 무섭고 어려운 지도교수였다.

1983년에 일본국제교류기금에서 조성비를 받아 도쿄대학 비교문화문학연구실에 객원연구원으로 1년 가게 되었다. 당시의 도쿄대 비교문화연구실은 쟁쟁한 교수진과 우수한 연구원들이 학문적 성과를 엄청나게 올리던 곳이었다. 모리 오가이(森鷗外, 1862-1922, 《무희》(1890)의 저자, 나쓰메 소세키와 쌍벽을 이루는 일본근대문학의 대가, 육군군의관)를 전공하신 고보리 게이이치로 선생님이 도쿄대학에서의 지도교수였다. 조용하고 자상하신 분이라 많은 지도편달을 받았다. 고보리 선생님 이외에도 유머어가 넘치고 모르는 게 없는(내 눈에는 그렇게 보였다) 박학다식한 하가 도오루 선생님, 나카니시 스스무 선생님 등 기라성 같은 교수진이 포진한 연구실에서 세미나와 연구회에 동참하며 많은 배움을 얻었다. 연구실 멤버들과 여기저기 문학기행을 다닌 것도 소중한 추억이다. 시간이 나면 도쿄대 도서관이라든가 가까운 근대문학도서관에서 자료를 찾고 복사하는 등 충일된 나날을 보냈다. 도쿄대 비교문학연구실에 교환교수로 오셨던 고려대 영문과의 김우창 교수와 동국대 국문과 교수이자 고대 중문과 김효민 교수의 부친이신 김태준 선생님과의 귀중한 인연도 이 때 얻었다. 이때의 인연으로 고대 일문과 제자들이 도쿄대 비교문학과로 많이 진학하게 되었으니 참으로 감사한 일이다.

충일된 시간을 보내는 한편 논문 테마도 결정하였다. 석사논문의 연장선상에서 금동 김동인을 중심으로 태동기의 한국근대문학과 일본근대문학의 관련양상을 연구하기로 결정하고 동인에 대한 자료를 찾아보았다.

춘원, 동인, 주요한이 다녔던 시로가네다이(白金臺)에 있는 메이지학원(明治學院)중등부가 태평양전쟁의 전화를 안 입고 무사히 남아 있었다. 마침 제공받은 도쿄대학 게스트 하우스가 시로가네다이에 있어서 메이지학원과 가까웠다. 찾아가서 연구목적으로 김동인 관계 기록을 조회하고 싶다고 했더니 유가족의 동의서를 받아오라고 했다.

금동의 미망인이 경찰병원 앞의 예전에 동인이 거주하던 집에 살고 계시다는 것을 확인하고 찾아갔다. 사모님은 친절하게 맞아주시고 이런 저런 얘기를 해주셨다. 피난 가면서 마당을 파서 이것저것 묻어놓고 갔는데 돌아와 보니 금동 선생이 애용하시던 호피깔개고 뭐고 아무 것도 남아있지 않았다는 얘기며 소장하시던 책도 남아있지 않다는 얘기도 하셨다. 일본에는 100년 전 학생부가 남아있는 학교가 있는가 하면 도쿄대 도서관에는 모리 오가이가 메모를 여기 저기 적어놓은 책들이 소장되어 있는데 우리는 전화로 일실된 유물이 너무 많아 학문연구에도 지장이 크다는 생각에 마음이 아팠다.

사모님의 동의서를 받아 메이지학원 중등부 교학과에 제출하고 동인이 1915년 2학년으로 전입한 기록이며, 1915-1916년과 1916-1917년의 성적표를 복사할 수 있었다. 또 당시 동인과 같이 수학하던 학생들이 발간한《시라가네학보》(1916. 12., 1915. 7.) 등에서 오스카 와일드의 작품 소개며 동인이 경도되었던 시라카바파(白樺派) 문인들에 대한 언급이 있는 것을 확인할 수 있었음과 동시에 문학에 관심이 있던 당시의 일본 젊은이들을 매료시키던 문단의 한 흐름을 확인할 수 있었다. 동인의 글에 보이는 오스카 와일드에 대한 언급이나 시라카바파 문인, 특히 아리시마 다케오(有島武郎, 1878-1923, 대표작《카인의 후예》,《어떤 여자》 등)에 대한 관심은 당시의 메이지학원 중등부에서의 생활이 형성기의 동인문학에 어떤 형태로든 영향을 미쳤을 것이라는 추량을 가능하게 했다.

자료 복사본을 동인 선생님 미망인에게 갖다드리고 정한숙 선생님께 보고했더니 처음으로 좋은 자료를 찾아왔다, 고 칭찬해 주셨다. 기분이 업 되어서 한 동안 논문은 발로 쓰는 것이지 손으로 쓰는 게 아니야, 라고 떠들고 다닌 기억이 난다.

악전고투 끝에 학위를 받고 1985년에는 한국외대에서 고대 일어일문학과로 옮겼다. 그때부터는 정한숙 선생님을 수시로 뵙게 되고 선생님이 가시는 곳이면 쫄랑쫄랑 좇아다녔다.

문과대학 휴게실에 조성식 선생님과 두 분이 계시다 내가 들어가면 "김 선생, 의정부에 냉면 먹으러 갈까?"라고 하신다. 아직 젊고 베

테랑 운전수로 자임하던 내가 두 분을 모시고 가면 이북식 냉면과 만두를 즐겨 드셨다.

내가 일본문학 전공이라 쓸모가 있었는지, 펜클럽에도 데리고 가셨다. 펜클럽에서 전숙희 선생님과 김남조 선생님을 자주 만나 뵈었다. 세 분은 무척 친하셨다. 오랜 세월에 걸친 친분과 같은 문인이라는 동지애가 느껴졌다. 정한숙 선생님은 김남조 선생님과 전숙희 선생님을 할망구라 부르셨다. 아름다운 김남조 선생님과 멋쟁이고 우아한 전숙희 선생님은 할망구라 불리어도 아무렇지도 않으신 것 같았다. 지도교수 덕분에 이름으로만 알던 문인들을 많이 만날 수 있었다. 일본 펜클럽 회장이던 엔도 슈사쿠(遠藤周作, 《침묵》, 《깊은 강》의 저자)가 장충동 펜클럽에서 강연하실 때 통역을 맡았었는데 당시 대학원에서 "일본근대문학과 기독교"라는 제목으로 강의를 하면서 엔도 슈사쿠의 《깊은 강》을 교재로 사용 중이었기 때문에 이것저것 질문할 귀한 기회를 얻을 수 있었다.

종로3가의 '낭만'에서 여러 선생님들과 맥주를 마시던 일이며 정한모 선생님의 말씀을 숨죽이고 듣던 시간도 기억에 생생하다.

'동서문학'에서 행사가 있으면 자주 태극당 옆의 갈비 집에 갔었다. 여럿이 정원에서 식사를 기다릴 때, 민용태 선생님이 한 부인과 함께 들어오셨다. 부인은 바구니에 예쁜 하얀 강아지를 담아서 들고 계셨다. 정한숙 선생님이 보시더니 "그 집은 점심을 싸들고 다니쇼?"라고 하셨다. 부인은 질색하셨지만 나는 웃음을 참느라고 고생했다.

쓰다 보니 학문적 성과보다 주로 먹고 마시고 놀러 다니던 기억이 더 많으니 나는 학자로는 참 많이 부족한 제자인 것 같다.

얼마나 효력이 있었는지는 모르지만 스승을 따라 가능한 한 제자들을 보살피려고 노력했다. 다만 논문지도에 있어서만은 스승보다 조금 더 자상하게 지도하려고 생각만은 했다. 얼마나 성과가 있었는지는 모르겠다. 선생님하고의 여러 가지 추억이 많은 고대에서의 교수생활은 즐거웠다.

장례식이 끝나고 나중에 아파트로 사모님을 찾아가 뵈었더니 아침을 드시고 서재에 들어가셨는데 차를 들고 가니까 책상에 엎드려서 돌아가셨더라고 하셨다. 내가 죽음을 가깝게 느끼는 나이가 되니 참 깨끗하고 편하게 가셨다는 생각이 든다. 선생님답게 끝까지 깔끔하게 가셨구나 싶다.

그러나 너무 일찍 가셨다. 많이 서운하고 뵙고 싶다. 사실 선생님이 아파트로 이사 가셨다고 들었을 때 아차, 했었다.

매일 고대에서 삼선교 댁까지 비탈길을 걸어 올라가시던 습관이 건강관리의 비법이었는데 이사하신 강남의 아파트에 가보니 산보할 곳이 없었다. 선생님은 사모님과 며느님이 좋아한다, 고 웃으셨다.

선생님의 시 〈이사〉(《강강수월래》 수록)에는 선생님의 감회가 묻어나 있다.

> 성북구 성북동/내가 살던 산동네/도봉산/물안개 젖은 오봉(五峰)/봄 여름 가을 그리고 겨울/스스로 단장하고/내 앞에 선 보이던 풍광/담쟁이풀 우거진 뒤뜰 돌담/이끼 앉은 성벽/이성계 쌓고 박정희 중수한/쓸 만한 담벼락이었다.
>
> 밤이면/반딧불 별 내리고/마당 한가운덴/둥근 보름달 걸리던/늦

은 밤 고된 삶 산동네 사람들/소주에 취해 고함을 지른다//죽일 놈/망할 년/하나님 굽어보시소/말 좀 해봅시다./이 억울한 백성/말 좀 해봅시다//(…)

나는 이곳에서 삼십년 살았다/샘 박히자 수도 올라왔고/장작 때던 아궁이 연탄보일러 바뀌고/산동네 달동네도 살 만했다/예나 지금이나/산동네 달동네 사람들/바람 불면 밀리고/바람 자면 깔려 사는 사람들/임자 없는 바람/주인 없는 별과 달/성북경찰서 동네 외곽 지키고/돈암 삼선 파출소 우리 집 앞에 있어/구민이 태평했던 나는 이곳 성주(城主)로 자처했다. (…)

이 시에는 선생님이 성북동 성벽 밑 동네에서 살았던 30년을, 그 이웃들을 얼마나 정다워 하셨는지 절절하다. 그렇지만 반찬거리 양손에 들고 언덕길을 오르시던 사모님, 나중에는 연탄보일러로 바뀌었다지만 초창기에는 일일이 아궁이에 연탄 갈던 사모님을 생각하면 세월의 변천을 누가 어떻게 막겠는가, 또 막아도 안 된다는 생각이 든다.

정한숙 선생님을 지도교수로 모실 수 있었던 나는 참 복이 많았다. 지도교수로서 뿐 아니라 한 인간으로서, 학자로서, 인생의 선배로서 많은 것을 가르쳐주시고, 수많은 기라성 같은 제자들하고 같은 스승을 모신 문하생입니다, 라고 말할 수 있는 자격까지 주셨으니 얼마나 감사한 일인가.

앞으로도 선생님의 제자였던 것에 큰 자부심을 갖고 잘 살겠습니다.

우리의 자랑이었던 정한숙 선생님

문창재

정한숙 선생님, 참으로 오랜만에 불러보는 존함입니다. 대학을 나와 혼자 다른 길을 가는 바람에 자주 뵐 일이 없었던 저로서는, 참으로 그립고 정답고 높은 함자입니다.

이렇게 이름을 부르고 나니까, 처음《현대문학》에서 선생님 작품〈닭장 관리〉를 대했을 때의 기억부터 떠오릅니다. 참 좋은 이름을 가진 여류작가라고 생각했습니다. 그러다가 대학입시 원서를 쓸 무렵 선생님이 고대에 계신다는 것, 여류작가가 아니라는 것을 알고 기쁨과 부끄러움이 교차했던 기억이 생생합니다.

고대 국문학과는 제가 갈 대학으로 일찌감치 낙점했던 터여서 기뻤고, 여류작가인 줄 알았던 것은 창피함이었습니다. 입학 후 선생님은 저의 자랑이었고, 희망이었습니다. 정한숙 조지훈 같은 유명 작가와 시인을 스승으로 가진 것을 부러워하는 친구들이 많았습니다.

소설가를 꿈꾸던 때여서 더욱 그랬을 겁니다. 겁 없고 시건방졌던 저는 고등학교 때부터 신춘문예 등단을 입에 담은 한심한 아이였습니다. 대학에 들어가서는 대학신문 원고료 받아 술 사는 일을 자랑과 즐거움으로 삼았으니까요. 학교 공부는 젖혀놓고, 체계 없는 독서와 습작으로 허송세월을 했습니다.

왜 좀 저를 다그쳐주지 않으셨을까, 이런 원망 같은 마음도 품었습니다. 그랬다면 좀 더 폭넓은 독서와 지식이 필수라는 당연한 인식에 눈뜨게 되었을 테니까요. 3학년 때였던가, 창작론 과목이 있었습니다. 작품이 있는 사람이 앞에 나가 그것을 낭독하면, 청자들이 평가하는 방식의 수업이었습니다. 오래 기회를 기다려온 저는 자랑하듯 제 작품을 발표했지요.

"작중에 '간호사 캡'이라는 말이 나오는데, 간호사들이 쓰는 흰 모자를 캡이라 하는 것이 맞나?"

동급생들 코멘트는 다 잊어버렸습니다. 그러나 선생님 말씀이 제 가슴을 찔렀습니다. 아차! 싶었습니다. 자신이 없었습니다. 저는 우물쭈물 대답을 얼버무리고 홍당무가 되어 단에서 내려왔습니다. 확인하지 않고 시중에서 쓰는 말을 지문에 쓴 것을 후회하고 부끄러워했습니다.

나중에 확인해 보니 간호사 캡은 맞는 말이었습니다. 그런데 왜 그리 당황했던가. 단어 하나 토씨 하나라도 정확하게 써야 한다는 뻔한 '문법'을 그때 깨달았습니다. 그 깨우침은 뒷날 저의 평생 직업이 된 기사 쓰기와 글쓰기의 좌우명이 되었습니다.

선생님도 그 말이 틀렸다고 하신 말씀은 아니었을 겁니다. 아마도 그 말이 맞는지 알고 싶어 하신 말씀이었다고 생각됩니다. 그렇지만 그때는 왜 그리 부끄럽던지……. 동시에 왜 작품성 평가는 해주지 않나, 이런 섭섭함을 느낀 것도 사실이었습니다.

수준작에 가깝기만 해도 왜 칭찬하지 않았겠습니까. 지금 돌이켜 보아도 뻔한 일을 두고 혼자 붉으락푸르락했으니 참으로 부끄럽습니다.

저는 동급생들이 다 하는 교직과목도 이수하지 않았습니다. 교양학부 필수교양 과목을 이수하지 않아 졸업이 늦어지는 것도 대수로이 여기지 않았습니다. 무슨 배짱으로 졸업 후의 일에 그리도 무관심했는지, 지금 생각해도 한심합니다.

제가 혼자 다른 길을 간 것도 그 탓입니다. 졸업 후 사병으로 입대한 저는 친구들보다 6개월이나 긴 복무기간을 마치고 혼자 바람 부는 들판에 떨어졌습니다. 김신조 일당의 1·21사건 '덕분'이었습니다. 그때서야 정신이 번쩍 들었습니다.

제가 갈 길은 신문 잡지 밖에는 없었습니다. 혼자 책가방을 들고 모교 도서관을 드나드는 백수건달 생활 끝에, 모교 교직원 채용시험에 합격했습니다. 학생처에 보직을 받은 첫날, 저를 환영하는 저녁 식사 자리에서 "미스터 문, 왜 이런 델 들어왔어?" 하는 소리를 들었습니다.

갑자기 얼굴이 화끈거렸습니다. 젊은이가 큰물에서 놀아야 하지 않겠느냐는 충고였습니다. 다음 날 동생을 시켜 서랍 키와 사직서를 보내고, 또 도서관에 틀어박혔습니다. 제 생각은 교직원으로 근무하면서 대학원 공부를 할 수 있지 않을까 했었습니다. 대학 강사 자리를 염두에 둔 생각이었지만, 어른들 눈에는 패기 없는 젊은이로 비쳤겠지요.

신문사에 들어간 뒤로 저는 다른 사람이 되었습니다. 철두철미 일에 파묻혔습니다. 일 잘한다는 소리를 들었습니다. 언론사 동료가 된 후배에게서 "문창재가 신문사 사쓰마와리(사건기자) 계에서 날린다"는 선생님 말씀을 전해 듣고, 눈물이 날 만큼 기뻤던 일도 있었습니다.

논설위원 시대의 일은 잊을 수 없는 슬픔이었습니다. 친구 오탁번 교수가 무슨 문학상을 받은 날이었는데, 저희 신문사 건물에서 행사를 마치고 가까운 음식점에서 뒤풀이가 열렸습니다. 당연히 저도 참석했지요. 그런데 선생님께서 "야, 여기 한국일보사 가깝지? 문창재가 있는데 부르지" 하시는 겁니다.

"선생님 바로 앞에 창재 있잖아요." 탁번이 말에 선생님은 저를 바라보시며 "얘가 창재가?" 하셨습니다. 저도 당황했습니다. 뵙자마자 인사를 드렸는데 저를 몰라보셨던 겁니다. 당뇨 합병증이 심하다는 말을 듣고 저는 너무 슬펐습니다.

올해 선생님 탄생 100주년을 준비하는 이들에게서 원고 부탁을 받고 무슨 이야기를 써야 하나 막막했는데, 입을 열고 나니 지면이 좁군요. 선생님 작품들을 꺼내 다시 읽어보았습니다. 역시 나는 행운아였구나, 이런 생각부터 들었습니다.

신문사 시절 선생님이 한국일보 신춘문예 출신이라는 것을 자랑으로 여기던 일이 새삼 떠올랐습니다. 그뿐 아닙니다. 선생님은 유독 한국일보에 글쓰기를 즐기셨던지, 장편소설《황진이》와《논개》를 연재하셨습니다. 그때마다 제 어깨가 으쓱했던 것을 선생님은 모르실 겁니다.

제가 가장 경탄하는 선생님 작품은 한국일보 신춘문예 당선작 〈전황당인보기〉(田黃堂印譜記)입니다. 1955년 당선작이니 새파란 30대 초반의 작품입니다. 그 연소에 어떻게 그런 작품이 나올 수 있는가,

이것은 아직도 유효한 저의 의문입니다. 평생 고품격 인장 새기기를 업으로 한 예술가를 표현한 간결하고 뜻이 살아있는 문장은 전인미답의 경지로 여겨집니다.

사라져가는 전통문화와 예술을 표현하면서 "아(雅)하고 담(淡)한 것이 산홍의 숨길이라면, 뭉친 획은 수하인의 절정에 이른 품(品)이요 지(志)였다"고 쓰셨습니다. 그런 문장을 저는 본 일이 없습니다. 우리말로 이토록 간결하게 깊은 뜻을 담을 수는 없다고 저는 봅니다.

엊그제 저희 '고국 64' 모임은 선생님에 대한 추모의 자리였습니다. 선생님 돌아가신 게 언제였더라, 하는 말에서부터 재학시절의 회억들이 홍수처럼 쏟아졌습니다. 선생님 가신 해가 1997년이었다는 서종택 교수 말에 다들 놀랐습니다. 선생님이 1922년 출생이시니 80을 못 사셨구나, 이런 안타까움이었습니다.

저희 중에는 80 고개에 이른 사람도 있습니다. 선생님이 약관의 시절부터 탑을 높이 쌓으신 업적을 생각하면 저희는 부끄럽기만 합니다. 일제의 징용을 피하시려고 압록강 상류 국경 마을에 몸을 숨기셨던 일화에 이르러, 우리는 선생님 세대의 불운했던 시대를 떠올리지 않을 수 없었습니다.

해방둥이 세대인 저희는 가장 축복받은 행운아라는 부러움을 안고 태어났습니다. 나라 없는 시대에 그런 불운을 겪으신 선생님에게 응석을 부리던 시절이 너무 그립고 고마워, 어지러운 세상일을 잊고 지낸 하루였습니다. 선생님 그때가 너무 좋았습니다.

큰 산 같은 스승

정한숙 선생님 탄신 백주년을 추념하며

민충환

대학입시를 앞두고 지망학과를 고민하였다. 그때 우연히 신춘문예 소설작품집을 보게 되었는데 수록된 작가들의 이력을 살펴보니 정연희, 전광용, 정한숙 등 제씨들이 모두 국문과 출신이었다. 나는 작가가 되기 위해서는 그래야만 되는 줄로 알고 서슴없이 국문과를 선택하였고 책에 실린 작품으로만 뵙던 정한숙 선생님을 드디어 학교에서 만나게 되었다.

'소설창작론' 시간에 선생님은 작품 한 편씩을 제출하라는 과제를 주셨다. 친구들은 5, 60매씩 두툼한 원고뭉치를 자랑스럽게 냈는데 나는 고작 일곱 매 분량의 콩트를 내고는 학점 걱정을 하게 되었다. 그런데 이게 웬일인가, 선생님은 나에게 99점을 주셨다.

그로부터 현대시, 고전문학, 한문학 강의는 다 젖혀놓고 오로지 선생님 강의만 찾아다녀 3, 4학년이 되어서도 1,2학년 과목을 계속해서 수강하고 도서관에 파묻혀 소설책만 읽어 댔다. 오죽하면 도서관에 상주하는 나를 두고 주위에서는 고등고시를 준비하는 법내생으로 알

앉을까.

당시 선생님 댁은 서울 삼선교 성곽 밑에 있었다. 한 달에 한 번 정도 습작품을 써서 선생님 댁을 찾았다. 그러면 다음 주 후배들 소설창작론 시간은 내 글을 읽고 토론하는 것으로 채워졌다. 그러나 문장은 어떤지, 구성은 잘 되었는지, 인물이나 사건의 서술은 적절한지, 아니면 배경 묘사는 그럴듯한지… 그런 구체적인 지적은 없이 선생님은 언제나 작품 전체에 대한 느낌만을 간단히 말해주실 뿐이었다. 그리고는 작가가 되려면 데뷔에 급급하지 말고 원고지 만 매 정도는 채우라는 것, 소설가가 되기 전에 우선 사람이 될 것을 누누이 강조하셨다.

매년 겨울이면 신춘문예 열병을 앓았고 틈만 나면 문예지 추천을 기웃거렸으나, 등신대의 원고지를 채우지 못해서였는지 아니면 인간이 덜떨어진 탓이어서인지 학교 졸업 때까지 광화문(조선일보사와 동아일보사가 그곳에 있었다)에 이르지 못하고 종로 4가 광장시장 어간에서 머물렀다. 그 뒤 군대를 제대하고 집안이 경제적으로 파산되는 바람에 작가의 꿈은 자연 접고 생활전선에 뛰어들어야 했다.

첫 번째 직장은 한 국가정보기관이었는데 내 임의선택이라기 보다는 군대 재직 시 그곳에서 보초를 섰던 기연(奇緣)으로 그냥 주저앉게 되었다고나 할까. 내 적성과도 맞지 않고 또 세인들의 이목도 곱지 못해 고민했는데 선생님께서 이런 말씀을 해주셨다.

"어디에 있느냐가 아니라 거기에서 어떻게 하느냐를 중시(重視)하는 사람이 되도록 하여라."

선생님의 이 가르침은 훗날 내 인생을 관류하는 생활철학으로 굳게 자리 잡게 되었다.

취업 2년이 되던 해 결혼을 하게 되어 선생님을 주례로 모실 요량으로 댁을 방문하였더니 사모님께서, '우리 집 양반은 50 전에는 주례를 안 서신다'고 했다는 완강한 어조였다. 나는 선생님께서 주례를 서지 않으시면 결혼을 안 하겠다고 호기를 부리며 청첩장에 선생님 성함을 그대로 인쇄하여 갖다 드렸다.

돌이켜 보니 그때 선생님 연세는 48세였다. 결국 선생님께서 첫 번째로 내 주례를 서주셨는데 그 일을 나는 매우 자랑스럽게 생각한다.

그때 선생님의 말씀은 간단명료했다.

"신랑은 사회를 밝히는 등불이 되고 신부는 부엌의 소금이 되라."

그것이 전부였다. 지금 생각해 보아도 이렇게 짧고 함축적인 주례사는 다시없지 않을까 믿어진다.

그 후 맏딸을 낳고 3년 다니던 공무원 생활을 청산하고 고생고생하다가 뒤늦게 전문대학 교원이 되었다.

학교생활을 하면서 선생님의 말씀을 좇아 2년제 대학 교수라는 열등한 생각을 일체 하지 않고 오로지 그곳에서 어떻게 하느냐에 관심하여 학문연구에 몰두하였다.

그리하여 엄혹한 시대에 처음으로 월북작가 이태준 연구의 길을 열었다.

첫 번째로 쓴 논문을 선생님께 보여드렸더니 김인환 교수와 더불어 큰 격려를 해주셔서 그 뒤 20여 권의 저술을 내는 연구가로 서게 되었다.

선생님은 우리들에게 '돼지처럼 먹고 소처럼 일하고 학처럼 늙어라'는 말씀을 자주 하셨다. 그 가르침을 받아 그간 돼지처럼 먹고 소처럼 일하는 시늉은 했는데 요즘 나이를 먹다보니 학처럼 늙는 일은 아무래도 어려울 듯싶다.

정한숙 선생님, 소설가·대학교수 그리고 학술과 예술행정에 두루 족적을 남기신 분으로 역사에서는 기록하겠지만 내게는 굴곡진 삶의 고비마다 바른 길을 이끌어준, 큰 산 같은 스승이었다.

"작가는 작품을 쓸 때가 가장 행복한 거야."

일오 정한숙 선생 탄신 100주년에 부치는 글

박도

작가는 모름지기 평생을 두고 꼭 쓰고 싶은 작품이 있다. 나에게는 2021년 가을에 펴낸 장편소설《전쟁과 사랑》이 그런 작품이다. 이 작품 후기의 첫 문장이다.

"나는 이 한 편의 작품을 쓰고자 76년을 살아왔다."

1965년 고려대학교 교양학부 시절 조동탁(조지훈) 선생은 강의시간이면 당신의 시집을 펼치고서 굵은 목소리로 자작시를 낭독해주셨다. 그 가운데 6·25전쟁 종군 시 〈다부원에서〉 〈너는 지금 38선을 넘고 있다〉 등에서 받은 감동과 영감은 늘 머릿속에 남아 있었다. 또 대학 3학년 때 당시 국어국문학과 과장이셨던 정한숙 선생은 강의시간에 틈틈이 후배요 제자들을 담금질했다.

"한국인은 지난 6·25전쟁으로 엄청난 수난을 겪었다. 하지만 이 땅의 작가에게는 큰 축복이다. 국토분단에다 골육상쟁의 전쟁, 이보다 더 좋은 작품 제재가 어디 있느냐? 너희 가운데 누군가가 6·25전쟁을 깊이 공부하고 대작을 쓰라."

나는 대학 졸업 후 최전방에서 소총소대장으로 복무를 했다. 그때 날마다 대남·대북방송을 들으며, 매주 수요일 수색작전 때 휴전선 철책으로 넘어오거나 넘어가지 못한 대남·대북 선전삐라를 포대에 수거하면서 왜 동족끼리 이런 유치한 장난을 하는가에 대해서도 군복을 입은 사람답지 않게 몹시 분개했다.

1997년 9월, 나는 정한숙 선생의 이승에서 마지막 길에 운구하면서 관 속의 스승님에게 말씀을 드렸다

"선생님, 제가 6·25전쟁을 배경으로 소설을 쓰겠습니다."

"그래, 박도! 내 말을 여태 잊어버리지 않았군. 고맙다. 통일로 가는 길에 징검다리가 되는 대작을 쓰라."

관 속의 스승님이 벌떡 일어나 내 등을 두드리시는 그런 느낌을 받았다. 그래서 20년 뒤 이 작품이 탄생케 되었다. 나는 이 작품을 집필하면서 남 주인공 북의 인민군 김준기를 기왕이면 은사의 고향 영변으로 설정하여 그 고장 일대 산하를 많이 그렸다. 다행히 영변, 묘향산 일대는 2005년 남북작가대회 때 직접 둘러봤기에 그릴 수 있었다. 이 작품은 북의 인민군 전사와 남의 의용군 간호사가 낙동강전선에서 만나 서로 사랑을 나누다가 헤어진 뒤 20여 년이 지난 뒤 다시 만난다. 그들은 미국으로 이민을 간 뒤 결혼을 하게 되고, 반세기가 지나서야 고향 영변으로 귀향하는 분단 극복 이야기다.

이 작품《전쟁과 사랑》은 두고두고 동족상잔의 6·25전쟁을 객관적으로 바르게 알고 싶어 하는 독자들의 갈증을 풀어줄 것이다. 또한 삶과 죽음이 교차되는 전쟁의 포화 속에서도 끝내 약속을 지킨 지고지순한 사랑 이야기는 오래도록 독자의 사랑을 받으리라 믿는다. 내가 이 작품은 쓰게 된 동기 부여는 대학시절의 은사 일오 정한숙 교수님

의 강의 시간 말씀 덕분이었다.

후일 정한숙 선생님이 문예진흥원장으로 재임하시던 시절 대학로 진흥원장실로 찾아뵙자 매우 반겨주셨다.

"박도, 작가는 바둑판에 돌을 놓을 때(200자 원고지를 메울 때)가 가장 행복한 거야."

후배 작가를 격려해 주시던 그 말씀이 늘 내 영혼을 지배해 왔기에 나는 외골수로 그동안 40여 권의 작품을 써왔고, 현재에도 부지런히 집필활동을 하고 있다. 이 모두가 스승님의 가르침이었음을 절실히 깨닫는 이즈음이다.

일오 정한숙 선생님—내 저승에 가면 꼭 찾아뵙고 절 드리고 싶은 은사이시다.

일오(一悟) 선생님을 그리며

박정규

선생님의 걸음걸이는 늘 바쁜 일을 보러 가는 분처럼 빠른 걸음이셨다. 정면 상방 15도 방향에 시선을 고정시키고 상체를 꼿꼿이 세운 채 발만 빨리 움직이는 걸음걸이였다. 선생님은 짐작컨대 160cm 대 초·중반이 넘지 않는 정도의 신장이셨다. 그러니 다리의 길이가 거기에 따를 수밖에 없고 속도를 유지하자니 자연 키 큰 사람보다 훨씬 다리와 발이 빠르게 움직이게 되는 것이다. 내가 1·21 사태 등으로 장장 40개월의 군복무를 마치고 복학한 때이니 선생님의 연세가 40대 후반으로 아직 젊으셨을 때이지만 여간 건강하지 않고서는 감당할 수 없는 걸음걸이였다. 선생님은 그 무렵 테니스를 무척 즐기셨던 듯하고 늘 활기가 넘치셨다.

선생님이 교정을 지나실 때 다가가서 그 당당하고 거칠 것 없는 속도감으로 진행되는 행진을 막아서며 선생님과 대화를 시도한다는 것은 몹시 긴박한 사연이 있는 경우가 아니라면 학생들에게는 언감생심(焉敢生心)이었다. 그러니 선생님은 학생들에게는(아니 어쩌면 좀 내성적인 나의 경우에 국한된 것일지도 모르지만) 늘 저만큼 떨어진 외경(畏敬)의 존재일 수밖에 없었다.

선생님은 상당한 애주가로 알려졌다. 관철동에 있는 낭만이란 곳에 자주 가신다는 소문도 있었다. 선생님뿐만 아니라 이름 있는 문인들이 드나드는 곳이라고 했다. 문인들이 드나들고 선생님이 자주 가시는 곳이라면 뭔가 크게 다른 점이 있을 듯했다. 호기심이 발동하여 한 번은 그 곳이 어떤 곳인지 가본적도 있었다. 실내 장식을 비롯해서 그 어디에도 아무런 특별한 것 없이 그저 차분하고 안정된 느낌의 소박한 공간이었다. 그 곳을 가보고서 역시 좋은 장소란 그 곳을 찾는 사람들에 의해서 좋은 장소로 만들어지는 것이구나 하는 생각을 했었다.

선생님은 주량도 대단하셨지만 주석이 길어져도 평소처럼 항상 꼿꼿한 자세를 허물어뜨리는 법이 없으셨다. 또 전날 밤 늦도록 드셨어도 그 다음 날 아침 첫 수업 강의실로 가시는 모습은 단 한 번의 예외도 없이 예의 그 꼿꼿한 걸음걸이에서 한 치의 벗어남도 없으셨다.

선생님의 수업시간은 대부분의 학생들에게는 좀 느슨한 분위기였지만 특히 과제물을 제출하는 창작관련 강의가 있는 시간에는 긴장을 풀 수 없는 수강생들이 있었다. 나 같은 복학생이거나 글께나 쓰는 재학생들이었다. 이러한 재학생 중에는 후에 일간지 신춘문예와 일간지 공모소설로 문명을 떨치는 소설가 최학 같은 이도 포함되어 있었다. 선생님은 이들이 제출한 과제물에 대해서 당사자들이 좀 가혹하다고 느낄 정도의 혹평을 하시곤 했다. 그것은 소위 '합네…'하는 겉멋에 빠질 것을 경계하고 내적 성장을 위한 담금질이라는 것을 짐작은 하면서도 당장은 섭섭한 마음도 없지 않았다.

선생님을 가까이서 뵙게 된 것은 학부를 졸업하고 훨씬 후의 일이다.

나는 고등학교 국어교사를 하며 뒤늦게 석사과정을 시작했다.

이 힘겨운 여정에서 만난 길동무가 동기생인 윤충의였다. 두 사람 모두 다른 대학을 지망했다가 실패하여 재수의 경험을 공유하는 등 그 친구와는 여러모로 뜻이 맞아 서로 바쁜 중에도 함께하는 시간이 많았다.

한 번은 일오 선생님과 오춘근 교장선생님을 술자리에 함께 모시면 어떻겠느냐는 이야기가 나왔다. 곧 추진하기로 했다. 오춘근 교장선생님은 윤충의의 모교인 명문 인천 제물포고등학교에서의 은사였고, 후에 '제2의 제고'를 만들겠다는 꿈을 가지고 인천 대건 고등학교를 창립하여 교장을 맡고 있는 분이었고 나도 그 학교에 2년간 교사로 근무한 적이 있어서 두 사람 모두 잘 아는 분이었다. 그런데 그 오 교장선생님과 일오 선생님은 평안도에서 유치원 나이 때부터 알고 지낸 그야말로 죽마고우였다. 월남 후 그 두 분이 자주 소통은 못 하신 듯했다. 우리 둘이 마련한 술자리에서 두 분은 감격적인 해후를 하셨다.

두 분들의 어린 시절 이야기 속에는 이웃동네에서 함께 자란 일오 선생님의 사모님 이야기도 간간이 섞였다. 일오 선생님은 오 교장님께 내 선친에 대해서 이야기 했다. 내 선친은 1905년생이시니 일오 선생님보다 17년 위이시다. 내 선친과 일오 선생님은 휘문고보 선후배 간이다. 이야기 중에 일오 선생님이 내게 목소리를 높여서 "네 아버지는 바보 병신 머저리야, 그 때 일본 유학까지 하고 왜 그러고…"라고 말씀하셨다. 선생님의 갑작스러운 말씀에 나는 물론 오 교장선생님도 윤충의도 모두 당황하여 순간 좀 불편한 정적이 흘렀다. 그리고 오 교장님이 사태를 수습하시려는 듯 일오 선생님의 진의에 대해 설명하시려고 애쓰셨다. 나는 웃음 띤 얼굴로 일오 선생님 말씀이 맞는 말씀이라고 수긍하면서 잠시 어색해지려던 분위기가 수습되었다.

선친은 일본 법정대학 졸업 후 여운형 선생이 사장으로 있던 조선중앙일보 기자로 있다가 신문사가 손기정 선수 일장기 말소사건으로 정간되었다가 다시 복간되지 못하고 폐간되면서 출판사와 학교를 전전했다. 친정부(총독부)적인 신문사에서 부르기도 했지만 마음이 내키지 않아 사양했던 듯하다. 선친의 자전적 장편소설《사십년(四十年)》에 당시의 상황이 간략하게 그려지고 있다. 광복 후에도 모교인 휘문과 숙명여고에서 교편을 잡으셨다가 전란 중에 돌아가셨으니 평생 고등학교 교사를 벗어나지 못하신 것이다.

나는 지금도 일오 선생님이면 충분히 하실 수 있는 말씀이라고 생각한다.

내가 일오 선생님께 받은 인상 중에 매우 강한 장면 중 하나는 고려대학교의 어느 해인가의 학위수여식 광경이었다. 단상 위에 각종의 화려한 후드로 장식된 박사 가운과 박사모를 착용한 보직교수들이 앉아 있는 가운데 당시 무슨 보직을 맡으셨던지 아무런 장식도 없는 조금 구겨진 학사가운과 학사모를 쓴 일오 선생님이 의연한 자세로 그들 틈에 앉아계신 장면이었다.

학사 자격을 가지고 거의 박사들의 전유물처럼 되어 있는 세계에 당당히 도열해 있는 사람의 의연함과 자신감을 본 것이다.

극히 보수적인 학자들이 갖기 쉬운 고착화한 자기 확신의 도그마적 세계에서는 그들 세계의 규격과 제도로 만들어진 틀에서 벗어난 것들에 대한 가차 없는 배제와 적대적 대응이 자신들의 의지가 관철될 때까지 집요하게 시도되어진다. 그런 적대와 배제의 시도들을 의연하게 받아내며 형해화 된 채 여전히 버티고 있는 제도의 틀을 한 쪽부터 무너뜨리는 그 당당한 몸짓의 일단을 본 것이다.

선생님이 문예진흥원장으로 재직하실 때 새로 나온 창작집을 챙겨서 인사차 원장실로 찾아뵌 적이 있다. 시력이 저하되어 책은 물론 못 보시고 사물을 구분하는 것도 힘들어 하시는 듯했다. 당신의 책 한권을 집어 사인을 해 주셨다. 글씨가 많이 흔들렸다. 몹시 수척해지신 모습에서 옛날의 그 꼿꼿하던 모습을 굳이 찾으려 하는 것은 어리석은 짓이다. 선생님도 우주만물의 이치를 따라 변해가고 있을 뿐이라는 생각을 했다.

그러나 지금까지도 아직 답을 얻지 못하고 있다. 그 때 선생님께서 만년에 불편하신 몸으로 그 직책을 맡으시게 했던 그 사명감이 무엇이었을까.

선생님은 우리 소설문단에 큰 족적을 남기신 분이다. 이 부분은 능력이 미치지 못하는 내가 언급하는 것 보다는 선생님의 제자 중 사계의 권위자 들이 많으니 그분들에게 미루고 일상적으로 접했던 선생님에 대한 소소한 기억들을 떠올리는 것으로 일오(一悟) 정한숙(鄭漢淑) 선생님의 탄생(誕生) 100년이 되는 해에 불비한 제자가 스승님을 추모하는 마음을 전하고자 한다.

‘낭만’ 그리고 산까치야

산수(傘壽)에 기억하는 스승의 그림자

서병준

1

1964년 5월 봄볕이 싱그럽던 아침.

11시 문장론 강의실은 서관 시계탑, 본관 건물이 아닌 중앙도서관을 지나 농과대학 2층이었다.

검은색 물감 들인 낡은 군복에 흰 고무신을 신고 등교했던 나와, 운동화 뒷축을 접어 끌며 뒤늦게 강의실에 들어선 B군은 자리에 앉기도 전에 “뭐하는 놈들이야 당장 나가” 불호령이 떨어졌다.

쫓겨난 강의실 밖 연둣빛 햇살이 유난히 눈부셔 스무살 내 초라한 모습이 너무도 부끄러웠다.

2학기 창작 및 연습시간.

마흔셋 정한숙(鄭漢淑) 선생님은 소설과 인생에 대해 말씀 중에 당신이 고향 영변을 떠나 월남하여 리어카로 드럼통을 나르던 고학생

시절을 회상하시면서 패배주의에 찌든 어설픈 젊음의 겉멋에 대해 일갈하셨다.

나라 형편이 아무리 어렵고 지금의 생활이 힘들더라도 어떤 일이건 3년만 한눈팔지 않고 꾸준히 노력하면 그 분야에서 최고가 될 수 있다고 강조하셨다.

가난한 일상에 힘들어 했던 내게 하시는 꾸지람으로 들렸다.

2

선생님께서 1966년 국문학과장의 보직을 받으셨다,

학회장을 맡은 J군과 총학생회 일을 거들던 나는 우리가 주관했던 전국고등학교 문예작품 공모 행사를 계기로 선생님 연구실 당번이 되었다. 대학원생 조교가 따로 없던 시절 우리는 작품 활동에 열중하시던 선생님의 서관 1층 연구실을 지키며 자질구레한 심부름을 담당했다.

그 때 선생님께서는 동아일보에 장편 소설(이성계)을 집필 중에도 틈틈이 여러 단편을 발표하실 정도로 왕성한 창작 활동에 열중하셨던 것으로 기억하고 있다.

졸업반 되어 선생님의 소설론을 수강했다.

졸업과제물로 이상(李箱)의 〈날개〉를 주제로 1인칭 소설기법에 대한 리포트를 발표했는데 "제법이다"라는 평가를 해주셔서 처음으로 선생께 칭찬을 들었다.

재학시절 줄곧 고대문학회 활동에 참여했는데 조성현(61학번) 원동은(62학번)선배에 이어 회장을 맡았지만 일오(一悟)선생께서 너무나 바쁘셨던 탓에 지도교수로 모시지 못해 아쉬웠다.

1969년 군 복무를 마치고 전역 인사를 드리기 위해 모교로 찾아뵈었을 때 선생님은 넌지시 대학원 진학 의사를 물으셨지만 원하시던 답을 드리지 못했다.

불행하게도 당시 우리 63학번 동기들 중에는 대학원 진학 여건을 갖춘 학우들이 없었다.

하지만 마침 외우(畏友) 오탁번이 국문과 대학원으로 진학하여 선생님 곁을 지키고 있어 재학시절보다 더욱 가깝게 뵈올 수 있게 되었다. 70년대로 접어들면서 국문과 대학원에 인재들이 모이기 시작했는데 서종택 김인환 김명인 송하춘 등 걸출한 문인들을 만날 수 있었다.

오탁번은 입학은 한해가 늦지만 생일은 나보다 한 해 빨라 형같은 친구이고 친구인 후배인데 같은 고향 출신이고 '학원(學園)문단' 시절부터 명성을 익히 알고 있던 터라 안암에서 만나던 날부터 배포가 맞아 지금까지 60년 동안 떨어져 있어도 함께이고 만나고 있어도 항시 그리운 지기가 되었다.

3

일오 선생님을 기억하면서 오탁번과 함께 술, 그리고 술에 관한 한 '낭만'의 추억을 잊을 수 없다.

사회생활을 시작하면서 선생님을 따라 처음 찾은 곳이 을지로인가

인현동인가에 있던 '로맨스'였는데 70년대 초 종로1가로 잠시 옮겼다가 관철동 골목에 '낭만'으로 자리를 잡으면서 문인들은 물론 저명 인사들의 사랑방으로 명성을 높혔다.

선생님은 가히 이곳의 터줏대감이라 해도 과언이 아닐 정도셨다.

마침 관철동에 직장이 있던 나는 퇴근길에 가끔씩 그곳에 들르곤 했는데 그때마다 선생님을 만날 수 있었고, 때로 단행본이 출간되었거나 종로서적 양우당 등 서점에 들르신 후에는 연락을 주셔서 저녁 시간을 함께 보내기도 했다.

학교를 퇴직하실 즈음 단골 주점을 길음동으로 옮기셨는데 세월의 흐름에 따라 주종(酒種)과 취향은 물론, 애창곡도 바뀌셨다.

문예진흥원장 예술원 회장을 역임하시는 동안 당뇨 때문인지 맥주에서 위스키, 진으로 주종이 달라졌고 낭만의 단골 좌석도 번잡스런 1층에서 조용한 2층으로, 거나하게 취하시면 부르시던 '애수의 소야곡'도 길음동 지하 주점에 가실 때는 '산까치야 산까치야'로 발전(?)하셨다.

큰 수술을 받으신 후에는 주량도 줄었고 서초동으로 이사하신 뒤로는 우리들 송년 모임이나 간단한 저녁 초대도 사양하시어 노쇠해가는 스승을 뵙는 것이 민망할 정도였다.

선생님을 마지막 뵌 것은 타계하시기 얼마전 교대역 찹쌀순대집에서였는데 우리 후배 민병기 교수가 모시고 나와 우연찮게 만나 뵙게 되었고 그해 9월 선생님은 특유의 온화한 미소를 남기고 우리 곁을 떠나셨다.

4

선생님을 보내드리고 나서 허전함 속에서도 나나 동기생들이 그나마 위안을 삼게 된 것은 우리가 선생님의 회갑기념연을 마련해 드렸던 일 때문이다.

평소에 워낙 형식과 체면치레를 좋아하지 않으셨던 성품을 알고 있던 터라 동기생 몇몇이 세종로 근처 국제호텔에 자리를 마련해놓고 선생님께는 긴히 상의드릴 말씀이 있다고 시간을 허락 받았다,

이날 모임에서 우리들은 고려대학교 국어국문학과 63동기생 일동의 명의로 사은의 뜻을 새긴 은쟁반을 선생님께 드리고 정성스레 마련한 술산을 들어 스승의 회갑을 축하해 드렸나.

너는 왜 쓸데없는 일을 꾸몄느냐고 나무라셨지만 불혹을 넘기고 사회의 중추로서 자란 제자들로서의 자부심에 우리들 모두가 매우 기뻐했다.

이제 우리들도 80 고비를 넘겨 머지않아 선생님을 다시 만나게 되겠지만, 나라와 사회 전체가 어렵고 혼란스럽던 시절 석탑에서 맺은 인연으로 인생을 배우고 평생토록 스승으로서 가르침을 주셨던 선생님이 새삼 그리워지는 것은 어쩌지 못할 일이다.

1981년 10월
우리 동기생이 마련한
회갑연에서
사은패를 드렸다.
(사진 중앙이 필자)

선생님께서
한 말씀 하셨다.

모임에 참석했던 동기들(앞줄 선생님 옆에 이정자 김수남, 뒷줄 좌로부터 서병준 류광수 정순웅 정승화 정범근 고영철)

그리운 편파

서종택

6, 70년대의 나의 안암동 시절은 잿빛으로 쓸쓸했다. 이 기간 동안 나는 학부 대학원 강사시절을 보냈다. 거리는 늘 최루탄 연기로 자욱했고 휴강 종강이 순서 바뀌고 군부대가 학교를 점거, 휴교령에 교문이 닫히기도 했다. 민주에의 열망과 시국의 절망이 광기로 얼룩진 세월이었다. 나의 대학원 진학은 학문에의 열정보다는 문학에의 허기와 허송해버린 학부시절에 대한 민망함에 기인한 것이었다.

정한숙 선생님에 관련한 몇 개의 삽화가 흑백 스냅으로 오래 남아 있다. 1968년 입학 당년에 나의 지도교수는 송민호 선생님으로 정해졌다. 신청을 받은 송 선생님이 자네는 현대소설 아닌가 하고 의아해 했다. 근대부터 공부해야죠, 나는 짐짓 대답했지만 지도교수가 바뀌게 된 사연은 아꼈다. 사연은 사소한 농담 하나. 학과 조교를 맡고 있던 그즈음 학과 일로 정한숙 선생님 연구실에 들렀을 때였다. 마침 연구실에서 학부학생 몇 명과 얘기 중이던 선생님이 내가 들어서자 문득 한마디 했다. 지도교수는 정했니? 선생님이 하셔야죠. 나는 즉답

했다. 지도교수가 뭔데요? 왜 학생이 정해요? 학생들이 까르르 웃으며 물었고 선생님은 악동처럼 입으로 손을 가져갔다. 머리를 쓰라구, 지도교수는 송 선생 해야 내가 심사를 하지 않갔니. 나는 순간 무안했다. 그래 내가 해야지 하실 줄 알았는데 섭섭하기도 했고. 그길로 지도교수 신청서를 송민호 선생님으로 써서 교무과에 제출했다. 당시 대학원이 초창기였던 시절 선생님은 학위 논문 관행이나 운영체계를 재미있게 얘기하는 상황이었다. 그게 농담이지 인마, 어쩌구 하시면서 선생님은 며칠 후 지도학생이 공란인 당신의 배정표를 받아보시고는 나에게 한마디 했다. 나의 지도교수 '입양'절차는 이렇게 끝났고, 지도교수가 졸업뿐 아니라 이후의 제자의 진로에까지 영향이 크다는 사실을 아는 데는 시간이 오래 걸리지 않았다.

1969년《월간문학》과《문화비평》신인작품으로 문단에 이름은 올렸지만 데뷔 초년생에게 원고청탁은 없었다. 다음해인가 나는 단편 하나를 들고 선생님 연구실을 찾았다. 곧바로 편지를 한 줄 써 주셨다. 당시《현대문학》의 주간을 맡고 있던 조연현 선생께였다. "조형, 작품 한 편 보내니 선처 바랍니다." 편지를 꺼내본 조연현 선생은 나를 힐끗 한번 쳐다보고는 "놓고 가시오" 한 마디 했다. 등단 후 첫 발표 지면을 선생께서 열어주신 셈이었다. 가끔 이러저러한 서평이나 대학신문의 잡문 따위를 나에게 대신 쓰게도 했는데, 원고료가 나오거나 해서 봉투를 가져가면 그때마다 그건 니 가지라우, 하셨다.

잰 걸음으로 바쁘게 걷는 모습은 베레모와 잘 어울렸고 속사포로 칭찬하거나 나무랐다. 그 태도는 강경하면서 거침없고 다소 편파적이었다. 당시《창작과 비평》이나《문학과 지성》같은 문예지들이 창간되었을 때 그들을 바라보는 선생님의 시선이 곱지 않았다. 지금 생각해도 잡지를 주도했던 진영 때문이었는지 그들의 저널리즘적 편향에 대한 불편함 때문이었는지가 분명치 않다. 리얼리즘이나 모더니즘은 지금이나 그때나 문학 갈라보기의 중심 테제이지만 당시《창비》의 민족적 이념이나 현실참여적 성향은 선명한 편이었다. 마침 잡지에는 한국 근대소설의 형성에 관한 어떤 텍스트 분석이 실렸는데, 어느 날 선후배 교강사들과 그 평론에 관해 얘기하던 중이었다. 연구실에 들어온 선생님이 목청 크게 대화에 끼어들었다. 글쎄 그게 말이야, 소설을 그르케 읽어 되갔니? 우선 논문 문장이 그게 뭐가. 논평이라는게 어려운 걸 쉽게 풀어야지 쉬운걸 어렵게 하믄 되가시? 그가구 말이야, 요즘 평론가들 잣대를 가지구 자꾸 몸무게를 다는데 그게 되긴?

선생님은 가끔 불공정했다. 학부 때의 어느 해 나의 리포트를 그대로 베껴 낸 여학생의 학점이 A이고 나는 B로 나왔다. 훗날 오래 궁금했던 그 학점 얘기를 선생께 슬그머니 꺼내 항의했다. 대답은 심플했다. 그 아인 효녀잖니. 알고 보니 선생께서는 그 여학생의 가정사를 조금 알고 계신 듯하였다. 아, 편파다, 라고 나는 그때 속으로 탄식했다, 학점이 효심에서 나온다는 걸 그때 학교앞 '개성집'에서 처음 알았다. 사실 이러한 불공정 사례는 다른 교수들, 가령 김춘동 선생님에게도 이미 있었다. 진눈깨비 어지럽게 흩날리던 어느 해 연말 학생들은 기말시험을 거부하고 스크럼을 짜고 신설동으로 향했다. 고사 불응시자의 추가시험을 호소한 과대표에게 운정 선생은 필요없네! 한마디로 거절했다. 그리고 나중에 받아본 성적표에는 단 두 종류의 평가가 내려졌다. 기말고사 불응시자 모조리 A, 응시자 모조리 B. 임술지추 칠월기망에… 인촌동상 앞에까지 퍼지던 본관 3층의 그 낭랑한 목청이 무언의 꾸지람으로 전이되는 경이로운 순간이었다. 학점은 애국심에서도 나왔다. 이놈들아. 지금은 적벽가나 부를 때가 아니야. 선생님들의 이러한 불공정 사례들에 대한 기억은 세월 흘러 교수가 되어서까지 오래 지워지지 않았다.

농담을 진담으로 접수하고 지도교수를 바꿔버린 나의 몽니에도 이후 나는 늘 선생님 주위를 기웃거렸고 선생님은 종로의 '낭만'이나 서울 인근의 낚시터에도 우리들을 함께 데리고 가셨다. 동료교수들 보다는 제자들과 함께하는 시간이 많아보였고 학교나 문단, 혹은 세상 얘기가 보충수업의 주제였다. 어떤 인물이나 작품이나 행위에 대한 호불호가 너무 분명해 우리들은 그 옹호나 비판의 언사에 자주 섭섭해 하거나 고무되었다. '창작실기론' 강의실에서의 인물설정 이론과는 다른 사례들이었다. 선생께 향한 우리들의 투정이나 주정은 언감생심이었지만 간혹 술에 약한 친구가 흔들리고 혼미해 지면 조용히 술자리를 정리하시기도 했다. "다들 일어서지. 승옥이가 실실 웃기 시작했다…"

선생님은 그림에도 재능을 보였다. 어느 날 연구실에 들어가니 이젤 앞에 앉아 붓질을 하고 계셨다. 소설가의 방에 풍기는 유화물감 냄새라니, 반갑고 놀라웠다. 가림막 뒤에 작품들이 여러 점 쌓여 있었다. 한 점 골라 가지라는 선생님의 권유에 나는 쌓아놓은 캔버스들을 뒤적였다. 이거 저 주세요. 내가 그림 한 점을 집어들자 선생님이 그림을 힐끗 보시더니 곧바로 대답했다. 그건 안 돼. 박고석이 꺼야. 나의 그림 보는 양심을 선생께 들키고 말았다.

1978년 겨울인가 이듬해 정초였던가, 종로의 '낭만'에서였다. 제자들 여럿이 선생님과의 시국담이며 문학담론에 시끌벅적한 시간. 대화중 나는 틈틈이 자리에서 일어나 화장실 옆 전화부스로 가서 집으로 전화를 걸었다. 교수채용 면접을 마친 홍익대에서의 연락을 기다리는 중이었다. 학교출두 소식을 듣고 크게 반기셨다. 들어가 봐. 술자리를 파하고 나서는데 선생님의 차가 스르르 내 앞에 섰다. 안절부절 하는 나에게 "오늘은 네가 타고 가라우" 선생님은 자신의 관용차(당시 교무위원에게 배정되었던 학교 측 차량)를 나에게 양보하며 당신은 다른 제자와 택시 정류장 쪽으로 돌아섰다. 엉겁결에 올라타 집으로 향하는 승용차 안에서 나는 선생님의 깜짝 축하이벤트에 뭉클해졌다.

1985년 홍익대학에서 지금의 세종캠퍼스로 옮겨갔다. 안암동으로 가려던 발길을 조치원으로 돌려버린 사연은 지금도 나의 성격장애의 결과로 치부하고 있지만, 부임 후에야 목격한 당시 조치원캠퍼스의 풍경은 적막했다. 모교가 나에게 내보인 최초의 배신감이었다. 학교의 실상에 나는 분개했고 당시의 서울 조치원 간의 학사운영의 불공정 따위를 경청하고 조언해주신 분은 오직 선생님 한 분이었다. 지 몽니로 지방근무를 자원한 제자에 대한 위로였는지 격려였는지, 선생께서 나에게 베푸신 그 '벽지수당'은 뒤로도 오래 기억에 남았다.

선생은 우리에게 문학에 대한 정치한 이론을 따로 주창하시지는 않았던 것 같다. 그는 문학을 학습보다는 체험에 의지한 세대이기는 하였지만, 이론이나 체험을 창과 방패로 무장한 문학인을 동시에 경멸했다. 6·25 피난지에서 만난 전광용 정한모 등과 함께 전후문학 1세대로 기록되고 있지만 그의 소설은 다양한 풍속과 역사와 세태에 설쳐있다. 〈선황낭인보기〉 〈고가〉 〈금낭벽화〉 〈백사노공 최술〉 〈묘안묘심〉 같은 고전미의 작품들은 물론 〈끊어진 다리〉 같은 분단의식을 다룬 소설 〈처용랑〉 〈황진이〉 같은 역사물이나 〈조용한 아침〉 같은 시대물까지 그의 소설적 성향은 다양했다. 작품의 다양성이 성정의 편향성과는 어떻게 이어지는지가 가끔 궁금하기도 했다.

대학로 문예진흥원 마당에서의 장례는 따뜻하고 엄숙했다. 선생을 떠나보내는 오랜 친구 김남조 시인의 우정과 애모의 추모사를 들으면서 한 생 직진으로 잘 살다 가신 분이라 생각했다. 호불호가 맵고 성정 뜨거워 옆에서 보기 민망할 때도 많았지만, 세월 지나니 선생님의 그 '편파'가 새삼 그리워진다. 삶도 예술도 결국 편파의 소산임을 이제는 알겠다.

영변에 약산 호랑이는

송하춘

우리 선생님 마지막 유명의 길바닥에 눕혀 드리고, 봉분 나지막이 덮어 다독거리며 눈물 참는데, 하늘 보는데, 이제는 하직하자! 무릎 꿇고 재배 올려라! 향불 사루고, 평토제 지내는데, 얼굴도 모르는 내 증조할아버지쯤 살아오시어 집례 하시는데, 그분 조백이 어찌나 환하고 경위가 바르신지, 저분 누구세요? 시인 전영경(全榮慶). 네? 요강 뚜껑으로 물을 떠먹던? 주막동인? 김산월 여사는 배가 불렀다? 이북에서 피난 내려와 외로워 술 고프니까 주막이나 열고, 인생 같은 어지러운 노래나 부르던 술꾼들인 줄 알았더니, 아! 지킬 것 다 지키고 살았구나! 훤히 다 꿰고 계셨구나! 산신(山神)도 감동허겄다. 지신(地神)도 탄복허겄다. 마지막 친구 보내는 예가 이렇듯 깎듯 하니, 세상사는 볍노야 오죽했셨는가. 선생님은 쌍소리 시인이에요! 아니야 나도 서정이 있지! 달빛 고인 물에 눈물 뿌리고! 이건 경이(驚異)나. 김산월 여사의 시인을 우리 선생님 떠나보내는 마지막 자리에서 뵌 것도 경이롭고, 술산 속에 녹아 흐르넌 농떨어진 시와 인생이 경이롭고, 몰래 숨겨두었다가 마지막 가시는 길 맡기고 떠나는 두 분 우정이 경이롭고, 아! 예전엔 미처 몰랐던 아름다운 이름 정한숙(鄭漢淑)!

영변에 약산 호랑이는 진달래 먹고
진달래 먹던 산 그리며 취하십니다.

가시는 걸음걸음 굽은 그 길을
굽어 살기 싫다고 술 마십니다.

—풀만 먹고 자란 미욱한 짐승입니다.

호랑이 굴에 키우면 호랑이 되어 나올 줄 알고
애써 사납던 거두심 눈물 납니다.

누구 닭 벼슬 보자고 양계하는 줄 아느냐.
이 가운데 행여 봉황이나 한 마리 섞여 나올까 하였더니

지성의 뒷모습은 위선이더라! 한숨짓던
정직한 야성입니다.

추석 쇠고 오겠습니다.
그러지, 하고 보내놓고는 그날로 가셨습니다.

구월산 어디 들어 계시다는 수염 까만 당굴어미 되어

눈 떠보니 보이지 않습니다. 〈영변에 약산 호랑이는〉

큰 가슴과 작은 손

오탁번

정한숙 선생은 1997년 추석 다음날인 9월 17일 수요일 아침나절, 단잠을 주무시다가 시냇물 징검다리 건너듯 이승을 떠나 저승으로 발걸음을 옮기셨다. 거짓말처럼 정말 아주 손쉽고 간단하게 혼탁한 세상을 버리고 영원한 강 건너 마을로 훌쩍 떠나신 것이다.

선생을 회상하면서 떠오르는 생각은 한둘이 아니지만 우선 절실한 것은 평소 그 분의 성격대로 아주 확연하면서도 뒤끝이 없는 깨끗한 죽음의 방식을 스스로 실천하여 뒤에 남아 있는 사람들에게 존재와 부재의 오묘한 섭리를 일깨워주었다는 것이다. 전혀 예기하지 않았던 선생의 죽음은 그러므로 앞으로 오랜 세월 늘 선생이 곁에 존재하는 듯한 마음가짐을 은연중 갖게 할 것이며, 삶과 죽음이 별다른 시간과 공간의 존재 방식이 아니라, 인간과 인간이 서로 지닐 수밖에 없는 운명적 해후의 드러남이라는 사실도 점점 새삼스러워질 것 같다.

9월 21일 일요일 아침 열 시, 문화예술진흥원 앞뜰에서 문인장으로 열린 영결식에서 예술원 회장 조병화 선생과 국제펜클럽 부회장 전숙희 선생의 추모사와 고려대학교 총장 홍일식 선생의 조사 속에 담긴 추모의 정도, 김남조 선생의 조시 속에 담긴 반백 년의 우정과 애잔한 그리움도, 모두 정한숙 선생이 걸어온 전쟁과 궁핍의 시대였던 50년대와 60년대의 문학적 삶의 방식이 정한숙이라는 특정한 한 인간의 생애이면서도 그것이 곧 우리나라 문인이 감내해야 했던 가감할 수 없는 자화상이라는 인식의 바탕 위에서 우러나온 소중한 정서라고 생각된다.

정한숙 선생을 생각할 때마다 나는 평소에도 이상한 심리적 경험을 할 때가 많았다. 몇 십 년 전의 사소한 일도 바로 엊저녁의 일인 듯 과거와 현재가 부단히 뒤섞이며 언제나 아주 생생하게 마음의 한복판으로 뛰어들어 오곤 했기 때문이다. 나의 이러한 심리 상태가 그냥 단순하게 사제지간의 정 때문만이 아니라는 것은, 그 분을 이야기하는 모든 사람들이 한결같이 가장 최근에 그 분을 만난 듯 시제의 혼란을 스스로 눈치 채지 못하고 아득한 과거의 일을 바로 오늘의 일인 듯 인식하고 있는 것을 보면서 알 수 있었고, 그때마다 나는 참 묘한 느낌이 들곤 했다.

정한숙 선생을 회상할 때 그의 문학과 인간에 대해서 분석적, 종합적으로 이야기하는 것은 지금 당장 나로서는 불가능하다. 평생 수많은 소설을 써오면서도 예술원 회장과 문예진흥원 원장을 역임하고 고려대학교 교수로 재직할 때는 교무위원을 수 년 간 하면서 때로는 학생운동의 탁류 속에서 내학의 정신을 홀로 지키느라고 고군분투할 때 늘 곁에서 정서적으로 가장 가까운 거리에 있었던 사람이 바로 나였는지도 모른다. 그러나 정한숙 선생은 딱 잘라서 한두 마디로 규정하기 어려운 참으로 오묘한 위치에서 언제나 한 걸음 먼저 현실적 조건을 뛰어넘어 과거지향적인 사고가 금세 미래진보적으로 변용되고 낭만적 사고와 냉철한 이성이 수시로 교차하는 것이었다.

1974년 2월 초순이었다. 나는 그때 대학원을 졸업하고 육군사관학교 교수부에서 육군 대위로 복무하고 있었는데 지금의 S대학에서 연락이 와서 이력서를 써가지고 갔다.

시간 강사로 현대시론이나 현대소설론 같은 전공과목의 강의를 하기 위해서였는데 내 이력서를 본 그 대학 교무처장이 아예 이번 기회에 전임 교수로 와달라는 뜻밖의 부탁을 하는 것이었다. 나는 아직 7개월 후에나 제대할 수 있다고 했다. 그래도 비공식적으로라도 꼭 전임으로 와달라는 것이었다. 지금도 그렇지만 그 당시에도 대학의 전임 교수가 된다는 게 무척 어려운 일이었다. 그야말로 뜻밖의 제의를 받은 그날 저녁에 술을 한 잔 마시고 귀가하는 도중에 삼선교 선생님 댁으로 들렀다. 그때 선생님은 고려대 축구부의 일본 원정 경기 인솔 단장으로 일본에 가시고 부재중이었지만 사모님께 갑작스럽고도 기쁜 소식을 전해 드리기 위해서였다. 나는 그때 사모님께 지도 교수가 이 중요한 때에 제자 옆에 안 계시니까 난감하다는 말씀을 드렸다.

지도 교수 추천서가 필요하지만 지도 교수가 안 계시면 다른 분의 추천서도 무방하다는 그 대학 교무처장의 말을 이미 들었지만, 그냥 가벼운 푸념 삼아 지도 교수가 안 계시니 낭패라는 말씀을 드리고 술을 얻어 마시고 늦게 돌아왔다.

이튿날 아침 열 시쯤 되었을까. 정한숙 선생한테서 뜻밖에 전화가 왔다. 일본에서 국제전화를 한 줄 알고, 선생님 대신 다른 교수의 추천서를 받겠노라고 말씀드렸다. 그런데 선생은 오늘 아침에 귀국을 했다며 오전 중에 학교로 오라고 했다. 나는 정말 놀랐다. 귀국 예정

일이 아직 며칠 남아 있던 선생은 어젯밤 집으로 전화를 했는데 내가 다녀갔다는 말을 듣고는 바로 아침 일찍 비행기를 타고 귀국했다는 것이다.

"네 말대로 중요한 때에 지도 교수가 없으면 안 되지."

선생님은 껄껄 웃으셨다. 나는 그 순간 참으로 이상한 마음의 떨림을 느꼈다. 그때는 외국에 나가기가 하늘에 별따기처럼 어려워서 어떻게 무슨 핑계로 한 번 나가기만 하면 하루라도 더 있으면서 이것저것 물건을 사고 관광을 하는 것이 모든 사람들의 상식이었는데 선생님은 그런 것 다 그만두고 추천서를 직접 써주기 위해서 한 걸음에 달려온 것이었다. 이 이야기를 훗날 어느 술자리에서 소설가 이문구한테 했더니, 고려대학이 진짜긴 진짜가 보네 했던 기억이 새롭다.

물론 나는 그 해 3월부터 S대학 전임교수가 되었다. 그 후 언젠가 《월간문학》 편집실에서 소설가 이문구와 조정래에게 이런 말을 했더니 정말 부럽다는 말을 하면서 고려대학교의 참모습을 이제야 이해하게 됐다고 했다.

정한숙 선생은 낭만적 사고가 늘 앞서는 멋쟁이이면서도 한편으로는 소위 평안도 기질이랄 수 있는 야성이 있었고, 또 직감으로 사물의 정체를 간파하는 예리한 분석력이 돋보였다. 선생이 전광용, 정한모, 전영경 선생과 젊은 시절에 만들었던 '주막' 동인의 면면을 보면 이 분들이 단순한 시인과 소설가가 지니는 낭만파적인 술꾼만이 아니라, 대학과 문단에서 시도력을 발휘하여 수많은 제자들을 육성한 대단한 교육 행정가라는 사실을 한눈에 알 수 있다. 하지만 이 분들은 물론 문단과 대학에서 손꼽히는 술꾼들이었고 나는 대학원 다닐 때부터 선생과 함께 '낭만'에 다니며 가까이에서 이 분들을 모시는 일이 많았다.

낭만적이라기보다는 오히려 무모한이라고 해야 더 맞을 듯한 이와 같은 문학적 기질은 식민시대와 분단시대를 지나면서 전쟁과 이별과 궁핍을 견뎌내면서 견지해 온 열정과 우정에 의한 것인지도 모른다. 정상적인 사고와 분별력으로는 도저히 이룰 수 없는 현실 돌파의 강인한 정신은 정말로 무모하다 싶을 만큼 초월적이기도 했다.

내가 1970년 석사논문으로 쓴 정지용론은 정지용의 작품이 해금되기 이전인 당시의 상황으로서는 무척이나 무모한 발상이었지만 지도 교수인 정한숙 선생에게 정지용론을 쓰겠다고 했더니 "좋지. 한번 해봐" 딱 한 마디뿐이었다. 혹시 정지용론을 다루었다가 문제라도 생기면 지도 교수도 난처해지겠지만 선생은 그러한 현실적인 문제는 아예 도외시했다. 최초로 정지용론을 학위논문으로 쓴 긍지도 사실상 지도 교수의 무모한 인생관이 없었더라면 이루어질 수 없었을 것이다.

나의 아내가 서울대 대학원 국문과에 진학하여 전광용, 정한모 선생한테 강의를 들었기 때문에 이 분들과는 안팎으로 사제지간이 되었으며 주말이면 '낭만'에서도 자주 뵙게 되었다. 그때 아내는 대학원 석사과정에서 학점을 다 이수하고 아이를 키운 다음에 논문을 내려고 휴학을 하게 되었다. 그러나 몇 년 후에 학교에 등록을 하려고 하니까 휴학을 너무 많이 해서 이미 제적이 된 것이 아닌가. 정말 난감한 일이 아닐 수 없었다.

방법은 다시 입학시험을 보는 수밖에 없다는 것이었다. 아내에게 이 말을 듣고 나는 정한숙 선생과 의논을 했다. 정한숙 선생이 급히 연락해서 '낭만'에서 전광용, 정한모, 정병욱, 장덕순 선생과 만났다.

서울대 대학원 국문과 강의를 전담하고 있던 그분들은 정 선생과 모두 절친한 친구들이었다. 나는 그때 이렇게 말씀드렸다.

"제 아내가 다시 입학시험을 치르고 대학원에 들어가면 네 학기 등록금은 다시 내야 하겠지만, 그 대신 몇 년 전에 선생님들께서 주셨던 과목의 학점을 몽땅 그때 그 성적대로 주십시오. 강의 시간 출석이나 리포트 제출도 다 면제해 주시고요."

내 말을 들은 그분들은 껄껄 웃었다.

"말이 되는 것도 같고 안 되는 것 같기도 하군."

어느 한 분이 이렇게 말하자 정한숙 선생이 한마디 했다.

"말이 안 되긴 뭐가 안 돼?"

이 말 한마디로 내 제안대로 하기로 되었다. 지금의 잣대로 본다면 완전 불법 탈법이어서 언어도단이 된다. 그때 이야기를 하면 사람들은 곧이들으려고 하지 않는다. 서울대학 그 양반들이 얼마나 무섭고 까다로운 분들인데 그럴 리가 없다는 것이었다. 물론 그 네 분 선생님들은 그 후 약속을 지켰다. 아내는 2년 후에 신석초론으로 석사학위를 받았다. 등록금을 두 곱으로 내고 졸업을 했으니 본전 생각도 났고 이제 집의 아이들도 유치원 다닐 정도가 되었으니, 아내가 가진 자질을 그냥 주저앉히기도 뭣했다. 그래서 이번에는 또 무모한 제안을 아내에게 했다.

"박사과정 시험 쳐봐."

아마도 나의 이러한 발상도 모두 정한숙 선생이 곁에 계시면서 늘 '네 마음먹은 대로 해. 그게 정도야' 했기 때문일 것이다. 그러므로 정 선생한테 학문적 방법이라든가 인생을 살아가는 지혜를 딱히 구체적으로 배웠다기보다는, 선생님은 내가 생각하는 대로 하는 것이 최선이라고 확신하면 꼭 실현된다는 자신감을 심어 주신 셈이다. 그리고 이러한 과정에서 현실적 요소와 충돌하는 수도 많았고 이웃과 상충되는 일도 많았지만 선생이 지닌 고집과 좌고우면하지 않는 돌파력은 남이 흉내낼 수 없는 인간적 매력의 원동력이 되기도 했다.

그는 제자들을 피붙이처럼 사랑하고 또 피붙이처럼 야단치곤 했다. 피붙이처럼 야단치는 것을 견디지 못하고 떠난 제자들도 있었지만 그들이 어려움에 처하면 꼭 앞장서서 도와주었다.

〈전황당인보기(田黃堂印譜記)〉와 〈금당벽화(金堂壁畵)〉 〈고가(古家)〉 〈금어(金魚)〉 등은 정통적인 기법으로 이루어낸 단편소설의 귀감이 되는 작품들인데, 예리한 묘사와 심리 분석은 호탕한 선생의 솜씨로는 믿을 수 없을 만큼 섬세하고 여성적이기조차 하다.

"한복을 입히고 가발을 씌우면 영락없는 여자야. 얼마나 예뻤다고."

빈소에서 조경희 선생이 이렇게 말씀하시는 것을 들으면서 나는 문득 선생의 단편소설이 지니고 있는 섬세한 기법을 떠올리게 되었다. 선생은 도량이 넓은 큰 가슴과 섬세한 예술을 빚는 작은 손을 지닌 소설가였다.

선생님이 별세하셨다는 소식을 조병화 선생과 김남조 선생에게 전화로 알릴 때나, 또 영결식장에서 조시를 읽으면서 목이 메었던 것은 '정한숙의 문학과 인간'의 한쪽 면 즉 '인간'에 더 치우쳐서인 것이 분명하다. 선생은 너무도 인간적이었다. 너무 인간적이어서 때로는 남에게 오해를 샀고, 또 너무 인간적이어서 작품 생산에만 몰두하는 비정한 작가 정신이 흐려질 때도 있었는지 모른다.

이제 한국 문단은 한 사람의 '사람'을 잃었다. 이데올로기의 최대

피해자이면서도 떠나온 영변을 그리워하면서 문학이 이데올로기의 종속이 되어서는 안 된다는 말씀을 자주 하던 선생은 이제 분단의 비극도 시기, 질투도 장난질도 없는 적막의 저승으로 단잠을 자다가 훌쩍 건너갔다.

영결식에서 나는 조시 〈우리 선생님〉을 읽었다. 아니, 읽지 못하고 그냥 울었다. 목이 메이고 눈물이 앞을 가려 조시를 제대로 읽지도 못한 못난이 제자였다. 아아.

선생님 앞에 서면
과거가 현재가 되고
또 미래가 되는
이 기막힌 문법의 까닭을
아직도 잘 모르겠습니다

여기는 지금
1965년 여름 계룡산 갑사 뜨락입니다
그때 베레모 쓰고 담배 피우던 선생님은
저에게 이렇게 말씀하셨지요?
—야, 임마, 한번 피워볼래?
선생님의 침이 묻은 파이프를 건네받아서
빼끔빼끔 담배를 피우다가
저는 심한 기침을 했었습니다

이제 또 여기는

1969년 2월
흰 눈이 쏟아지는 고려대학교 캠퍼스
대학원 국문과 입학시험에 합격한 날
우연히 저를 보신 선생님은
—야, 임마, 합격 축하 술 사줄테니 따라와
선생님은 '낭만'으로 저를 데리고 가셔서
예쁜 저의 코가 미워지도록
맥주를 사주셨습니다

선생님이 아무렇지도 않은 듯
그 자리에 그냥 앉아서
그냥저냥 말씀하시던
시간과 공간이 너무 절실하니까
너무너무 생생하니까
선생님의 발자국 선명한
'이제' '여기' '또' '또'는 너무 많으니까!

허지만
이제 정말 여기는
1997년 9월 21일
선생님이 이승을 떠나시는
한가위가 막 지난 가을 아침
—야, 임마, 울지마 울지 마
나는 지금 내 고향으로

어머님의 품속으로 떠나는 거야
선생님은 항상 현재입니다
현재진행형입니다
선생님의 목소리처럼
정말정말 맑고 푸른 하늘입니다
우리 선생님!

늘 곁에 있는 듯 과거가 현재가 되고 또 미래가 되는 정한숙 선생의 인간적인 면모는 많은 사람들의 가슴속에 오래오래 남아 있을 것이다. 수많은 문인과 제자들이 바친 한 송이 흰 국화의 향기 속에서 영면하소서. 보고 싶은 잠꾸러기 선생님!

일오(一悟) 정한숙(鄭漢淑) 선생을 그리다

원동은

1

내가 일오(一悟) 선생의 함자에 처음 접한 것은 1960년 신구문화사에서 펴낸《한국전후문제작품집(韓國戰後問題作品集)》을 통해서였다. 이 책은 1945년 광복 이후 1950년의 한국동란을 거쳐 1960년까지 불과 15년 사이에 발표된 당시 신예작가인 장용학(張龍鶴), 박연희(朴淵禧), 손창섭(孫昌涉) 등 21명의 단편소설들을 한 편씩 뽑아 엮은 것인데, 그 가운데 일오 선생의 〈고가(古家)〉가 나란히 실려 있었던 것이다.

편집위원이었던 이어령(李御寧)은 〈고가〉가 문제작으로 선정된 사정을 이렇게 말했다. "이 소설은 역사적인 입장에서 현실을 파악하고 있는 한국가족사의 다이제스트다. 오늘을 그 시간(歷史)적인 선상에 놓고 비평하고 있는 것이다. 이것은 골즈워디의 〈포사이트가의 이야기(The Forsyte Saga)〉나 토마스 만의 〈부덴부로크가의 사람들

(Buddenbrooks)〉처럼 몇 대에 걸친 어느 가계(家系)를 말함으로써 한 시대의 역사적 성격을 캐내는 방법이다. 이러한 방법은 자연주의적 수법에 속한다. 그러면서도 문제성을 갖게 되는 이유는 그동안 한국소설이 너무나도 '시간성(時間性)'을 무시해왔기 때문이다."

애초에 1956년《문학예술》7월호에 발표된 〈고가〉는 구한말에서 6·25 동란까지를 배경으로 하여 소백산 아랫마을 장동(壯東)김씨 집안의 몰락 과정을 냉철한 시선으로 그린 단편소설이다. 가족사 소설의 한 유형이라고 할 수 있는 이 작품은 전통적 가족체계인 가부장제를 지키려는 주인공 필재의 할아버지와 구시대에서 벗어나려는 개화사상에 눈뜬 숙부 사이의 갈등과 알력, 여기에 곁들여 천대받는 종의 자식으로 태어나서 좌익 활동에 빠져는 필재의 배다른 동생 태식, 종의 딸인 길녀를 등장시켜 배신과 증오와 자살 등 역사적 격변기의 우울하고 암울한 시대상을 연출했다. 마침내 필재는 종손제와 적서 차별로 이루어진 가부장제의 상징인 종갓집을 팔아치울 결심을 한다. 그래서 결말 부분은 이렇게 끝을 맺는다.

"밖은 그대로 어둡기만 했다. 이 어둠이 가시면 새아침이 오듯이 종가도 종손도 허물어짐으로 하여 진정 길녀나 태식이나 자기 같은 사람들이 행복하게 살 수 있는 날이 올 것만 같았다."

2

내가 일오 선생을 직접 만나 첫 대면을 가진 것은 1962년 고려대 국문학과에 입학한 뒤에 있은 첫 강의시간이었다. 아마 창밖에는 늦봄의 따뜻한 햇볕이 내리쬐고 아지랑이가 아른아른 피어오르는 포근

한 날씨였을지도 모른다. 그렇다. 나는 갓 대학교에 입학한 야심만만하고 꿈 많은 신입생, 가슴 벅찬 청춘의 봄이 마악 시작되려는 찰나에 잡힌 선생의 첫인상은 나에게는 너무나도 매혹적이었다. 그때 선생은 이미 불혹의 연세였으나 동글동글한 얼굴에 짙은 눈썹과 무언가를 꿈꾸는 듯 깊게 파인 쌍꺼풀진 눈은 한마디로 귀염성이 엿보이는 앳된 소년의 모습이었다. 많은 여류문인들로부터 '문단 최고의 미남'으로 칭송받고 있다는 사실은 나중에야 알았다.

선생의 강의 텍스트는《문장연습》으로 그 내용은 올바른 국어의 이해로부터 작문의 기초와 실제 따위였지만 그보다는 수업 중에 무심코 툭 던지는 말씀과 동작, 숨소리와 체취마저도 스승으로 받들고 멘토로 삼기에 충분했다. 선생의 아호 '일오(一悟)'는 발음이 같은 한자 '日午'로 쓰면 '한낮'이 되고, '日烏'로 쓰면 '태양'이 되는데, 그이는 정말 나에게는 정오를 가리키는 한낮이며 밝게 빛나는 태양이었던 것이다.

나는 선생이 창작한 또 다른 소설, 이를테면 사라져가는 전통미를 탐구한 〈전황당인보기(田黃堂印譜記)〉〈금당벽화(金堂壁畵)〉〈백자도공 최술(白磁陶工 崔述)〉 등과 현대인의 애정심리와 좌절과 방황을 그린 〈애정지대〉〈묘안묘심(猫眼猫心)〉〈암흑(暗黑)의 계절(季節)〉 같은 작품을 어렵사리 구해서 읽었다.

선생께서는 소설쓰기의 첫 단계로 소재(글감)의 발굴에서부터 착상, 구성, 제작, 탈고에 이르기까지의 전과정 중 가장 중요한 작업은 발품을 팔아야 하는 현장답사와 취재에 있다는 점을 늘 강조하셨다. 한번은 강의 도중에 "전쟁은 너무나 처참하고 잔혹한 비극이지만 많은 반성과 교훈을 주는 드라마이기도 하다."는 말씀과, 또 일본의 소설가 가와바타 야스나리(川端康成)가 한국전쟁은 작가들에게 풍부한 작품소재를 제공하여 앞으로 한국문단에서 노벨문학상을 수상할 만한 대작이 나올 것이다, 라고 예언했다는 일화를 들려주셨다. 나는 그 말씀에 현혹되어(어리석고 미쳤지), 나도 러시아 작가 레프 톨스토이처럼 〈전쟁(戰爭)과 평화(平和)〉와 같은 대하소설을 써보겠다는 야심만만(돌이켜보면 언감생심이지만)한 각오로 그 질료가 되는 자료수집에 도전한 바가 있었다.

대충 그 아이템만 열거해보더라도 6·25전쟁 참전용사인 백선엽(白善燁), 임부택(林富澤), 김웅수(金雄洙) 장군 등이 중앙일간지에 연재한 6·25전쟁의 회고담을 모은 스크랩북을 비롯하여 여수순천(麗水順天) 10·19 사건, 제주 4·3 사건, 거창(居昌)신원면 양민학살사건, 지리산 빨치산의 암약과 토벌작전, 충북 영동군 노근리의 양민학살, 국민방위군 사건, 황해도 구월산 여장군의 반공 유격활동(이정숙과 김종벽 대위) 등 그 관련 자료의 종류와 분량은 참으로 방대한 것이었다. 이것들은 훗날 내가 소설을 창작하는 데 귀중한 참고자료가 될 것이다(결국은 휴지처럼 사장이 되고 말았지만). 그중에서도 내가 보물처럼 아껴서 간직해온 자료는 나의 인천중학교 시절에 공민과목을 가르치신 심재갑(沈載甲) 선생이 직접 겪은 국민방위군 생활을 기록한 〈일기(日記)〉이고, 또 하나는 한국원자력연구소 창설멤버였던 이창건(李昌健) 박사가 엮은 〈KLO의 한국전(韓國戰) 비사(祕史)〉이다. 심재갑 선생이 6·25동란 때 19세의 나이로 국민방위군에 징집되어 제주도까지 끌려 내려가 6개월 동안 아사(餓死)와 구타가 빈번한 가운데 쌀겨를 끓여 연명하고, 소나무 껍질을 뜯어먹었다던 비참한 방위병의 일기장은 언제 읽어도 가슴 아프고 눈물겹다. 또, KLO(Korea Liaison Office) 부대, 또는 켈로 부대나 제8240부대로 불리었던 이 군인집단은 1949년 미극동군사령부가 북한지역 출신 장정들을 모아 조직하여 주로 북파공작첩보업무를 맡기었다. 이 부대원들은 동서해안의 섬들에 분산 수용되어 활동했는데, 1953년 7월 27일 휴전을 앞두고 인천 앞바다 용유도(龍遊島)로 철수하여 주둔했다가 휴전이 성립되자, 이 군번 없는 병사들은 일부는 대한민국 육군으로 편입되거나, 또는 제대 절차를 밟아 KLO 부대는 해체되었다. 1·4후퇴 때 황해도 연백에서 피난 나온 우리 가족은 궁핍한 피난민의 호구지책으로 산에 올라가 뜯은 산나물이나 바닷가로 내려와 잡은 조갯살을 갖고 켈로 부대 앞으로 찾아가면 부식거리라 하여 안남미(安南米)로 바꾸어주었다. 이것은 고단한 피난살이의 한 장면으로, 그러하기에 나에게 이창건 박사의 〈KLO의 한국전 비사〉는 각별한 의미로 다가온다.

3

일오 선생은 1922년 평북 영변에서 태어나 올해 2022년은 탄생 100주년을 맞이한다. 지난 5월12일 대산문화재단은 광화문 교보빌딩 컨벤션홀에서 김구용(金丘庸), 김춘수(金春洙), 여석기(呂石基) 등 9명의 문인에 대해 '페허의 청년들, 존재와 탐색'이라는 타이틀로 기념문학제를 가졌다. 일오 선생은 서강대의 공임순(孔任順) 교수가 맡아 '체험의 비극과 의지의 낙관, 그 사이의 인간군상'이란 주제로 이른바 '정한숙론(鄭漢淑論)'을 설명해주었는데, 나는 일오 선생의 국문학과 후배와 제자로서 퍽 흥미롭게 경청했다.

일오 선생은 일제(日帝) 패망 직전에 징병을 피해 잠시 압록강 연변인 만포 강계 지역을 떠돌다가 귀향하여 광복된 이듬해인 1946년 단신으로 월남하여 그 해에 바로 고려대 국문학과에 입학하여 학문과 소설가로서의 길로 들어선 것으로 알려졌다. 대학 재학 중인 1948년《예술조선》지에 단편 〈흉가(凶家)〉로 문단에 데뷔한 이래 〈배신(背信)〉〈아담의 행로〉〈광녀(狂女)〉 등을 잇달아 발표하였고, 1955년에는 한국일보 신춘문예에 단편 〈전황당인보기(田黃堂印譜記)〉가 당선되어 소설가로서의 입지를 확고하게 굳히게 된다. 이후 타계하신 1997년까지 거의 반세기에 이르는 동안 약 20여 편의 중·장편소설, 160여 편의 단편소설을 남긴 다작(多作)의 작가로서 명성을 얻는다. 여기에 시집 3권과 수필집 2권 및 연구서까지 합치면 방대한 분량의 작품을 세상에 남긴 것이다. 선생은 하루 평균 30장가량의 원고를 쓰셨다니 대단한 정력가요, 뚜벅뚜벅 '소가 지닌 성실성'을 입증한 작가임에 틀림없다.

한편, 일오 선생은 대학재학 중인 1947년 서울대 국문학과에 다니던 전광용(全光鏞)·정한모(鄭漢模), 연대생인 전영경(全榮慶) 등과 어울려《주막(酒幕)》 동인을 결성, 각자 작품을 써서 돌려 읽고 합평회를 가졌었다는 풍문이다. 이에 나도 뒤질세라 당시 서울대·연세대·숙명여대·이화여대 등 주로 인천에서 서울로 통학하는 대학생들을 규합하여《형상(形象)》이라는 문학 서클을 조직하여 합평회를 갖거나 프린트로 동인지를 만들고, 결혼예식장을 빌려 문학 낭송회를 열기도 했다. 이 모든 일은 일오 선생이 살아온 이력을 그대로 닮아가고 발자취를 따라가 보겠다는 열망을 답습한 나의 어설픈 몸짓이 아니었겠는가.

이제 일오 선생과의 인연은 덧없이 60여 년의 세월이 흘러서 기억도 희미해지고 뜨겁던 열정도 사라졌다. 이미 선생은 25년 전에 고인(故人)이 되셨고, 어느덧 나도 병들고 늙어서 산수(傘壽)의 나이에 접어들었다. 갓 청소년기를 벗어난 풋풋한 20대의 젊은 시절, 무엇이든지 성취해내려는 꿈 많던 문학청년(文靑)의 희망찬 기상과 야망과 포부는 도대체 어디로 갔는가. 흔히 우리는 청출어람(靑出於藍)이란 말을 자주 사용한다. 제자가 스승보다 나음을 일컫는 말이다. 그런데도 나는 일오 선생의 업적은커녕 그 그림자마저도 따라잡지 못했으니, 오로지 나 자신의 천학비재(淺學菲才)함을 탄식하면서 그동안 나태했음을 스스로 꾸짖을 따름이다.

더불어 또 한 분의 동갑을 추모하며

유만상

몇 번이나 주저하고 망설이다가 끝내는 원고 청탁의 철회까지 요청했지만, 도리 없어 오래 난감했던 회고담을 쓰면서 왠지 죄송스러워지는 마음 또한 어쩔 수가 없다. 선생님과의 짧은 인연을 담기엔 편집부가 보낸 그릇이 너무도 컸고, 솔직히 선생님과는 대면에서 쌓인 각별한 사연이나 아기자기한 추억이 없었기 때문이다.

사실 고약한 내 학창시절의 운명이나 인연에서 볼 때 선생님과의 관계는, 부당한 기합에 맞서며 생명에 우선한다는 소총을 감히 집어던진 항명죄로 학군단을 퇴교당한 뒤, 꼬박 3년의 엄혹한 졸병 생활을 견디고 복학한 후라 별난 만남도 없었다.

성장의 연료를 거칠게 태우고 방황하며 여러모로 가슴이 할퀴는 시절을 보낸 끝에, 군 복무를 마친 '꼰내생'으로 돌아온 나는 그때까지도 영글지 못한 의식으로 가슴 깊숙이 침투해 있던 문학 열병의 독소를 제거하는데 어느 정도 성공을 거두긴 했다.

따라서 늦신 복학을 이룬 뒤에도 문예 서클만은 한사코 외면하서

나 손사래를 치는 일에도 용감했다. 언젠가는 그 문학이라는 요물이 나를 더 몹쓸 구렁텅이로 빨아들일지도 모른다는 막연한 두려움에서였다.

그 예감은 여러 환멸적이고 마뜩지 못한 취업 전선에 뛰어들면서 다시 마약의 본성으로 나를 유혹하기 시작했다. 친구들이 많이 진출한 출판계 쪽의 일자리를 기웃거리던 나는 문학에 대한 완고한 경계심으로, 당시의 중·고교 평준화 정책에 따른 첫 순위 고사 응시를 통해 고교 교사가 되었다. 그러자 내성이 강한 문학 바이러스의 병변은 온갖 다짐과 자제로 무장된 면역체계를 무너뜨리고, 스멀스멀 내 몸에서 발진을 서두르며 부풀어 올랐다. 아니 그 조짐은 이미 《고대문화》 14집에 단편소설 〈깜부기〉를 발표하면서부터 예고된 것인지도 모른다.

병이란 도지면 더 맹렬해지는 법, 결국 《현대문학》지에서 소설 초회 추천을 받은 나는 조선일보 신춘문예까지 넘보게 되었다.

"어허, 50만 원을 도둑맞고 말았잖아!"

최종 심사평에서 내 이름을 확인한 소설가 윤후명이 제일 먼저 전화로 나를 위로한 조롱이었다. 그때는 상금이 50만 원이었다. 괜히 부아가 치민 나는 곧바로 추천을 완료해 버렸다.

원래부터 제 색깔이 없었으므로 본색을 찾아 방황하는 카멜레온처럼, 소설이야말로 인간의 진정한 색채가 무엇인지를 알아내기 위해 끊임없이 질러대는 숱한 신음의 기록물이 아니겠는가. 그런데 나는 그 신음을 기록하는 일에도 무척이나 게을렀다.

단 한 가지 내가 부지런히 몰두했던 일이 있다면 그건 술에 대한 탐닉이었다. 마시는 만큼 정확히 효력을 발휘하는 음료, 진짜로 이 세상에서 알코올만큼 솔직하고 청량한 식품이 또 어디 있는가. 정말이지 정직한 그 술이 없는 세상은 상상이 안 될 만큼 기·승·전·술이 내 태생적 신앙이었음을 어찌하랴. 그래서 나는 주(酒)님을 사랑하는 일만은 결코 태만할 수가 없었다. 그런데 선생님과의 회고담을 쓰고 있는 지금 고작 인간의 건강문제에서 퇴행 내지는 퇴폐적 연료가 되는 물품을 거론하고 있음이 도대체 가당키나 한 일인가. 선생님, 부디 저의 이 무엄한 망발과 불손을 용서하지 마시옵소서.

아, 그러고 보니 선생님 역시 분명한 애주가였음을 지금 기억하고 있다.

내가 소설 추천을 끝내고 문단의 말석을 더럽히고 있을 때, 무슨 뚱딴지 같은 각성에시인진 몰라도 갑자기 학생이 되고 싶은 발싹이 찾아왔다. 매사에 게으르기가 한량이 없는 성향과 심심한 것을 잘 참아내지 못하는 성정이, 내 조바심과 경박을 건드린 나머지 뜬금없이 교육대학원 진학을 결심케 한 것이다.

그때 논문 지도교수로 정한숙 선생님을 희망했고 그 뜻이 이루어졌다. 선생님은《현대 한국 작가론》등 세 권의 당신 저서를 주시면서, 내게 '농민문학'과 '김동리 연구' 두 논제의 탐구를 제의하셨다. 아마도 내가 농민의 자손이고 동리 선생님과는 동향의 후배임을 고려한 배려가 아니었나 싶다.

얼마 후 국어교육반의 동급생들과 함께 선생님을 위시하여 박병채·정규복·신동욱 선생님 등 지도교수 네 분을 논암동 한 음식점으로 모시게 되었는데, 그날 선생님은 제자들 앞에서 애주가의 관록을 유감없이 발휘하셨다. 그 자리에서 선생님은 소설가는 우선 '잡놈'이 되는데 게으르지 말아야 한다고 강조하셨고, 그 수분은 신출내기 작가인 나를 향한 별난 훈계로 여겨졌다. 잡놈이란 물론 다방면에서의 박식을 시사하는 용어일 테지만, 나는 재바르고 근면했던 음주 실력 말고는 참으로 무지하게 모자라고 게으르기만 한 작자였다.

평소의 작정에서 정원의 나무나 꽃보단 항용 들녘의 잡초로 살고 싶었던 나는, 이미 고질화된 게으름으로 늘 '발등에 불'이 떨어져야 반응을 하는 성벽에 길들여져 있었다. 그 본보기를 들자면 대학원 수료 후 논문 제출 기한 마지막 해 한여름이 되어서야, 부랴부랴 혈투하듯 4백 자 원고지 145여 매의 논문을 써낸 사실이 그것이다.

결국 허겁지겁 선생님을 찾아뵙던 날 논문 내용을 일별하신 선생님은 의외의 칭찬과 함께 박사학위 도전을 적극 권고하셨다. 나는 그 순간 하마터면 허황한 자부심과 긍지로 어깨를 우쭐거릴 뻔했다. 이어 달려오는 통절한 각성은 바로 웬만한 단계의 뜀틀을 뛰고 난 뒤에 스스로의 대견함에 놀라는 어리석음 돌아보기와 자신이 한 숙제를 스스로 채점하지 말라는 경고에 대한 자각이었다.

암튼 김동리 연구, 〈사반의 십자가 그 천상과 지상의 대결을 통한 신인간주의 해명〉은 인본주의 주창의, 무신론에 입각한 제3 인간주의를 주제로 한 것으로 쉬운 착안이 아닐 정도로 독특한 것인바, 기왕의 테제를 확장해내는 것만으로도 학위 논문의 가치가 충분하다는 말씀이셨다. 그리고 그 추천과 권유는 최종 논문심사가 있던 날까지 반복되었지만, 이미 내 마음속은 세찬 도리질과 더불어 고마우신 호의에 대한 거절의 명분 찾기에 고심이었다. 차마 발설은 않았지만 난 그날 이런 각오와 다짐을 하던 것을 지금도 잊지 못하고 있다.

—선생님, 저에게 그 학위를 취득할 시간이 있다면 차라리 소설 한 편을 더 쓰겠습니다.

그러나 나는 그런 시간의 할양을 누리면서도 변변한 작품 하나를 써내지 못했다. 너무 많이 게으름을 누려서였다. 아니, 잡놈 짓은 애초부터 그럴 주제도 못 되는 쪽이었고, 그저 열심히 마시고 허둥거리며 놀고 싶어서였다. 그랬다. 실제로 그렇게 살았던 만큼 나는 솔직히 선생님의 당부를 외면한 것에 대한 후회는 없다. 그저 무명작가여서 죄송할 뿐.

아예 한량이 될 자질도 못 갖춘 주제의 게으름뱅이가 어디에도 붙잡히기 싫어하는 천성으로 30여 년간 교직 생활을 했다면, 아마도 주변의 관용이나 은덕을 크게 입었거나 스스로의 결점을 몰라도 한참 모르는 우매한 작자일 것이다. 어쨌거나 나는 수많은 허물과 얼룩을 묻히며 거의 모든 방학 기간은 길 위에서 헤매는 나그네로 살았다.

고향이 없는 바람인 양 오래도록 지구촌의 오지를 탐하고 서성거리면서도 나는 그 보고 들은 바를 별반 글로 담아내지도 못했다. 굽이마다 새롭게 다가서는, 같은 듯 다른 온갖 풍경과 낯선 듯 익숙한 바람 소리로 묻혀내는 공감각의 다채로운 냄새들, 그 슬픈 듯 유쾌하고 절박한 듯 여유로운 일상의 풍속을 문자로 그려내기엔 그 실체에 합당한 어휘를 찾아낼 수가 없었고 우선 내 필력이 닿지 못해서였다.

세상의 풍광은 대개 그러했다. 황량하고 막막하여 아무것도 볼 것이 없다고 여겨지던 오지는, 여행이 끝나고 돌아보면 언제나 수많은 것들을 목격한 듯 착시로 풍요로웠고, 갖은 재주와 기술로 이른바 문명과 문화가 화려하게 동합된 도회들은 별로 머리에 남지도 않았다. 그래서 나는 다양한 여정을 통해 찍어대던 사진도 시들해졌는데, 그 역시 지독한 내 게으름 때문이었으리라.

내용도 없는 회고담을 횡설수설로 마무리하면서 문득 내 아버지를 떠올린 것은, 공교롭게도 당신께서 선생님과 동갑이셨기 때문이다. 태어나고 이승을 뜨실 때까지 하루도 농사꾼이 아닌 날이 없으셨던 아버지. 그리하여 당신은 퇴임식도 없이 이 세상을 마감하셨다.

기연이란 원래 묘한 것이다. 선생님과의 인연을 생각하던 중 새삼 술을 좋아하시던 아버지를 떠올리고, 동년배라는 점에서 탄생 백 주년의 의미를 더듬는 순간, 비로소 한 '게으른 아들'과 그 죄업에 소환된 자신을 만났다. 거듭거듭 선생님께 머리를 깊이 숙여 감사와 속죄의 말씀을 전하고 싶다.

선생님, 정말 면목이 없습니다만 저에게 불초를 깊이 깨닫게 해 주신 것에 대해 진정으로 감사를 드립니다. 오직 용서만 있다는 그 천국에서 직업의 귀천마저 없어 여태도 익숙한 순종의 농부로만 복무하고 계실지도 모를 저희 아버님. 혹시라도 그분을 상면하신다면 비록 게으른 아들이긴 해도 형제자매들과 섣달의 생신을 잘 살펴, 더불어 탄생 백 주년을 맞으시는 당신을 위해 꼭 추모의 자리를 마련하겠다고 전해 주십시오.

무궁한 명성으로 오래 선생님을 기억하고 추념하는 제자들이 많아, 아직도 이 땅에서 영롱한 별빛으로 장수를 누리고 계시는 정한숙 선생님, 부디 편히 쉬시옵소서.

큰 나무 아래서 놀던 때

윤석달

일도 탈도 많은 생애라면 돌이켜 생각할 것도 많겠는데, 생각해보니 나는 〈회고담〉이라는 글로 정리할 게 별로 없다. 제자로, 선생님 세상 떠나실 때까지 서른 해 가까이 그 그늘 아래 여러 준걸 선후배들과 함께 지냈으니, '돌이켜 생각'할만한 근사한 일이 있을 법도 한데, 특별한 게 생각나지 않는다. 그래서 향훈과 옛자취를 찾아보려고 〈꿈으로 오는 고향 내음〉과 〈나무와 그늘 사이에서〉를 꺼내 다시 읽었다. 두 책 모두, 선생님께서 정년하신 이듬해에 펴낸 책, 한 권은 수필집이고 다른 한 권은 시집인데, 책의 내지에 모두 선생님께서 직접 내 이름자를 써서 저자 사인을 해주신 책이다. 이 책 말고도 선생님의 또 다른 책도 받았을 텐데, 위 두 책에 뭔가 있을까 싶어 펼친 것. 그런데 '그늘'은 내가 생각한, 그 그늘이 아니었다. 내가 언제부터 선생님의 문하에서 공부하고 어떻게 사람들을 만나고 그 그늘 속에서 지냈던 것일까. 토막토막 생각나는 것들이 전혀 없는 건 아니지만, 대개는 지극히 사적인 사건이거나 얘기하면 맛도 없고 윤기도 없는 일들일 것이 분명하다. 어쨌거나 선생님은 큰 나무, 내가 그 그늘 아래의 일원이 된 것도 수상한 일이다. 내가 생각해도 대학시절의 나는 그냥 평범하기 짝이 없는 학생이었고, 재주도 재능도 별로 발현되지 않았으니, 선생님께서 보시기에도 아주 범범한 학생이었을 것이다. 그 때 선생님은 매사에 단호했고, 호오가 너무나 분명했고, 기억력 또한 무지 좋으셔서 학생들의 일거수일투족을 거의 모두 알고 있는 듯싶었다. 마치 국문과의 호적담당 같은. 그리고 한번 선생님의 눈 밖에 나면 회복하기 어려운, 편애가 막강한 분이라고 생각하고 있었다. 다행히 나는 선생님의 눈밖에 나지 않았던 걸까, 여러 과목 수강했는데도 졸업할 수 있었으니 생각해보면 이 또한 감사한 일이 아닐 수 없다.

대학졸업 후 나는 곧바로 군대에 갔다. 부대가 서울에 있었으니 3년 동안 몇 번은 학교에 왔었을 테고, 그때에도 선생님을 찾아뵈었는지는 모르겠다. 제대 후엔 고향으로 내려가서 세해쯤 고등학교 국어교사로 있었다. 그때에 어쩌면 한번쯤 선생님께 문안편지를 드렸을까. 그 무렵, 방학 때면 내가 사는 시골로 나를 찾아와 준 동기생이 있었고, 그때 이 친구는 대학원에 들어가서 공부하고 있었는데, 하는 말에 '정 선생님이 너 소식을 묻더라'며, '이 시골에서 계속 이렇게 썩고 있을거냐'고도 했다. 나는 그때 시골학교의 선생 노릇에 재미를 붙였고, 사실 대학원 공부는, 특별한 목표도 없었으므로 내게 너무 막연한 것이었다. 선생님이 실제로 내 소식을 물었는지 어땠는지는 알 수 없는 일이고, 이 친구가 지어낸 말일 수도 있어서 얼마동안은 못들은 체하면서 세월을 보냈다. 그러다가 뜻하지 않게 학교가 재미없어져서 무작정 상경했고, 노상에서 뜻하지 않게 선배를 만나 비정규직 일자리를 얻었다. 이왕 이렇게 되었으니, 대학원 공부를 해볼까 생각하고 선생님을 찾아뵈었다. 대학원에 진학하겠다고 내딴엔 어렵게 말을 꺼냈는데, 선생님께선 아무 것도 묻지 않고, '그렇게 하라'고 하셨고, 당신께서 펴내신 2권의 책을 얘기하면서 우선 읽고, 다음 학기 시험을 치라고 하셨다. 국어학이나 고전문학 등 다른 전공분야도 있었을 텐데, 그냥 현대문학을 전공하는 것으로 결정해버린 것이다. 그날 그렇게 나는 별다른 고민없이 선생님의 나무 그늘 아래로 들어가게 되었다.

그런데 생각해보니 모두 다 정해진 인연의 끈들이 나를 이끌고 간 듯싶었다. 선생님을 처음 뵌 때는 대학입학 때였다. 일차시험 합격생들을 대상으로 여러 교수님들의 면접이 있었는데, 그때 모 교수님께서 내 시험점수에 대해서 난감한 질문을 하셨다. "국문과 지망생이 국어점수가 이게 뭔가?" 나는 전말을 모르고 있었으므로 난처해서 우물쭈물 하고 있었는데, 다른 교수님이 나를 구원해주셨다. "고향이 당진쪽이면 '감리교'인가?" 나는 얼른 "네!"라고 밝게 대답했는데, 내 신상란에 어쩌면 종교를 기독교라고 적었던 모양. 선생께서는 그쪽 지방이 내포지역이지, 미국감리교 선교사들의 포교활동이 일찍부터 있었던 곳인데, 그러면 자네는 집안이 모두 기독교인들인가? 나는 얼른 또 그렇다고 대답했다. 앞서 다른 교수님의 난감한 질문을 피해나갈 수 있어서 참으로 다행이었다. 그리고 더 이상의 다른 질문은 없었다. 왜 이런 얼토당토한 질문이 내게 주어진 것인지는 알 수 없었고, 이런 질문이 합격의 당락을 결정짓지는 않을 것이라는 생각이 어렴풋이 들기는 했지만, 아무도 알려주지 않았다. 그리고 그날 나를 구원해주신 그 교수님이 정한숙 교수님이며, 현대문학을 담당하고, 소설가라는 사실도 입학하고 나서야 알게 되었다. 그리고 이후, 아주 자연스럽게 내가 관심을 갖게 된 것은 현대문학이었고, 어쭙지않게 시를 쓰겠다고 덤볐고, 기라성 같은 선배시인이 있는 줄도 모른 채, 낯 뜨겁게 몇 편의 시를 고대신문과 고대문화, 회지에 발표하기도 했었다. 그런 어느날 선생님께서는 시 쓰는 건 게으른 사람들이나 하는 일이라는 말씀을 하셨다. 내게만 그렇게 말씀하신 것인지, 함께 있던 여럿에게 그냥 해보는 '말씀'으로 하신 것인지는 잘 모르겠다. 내가 시적 재능이나 창작의 재주없음을 아시고 일찍 길을 알려주신 일로, '연구'라고 했으니 학부시절이 아니고, 어쩌면 대학원 때의 일일지도 모르겠다. 어쨌거나 이후 나는 시쓰는 일은 접고, 소설 열심히 읽고, 작가탐색으로 관심의 지평을 넓히려고 애썼다.

대학원 시절, 나는 선생님께서 특별히 내려주신 두 번의 과제를 제대로 해내지 못했다. 생각할수록 부끄럽고 죄송하다. 하나는 상허의 문장강화나 비석의 문장강화를 찾아 그와 같은 〈문장론〉을 만들어보라는 주문이었지만, 그건 게으른 내가 감당할만한 숙제가 아니었다. 결국 '못 하겠다'는 말씀도 못 드린채 세월만 흘려보냈다. 그 과제 이전에도 숙제 하나가 있었다. 그건 대학원에 들어가서 한 학기쯤 지났을 때였는데, 아마도 선생님께서는 내게 공부할 테마를 주려고 그러셨는지, 해방과 6·25 사이의 문학사를 정리해보라는 과제를 주셨다. 그때는 해방문단 시기의 작품을 읽은 것도 별로 없었고, 그 시기의 중요성을 알아차리지 못하고 있었으므로, 문학사를 정리하면 문학연구에 많은 도움이 될 것이라는 의도조차 알아차리지 못하고 기대에도 부응하지 못했다. 선생님께서는 내가 일을 제대로 해내지 못할 것을 이미 알고 계셨을지도 모르겠다. 이후에는 더 이상 그 과제에 대한 말씀을 하지 않으셨다.

그리고 나는 천성대로 게을러터져서 석사는 4년, 박사는 8년이 되어서야 학위논문을 냈으니, 그야말로 학문에도 재능없음을 입증한 일이었다. 그렇게 늦은 것에 무슨 특별한 사연이 있었거나 연구에 몰두해서 많은 시간을 잡아먹은 것은 결코 아니었다. 박사과정에 있을 때는 재수좋게 이미 대학의 전임으로 있었는데, 그냥 학생들과 노는 일에 익숙하고 재미있어서, 학위논문 따위를 잊고 지냈을 뿐이었다. 그때에도 선생님께서는 나를 불러 논문을 재촉하시거나 혼내거나 야단친 적이 없으셨다. 그냥 버린 자식이었을까? 언젠가는 술자리에서, 한 선배가 내게 빨리 논문을 내라고 하는 말을 듣고 선생님께서는 "재는 전임이니, 재촉하지 않아도 된다"고 말씀하셔서 심히 부끄럽고 창피하고 죄송했다. 그런 어느 날, 선생님께서는 "이제 논문 내라"고 말씀하셨다. 그게 전부 다였다. 그래서 석사, 박사 논문 모두 다 선생께 미리 의논하거나 이러이러한 것을 어떻게 써보겠다는 말씀을 드리지 않고 논문을 냈고, 다행히 크게 말썽없이 통과되었으니, 그 또한 염치없고, 죄송한 일이었다. 아마도 선생님께서도 아셨을 듯, 논문쓰는 일이나 그밖의 일들을 모두 선후배들과 잘 의논하고, 그들의 지도를 받고 있었다는 것까지도. 선생님께서는 그냥 기다려주셨던 것. 다그치지 않아도 언젠가는 해낼 것이라는 믿음으로 기다려주셨다는 것을, 그때도 나는 어렴풋이 알고는 있었다. 생각하면 지금도 감사한 일, 선생님과 함께 했던 여러 모임들, 진짜 여러 교수님들보다 더 가깝게 지냈던 선생님 문도들과 함께 했던 술자리, 몇 차례 함께 낚시갔던 일도 즐거운 일이었고, 나는 생말 술을 못했지만 그 자리를 언제나 피하지 않았다. 나는 술도 못하면서, 술 잘하는 이들의 이 문하에서 살아나온 몇 안 되는 희한한 문도이기도 하다. 그렇지만 나는, 선생님께서 세상을 떠나신 뒤에야 학술지에 선생님의 소설《끊어진 다리》에 관해서 논문을 발표했고, 어떤 문학전집에 간략한 작품 해설을 쓰기도 했고, 또 우리나라 현대문학사대계를 정리하는 곳에 소설가에 대한 간략한 작가 정리를 해내기도 했는데, 이 일은 제자로서의 마땅한 일. 얘기할 게 별로 없으니 그저 선생님을 회고하는 자리라고 내놓고 되돌아보는 것이다.

금당벽화 정한숙 선생님을 그리며

이경혜

정한숙 선생님을 생각하면 〈금당벽화〉가 가장 먼저 떠오른다. 선생님의 생전 모습과 주인공 담징의 모습이 오버랩된다. 고등학교 교과서에 실린 〈금당벽화〉를 읽고 감동했던 순간을 지금도 소중히 간직하고 있다.

속세를 버린 승려의 불심도 조국의 안위가 보장되어야 그림이 가능했던 고구려 사람 담징. 결연한 의지로 갈등과 번뇌를 떨쳐버리고 마침내 금당벽화를 완성하고야 마는 진정한 예술가, 작가는 단호한 문체를 구사하여 비장미 넘치고 영웅의 풍모를 지닌 캐릭터, 승려이자 애국자로서의 화가를 창출, 위대한 예술가를 탄생시켰다.

〈금당벽화〉는 거의 60년이 흐른 지금에도 선생님의 댄디하고 단아한 모습과 함께 운명처럼 각인된 한 편의 서사문학 내서사시나.

〈햄릿〉, 〈오델로〉, 〈좁은 문〉, 〈젊은 베르테르의 슬픔〉 등을 읽으면서 내심 우쭐해 하던 때, 순수하게 한국적인 소설, 굵직하고 남성적이고 종교를 초월하는 예술혼을 그려낸 〈금당벽화〉는 당시 교과서에 실렸던 명문들—정비석 〈산정무한〉 피천득 〈수필〉 등—과 함께 내 마음 기억 창고에 별빛으로 남아 있다.

다시금 〈금당벽화〉를 펼쳐드니 당시의 감동이 되살아난다,

다작의 대가이신 정한숙 선생님, 그러나 〈금당벽화〉 한편에 선생님의 인생관 예술관 세계관을 다 담아내셨다고 강변하고 싶다. 조지훈의 시 〈승무〉, 서정주 〈국화 옆에서〉가 담고 있는 기승전결의 온전한 구성, 주제를 향한 완벽한 결정체를 찬양하곤 했는데, 소설 〈금당벽화〉 또한 그러하다. 역시 명작은 오랜 시간이 지나도 감동이 살아있는 생명체, 완벽한 구조를 갖춘 걸작임에 틀림없다.

> 목탁소리가 비늘진 금빛 속에 여운을 끌며 울창한 수림을 헤치고 구릉의 기복을 따라 아래로 흐르고 있었다.

> 벽면엔 관음상의 미소가 빛나는데, 타오르는 향 연기 속에 목탁과 법고가 울리며 뭇 승들의 합장 배례가 그칠 줄 몰랐다.

목탁소리로 시작해서 목탁소리로 끝맺음하는, 담징이 금당벽화의 완성을 묘사하는 수미완박의 구도.

먼 이국땅에서 일어난 사건이었음에 더욱 흥미롭기도 했다.

주인공 담징의 붓끝에서 사바의 번뇌를 떨치고 자비로운 관음상의 미소가 피어오를 때 북받치는 감격으로 목청껏 외치지 않고는 못배기듯 클라이막스 절정에서는 저절로 시가 터져나왔다. 악성 베토벤이 자신의 음악세계와 영혼을 담은 마지막 작품 교향곡 9번 4악장에 이르면 벅차오르는 감동을 더 이상 누를 길 없어 육성을 터트려 인간

승리를 구가하였고, 신의 축복을 찬양하는 합창 코러스가 탄생했듯이, 작가는 천신만고 끝에 번뇌를 떨치고 금당벽화를 그려내는 환희의 순간에 시를 토해내지 않을 수 없었으리라.

〈금당벽화〉는 1955년 선생님 33세 때《사상계》에 발표하신 작품이다.

선생님의 필력과 인생관과 예술관이 응집된 총체적인 가치관이 이 한편 만으로도 설명이 되는데, 생전에 160여 편이나 되는 소설작품을 남기셨다니, 그리고 말년에는 3권의 시집과 수필집 2권 출간하시고. 그리고 유화 수백 편을 그리셨다고요!!!

그뿐인가! 학술저서《소설기술론》《소설문장론》《현대한국작가론》등 후학들을 위한 연구서들을 펴내신 학자로서의 의무에 충직하신 치열한 삶. 무한 열정의 소유자 철인이셨던 선생님의 생애를 돌아보며 감탄과 탄식과 함께 존경의 마음을 바치지 않을 수 없게 된다.

선생님께선 실향민이셨다. 삼팔선 이북 땅 평안북도 정주군 영변(寧邊)이 고향이시다. 소월 시 〈진달래꽃〉으로 너무도 유명한 고장.

선생님과 어떤 유기적인 끄나풀이라도 찾는다면 이북 땅 동향이라는 것, 내가 감히 선생님의 회고록을 쓰고자 마음먹었던 동인(動因)은 내 고향이 바로 정주 곽산(郭山)임이라. 영변과 곽산은 이웃 마을이다. 일가친척들에게 고향 애기를 자주 들으며 자란 탓에 친밀감이 있었고, 더구나 학창시절 선생님의 '현대문학사' '소설창작' 강의를 두 학기나 수강했던 깊은 인연이 있음에 미안한 맘 부끄럼을 무릅쓰고 감히 회상의 필을 잡게 되었다.

매서운 겨울이 물러가고 봄기운이 돋으면 영변 약산에는 스멀스멀 진달래가 피어나 온산이 불붙는 듯했다는 얘기를 부모님으로부터 들으며 자랐다. 외할아버지는 소월 김정식과는 곽산소학교 동기동창. 머리가 뛰어난 수재였다 하시고. 둘이는 매우 친해서 하굣길엔 늘 함께 교문을 나와 걷다가 갈랫길에서 헤어져 각자 집으로 가던 이야기를 틈틈이 들려주셨다. 고향에서 태어나 고향 땅을 밟아보지 못했던 나에게는 일가친척들이 들려주던 고향 이야기가 귀에 익숙하고, 소월 시에 등장하는 진달래꽃, 삭주 구성, 영변의 약산 진달래꽃 등이 눈에 본 듯 생생하다.

선생님께선 1946년에 자유를 찾아 단신 월남, 이듬해 1947년 모교인 고려대 국문과에 입학하셨다. 그해 여름 나는 곽산 과수원 외가에서 태어나고 3개월 후 11월에는 강보에 싸인 채 엄마 품에 안겨 삼팔선을 넘어 월남하여 아버지와 합류할 수 있었다. 1945년 제1차 토지개혁은 지주라해도 교원 신분은 추방에서 면제되었지만 1947년 제 2차 토지개혁이 단행, 교원도 모두 추방 명령이 내려 고향을 떠날 수밖에 없었다. 곽산에서 교편을 잡으시던 아버지는 일찌감치 피난해 서울에 내려와 계셨다.

6·25사변으로 다시 피난길에 오른 우리 가족은 외가가 피난해 있던 마산을 거쳐 제2의 고향 진해만 푸른 바다 장복산 우뚝 솟은 진해에 정착하게 되었다.

먼 남쪽 시골뜨기가 사춘기에 부모형제 곁을 떠나 서울로 유학 와서 팍팍하고 빠듯한 자취생활을 했다. 때론 친척집에도 기거하고, 타향살이는 쓸쓸하고 외로운 시간이었다. 그때 위안을 삼은 건 바로 문학과 음악. 아낌없이 클래식과 팝송을 들려주는 트랜지스터 라디오

한 대를 부여안고, 그리고 도서관이나 도서대여 책방에서 빌려온 소설에 얼굴을 파묻고 향수를 달랠 수 있었다. 작가가 혼신을 바쳐 작품에 구현시킨 가상의 공간 그 매력에 잠겨서 어두운 시간을 흘려보낼 수 있었다. 쓰디쓰거나 달콤하거나 알 수 없는 인생길에 음악과 문학 작품들은 목마른 사슴이 물을 찾는 샘물. 단비가 되어주었던 지나간 시절이 그립다. 문학과 음악은 고단한 인생길을 함께하는 동반자이며 행복을 주는 무상의 선물일 것이다.

고대 캠퍼스는 정문과 호상은 옛 모습 그대로인데 거대한 건물들이 숲을 이루듯 타운을 형성하고 있다. 고딕한 석조 정문에 들어서면 넓은 운동장을 가로질러 푸른 잔디밭 아트막한 언덕에 섰는 설립사 김성수 동상을 바라보며 본관으로 들어선다. 왼편 언덕엔 웅혼한 빛이 감도는 도서관이, 오른쪽 언덕엔 시계탑이 우뚝, 서관이 있다. 여기가 학창시절 강의실을 찾아 바삐 발걸음을 옮기던 장소, 마음의 고향이다.

고백하건대 학창시절 나는 한 번도 선생님 앞에 가까이 다가서지 못했다. 수업시간이면 맨 뒷자리 먼 발치에 앉았다. 당시는 그저 소설이 좋다는 생각만 가졌을 뿐 문학에 대한 개념이 서 있지 않았고, 열심히 배우려는 의지도 갖지 못했다. 그보다 무교동 아지트 르네상스 음악감상실에 파묻혀 클래식 예찬가가 되어 향수병을 달래는데 더 열심을 내었으며, 어서 빨리 방학이 되어 부모님 곁으로 가고 싶은 마음만 엄청 강했다.

3학년 1학기였던가. 강의시간표를 작성하는데, 여러 교과목 중 벌

수 '소설 창작' 선택이 아니고 필수! 이 과목이 선택이었다면 백번 비껴갔을 터인데, 필수라니. 오갈 데 없어 국문학과를 선택한 나에게는 청천벽력이었다. 소설 창작? 아예 문학의 개념조차 없었던 나에게 현대소설 창작은 형벌 자체였다. 한 학기 내내 움츠러들고 나를 숨기려 했지만 날카롭기 매 같으신 선생님의 눈빛에 나는 결국 낚아채이는 비운을 당했다. "이경혜! 아직 수업 안 끝났네!!" 책상에 펼쳐놓은 노트 책들을 수습하던 내 손은 얼어버렸고 얼굴은 화끈거리고. 수 십 년이 지난 지금도 그 장면을 생각하면 부끄럽기 짝이 없다.

그렇지만 한편 잠언같은 선생님의 말씀도 내 가슴에 아로새겨져 있다. 역시 3학년 봄학기였던가. 국문학과 전 학년 연합 야유회가 농대 실습장이 있는 덕소에서 열렸었다. 정한숙 선생님을 위시해서 김민수 선생님 박성의 선생님 박병채 선생님 정규복 선생님께서 참석하시고 졸업한 선배들도 몇 분 참가하신 걸로 기억된다. 조지훈 선생님께선 강의 시간에도 뵙기 어려울 정도로 당시 병환이 깊으셨기에 참석하지 못하셨다. 젖소에서 갓 짠 우유도 맛보고 점심도 왁짜 함께 하니 즐거웠다.

장기자랑 시간이 되어 나는 박목월 시 김성태 작곡 "이별의 곡" 기러기 울어 예는 하늘 구만리~를 불렀다. 한 곡조 내뽑고 얼굴이 빨개져서 물러 나오니 "경혜 네 목소리는 세미클래식이야." 선생님께서 일성을 던지셨다. 당시는 선생님의 따뜻한 마음이나 섬세한 미적 감각을 읽지 못했지만 나는 그때부터 아하 내 목소리는 세미클래식이구나, 규정짓게 되었다.

졸업 후 십 년이 지나서야 동기생들이 조촐한 식당으로 선생님을 모셨을 때에도 나는 되도록 선생님과 먼 거리의 자리를 찾았을 정도로 선생님은 두려운 존재, 경원의 대상이셨다고 할까. 당시까지도 〈금당벽화〉와 〈고가〉 〈끊어진 다리〉 〈전황당인보기〉 외에 읽은 작품이 몇 없었다.

올해 정한숙 선생님 탄생 백주년 기념 학술대회는 무척 의미 있었다. 오랜 숙제가 풀린 듯 의문이 사라졌다. 선생님 생전 강의 수강 당시 단 한 번도 당신의 작품에 대해 언급하시거나 읽어보라는 말씀이 없으셨다. 그렇게 왕성하게 소설을 여러 신문에 연재하시고 수많은 작품들을 쏟아내면서도. 고향의 진달래꽃 얘기는 더러더러 하셨는데 당신의 작품은 내세우지 않으셨다. 창작이 두려운 우리들에게 한 작품씩 과제를 주어 독후감이라도 쓰게 하셨다면 그 시간이 그렇게 두렵지 않았을 터인데 그것이 못내 아쉽다. 선생님의 강의는 대부분 삶의 현장, 사람이 살아가는 소소한 이야기들, 그리고 시국 이야기들이었는데 문학의 개념이 정립되지 못한 나는 그것이 문학의 소재가 되고 의식의 방향에 대한 가이드임을 인지하지 못했다. 그리고 혼신을 다하시던 작가정신 그의 치열한 삶을 당시 알아채지 못한 것도 못내 아쉽다.

이번 학술대회에서는 한국 문단에서 선생님 작품이 왜 저평가? 또는 더 널리 회자되지 않았는지 그 지점에 대한 의문에 해답을 얻을 수 있었다.

50년대 당시 신문 문예공모전 작가의 대표자 격인 염상섭이 '조선일보 현상 단편 모집에 신진에게 바란다는 언급으로, 신문소설과 순수문학을 동일 수준에서 논할 바는 아니라……'라고 한 염상섭의 발언은 활동무대가 주로 신문연재 면이셨던 정한숙 선생님께 어떤 영향을 끼쳤으리라는 것을 짐작하기 어렵지 않다. 선생님 스스로 대중작가와 순수문학 사이에서 고민하며 한국문단의 두꺼운 벽을 아파하셨을 것이다. 그러나 선생님은 그런 내색을 드러낸 적이 없으셨고 묵묵히 오로지 한 길 문학정신 예술에 올인한 진정한 작가임을 이번 학술대회 논문발표에서 겨우 알게 되었다. 늦은 감이 있지만 우리 후학들로서는 큰 복이요 행운임에 틀림없다.

회고록 청탁을 받고는 이 글이 선생님 회고록이 아니라 나 자신 참회록을 쓰는 심정으로 선생님 영전에 숙연해지고 위축됨을 느낀다. 불초 회고록을 쓰는 순간, 분 외로 대학 졸업과 동시에 오랜 세월 한길 교단에서 학생들을 가르치는 일을 업으로 삼았던 나는 지금 선생님 함자 앞에, 문학 앞에 무한한 경의를 바친다. 그리고 훌륭한 족적을 남기신 선생님을 회고할 수 있는 살아있는 자의 특권을 누리고 있음에 감사한다. 몇 해 전까지는 선생님께 그저 미안하고 부끄럽기만 했는데 반백이 된 지금 세상사 하늘에 맡기고 하루를 고마워하며 살게 되니 지난날 미안함도 아름다운 추억으로 다가온다.

작금 정치 사회적 경제적으로 어수선하고 혼란스런 용어들이 조각배처럼 떠도는 이때, 영변의 약산 진달래꽃! 한 편의 시가 민족혼이 되었듯이 〈금당벽화〉에 심어놓으신 거룩한 작가정신 담징의 조국애 인생관 예술혼을 오늘 다시 되새김해보면 좋을 듯하다.

가슴 따듯하신 참스승

이계진

일오(一悟) 정한숙(鄭漢淑) 선생님 탄신 100주년! 고려대학교 학생이 되어 '마음의 고향' 안암의 언덕에서 스승과 제자의 연을 맺은 지 56년, 새삼 아득한 세월처럼 느껴진다. 정한숙 선생님이 불현 듯 뵙고 싶고 그립다. 지금 생각하니, 내게 있어 1966년 고려대학교에 입학 하며 받은 학번 66001은 마치 은사 정한숙 선생님을 만나기 위한 긴 대기번호와 같다.

'정한숙'이 누구지? 1960년대 초, 대학생이 되기 5~6년 전쯤에 까까머리 중학생인 내가 선생님의 연재소설을《지방행정(地方行政)》이라는, 내무부가 발행하는 공무원들 월간지 문예란에서 읽었을 때 그런 생각을 했다. '여자'라고 생각했던 거다. 그 연재소설의 제목은 아물아물한 기억 속에 '나루'였다. 선생님의 작품 연보에도 올라 있지만 그 소설이 당시 중학생인 내게는 재미없었던 기억이다. 월간 연재라서 띄엄띄엄 읽어야 했고, 또 말단 공무원인 아버지가 간혹 그 잡지를 집에 가지고 오지 않으시는 때도 있었기 때문이리라. 어쨌든 그 일은 여류 소설가로만 안 선생님과의 첫 조우였다. 그리고 5~6년 후에 고려대학교 국문과에 응시 원서를 내고 입학시험을 치르던 날, 수험장에서 덜덜 떨며 답안을 쓰던 긴장의 순간에, 숨을 헐떡이며 뒤늦게 수험장에 들어온 한 응시생(그가 누구인지는 아직도 모른다)에게 시험 감독관은 '규정상 퇴실!' 명령 대신 시험지를 추가로 가져다주며 "경쟁자가 또 한명 늘었다!"고 말했고, 긴장감만이 팽팽하던 수험장에는 일시에 폭소가 터졌다. 그 순간의 유머와 여유! 그때도 그 감독관이 누구인지 몰랐다. 나는 입학 후에야 그분이 1955년 한국일보 신춘문예 당선작 〈전황당인보기〉를 쓴 작가 정한숙 교수임을 알았다. 그리고 여류 소설가가 아님도 알았다. 또 그리고 시쳇말로 남자 중에도 멋진 '상남자'에 '뇌섹남'이라는 것도 알았다. 다부지고 아담한 체격에 우수어린 깊은 눈에는 쌍꺼풀까지 진 귀태이시지만 성격이 불같으신 분, 태생의 사투리를 다 버리지 않으시고 '피안도' 고향 사투리를 꽤 내비치시던 분! 머리가 좋으신 게 아니라 학생들에 대한 사랑이 깊어서 교수수첩 없이도 '1번 이계진!'부터 시작해서 학생 전원을 순서도 틀리지 않고 출석을 불러 젖히시던 분! 그건 가끔 타 과와의 합동 수강시간에도 마찬가지였다(그럴 때 우리는 긴장감으로 출석 호명에 대답했고, 호명이 끝나면 주눅이 들거나 나직한 탄성을 질렀다).

아름다운 석탑에서 열정으로 가르쳐 주시고 힘겹게 배우던 청춘의 시기! 그러나 나의 개인사(個人史)로는 두 배 세 배로 어려운 4년의 세월이었다. 교육대학을 가서 얼른 초등학교 교사가 되기를 바라던 아버지의 뜻을 어기고 서울로 진학한 내게 학업과 '서울 살이'는 고난의 연속이었다. 첫 입학금만을 겨우 변통해 주신 아버지의 단발성 지원 후에 나의 대학생활 4년은, 자취를 하거나 남의 집 밥을 얻어먹으며 학교에 다닌 것은 기본이고 학비와 생활비 때문에 여름과 겨울방학까지 반납하고 과외 지도 아르바이트를 코피 나게 해야 했다. 졸업할 때까지 남은 7학기는 삼성(三星)의 지원으로 해결했으나 숙식과 교통비는 늘 고통이었다. 나의 형편을 간파한 동기 최동호 박사의 주선으로 입주 가정교사를 하기도 했으니까. 거기에다, 결국 억울하게 임관도 못했지만 3, 4학년은 ROTC 훈련까지……! 나의 대학 생활은 그랬다.

졸업을 앞둔 어느 날 선생님께서 조용히 부르셨다. '너 어칼래? 대학원 안 가갔니?' '교수님, 저 진학 못합니다. 4년도 겨우 겨우 다녔습니다……' '그래……? 너레 공부 더 해보면 좋갔는데…… 그럼 고등학교 교사 사리 하나 수천해 줄까?' '군대 문제 먼저 해결하고 언론계로 갈까 합니다.' '그렇구나. 고등학교 교편 잡고 공부 더 해도 되지만, 알았다. 나중에 필요하면 언제든지 오라, 알갔니?' 그 말씀을 끝으로 더는 대학원 진학을 권유하지 않으셨다. 아마도, 검정 물들인 '군복'과 '고무신'을 신고 다니던 내 모습을 생각하셨기 때문일 것이다. 그래도 내가 꿈도 못 꾸던 공부를 더 하라는 뜻밖의 권유와 함께 해주신, 교편 추천의 말씀은, 그 때 천지간에 기댈 곳 없던 내게는 참 따뜻한 배려였으며 선생님의 사랑이었다.

그 후 5년쯤의 세월이 흘렀다. 나는 병역을 마친 후 KBS 아나운서가 되어 1975년 초, 모교로 선생님을 찾아뵈었다. 어둑하고 냉기가 도는 선생님의 연구실 문 앞에 다다르니, 익숙하던 그 건물은 마치 5년이 아니라 10년도 더 된 듯 어실프고 낯선 느낌이었다. 그동안 안부 편지 한 번 못 올린 터였다. 혹 이름조차 잊으셨을 지도 모르는데, 졸업생이 쓸데없이 편지를 드리는 것 같아서였다. '선생님 이계진입니다. 안녕하셨습니까!' '아, 계진이…! 잘 지냈네? 반갑구나! 어드래 홀연히 나타났네?' 군에 다녀왔고, KBS 신입 아나운서가 됐고, 곧 결혼을 하게 됐다는 말씀을 드렸다. 파안하며 좋아하셨다. '잘 됐구나! 그럼 규항이(국문과 출신이며 당시 인기절정의 이규항 아나운서를 그렇게 다정하게 불렀다)하고 같이 근무하네? 거 잘 됐다.' 사실 그날 나는 방송국 취업 소식을 전해 드리러 간 게 아니라, 염치도 없이 선생님께 주례를 부탁드리러 겸두겸두(비표준어지만, 난 이 서울말이 더 좋다) 인사차 간 거였다. 무례한 주례 청에 선생님께서는 흔쾌히 승낙 해주셨다.

그해 실버들 가지에 겨우 눈이 트려할 무렵의 봄날, 나는 '고려대' 출신이니 '고려예식장'을 고집해서 정한숙 선생님의 주례사를 들으며 새로운 삶을 꿈꾸었다. 나는 아직도 그날, 선생님의 특별했던 주례사를 기억한다. '내 말을 잘 듣고 그렇게 살라! 20~30대에 뜨겁게 사랑하라! 40대에 무릎이 깨지도록 열심히 일하라. 그리고 50대에 노년을 잘 준비하고, 60대부터 노년에는 학같이 살라!' 지금 평균수명이 늘어났지만 수명 변화에 대입하면 이 말씀은 여전히 유효한 말씀이다. 그리고 스승의 말씀이자 삶의 의미를 꿰뚫는 문호(文豪)의 말씀이었다. 지금 내가 노년이 되어 가끔 결혼식에 주례로 초대받는데, 그럴 때마다 선생님의 주례사를 인용하며, 나는 내 스승의 말씀대로 그렇게 살았노라고 말한다. 하지만 그때 아직도 가난을 벗지 못한 병아리 아나운서의 봉급이 월 3만 원이라(당시 교사보다도 많이 적었음) 겨우 '금강구두' 한 켤레를 선물해드린 것이 아직도 죄스럽고 송구스럽다.

다시 세월은 흘렀다. 그 동안 선생님께서는 정년을 하셨을 테고, 나는 좌우도 살필 여유 없이, 정말 무릎이 깨질 정도로 뛰며 마이크와 카메라 앞에서 열심히 방송하며, 부모님 모시고 아이들 키우며 살

왔다.

결코 하루아침은 아니지만 국민의 사랑을 듬뿍 받으며 그렇게 바삐 살던 어느 날, 내게 참 가슴 아픈 소식이 들렸다. 선생님의 건강이 많이 나빠지셨다는 거였다. 얼마전만해도 '낭만'이라는 술집을 다니신다는 풍문을 들었던 것 같은데 무슨 일이실까. 제자의 도리를 이렇게도 못하다니…… 나는 우리 동기 김낙용 형을 통해서 그동안 자주 못 만나던 학우들에게 두루 연락을 해서 선생님을 모시는 자리를 마련할 것을 제안했다. 며칠 후, 안암동 로터리 부근의 음식점에 거의 다 모인 국문과 66학번 제자들은, 모두 기립한 채 선생님을 기다렸다. 음식점에 들어서시는 선생님의 모습은 예전 강단에서 뵙던 모습이 아니었다. 아, 세월! 그러나 세월보다 너무 빨리, 젊은 느티나무처럼 당당하던 선생님은 풍문처럼 당뇨를 앓고 계신 듯 했고 어느새 고갯짓도 느려지신, 할아버지의 모습이었다. 그러나 그날 우리들은 음식상을 앞에 두고 애써, 졸업식 무렵의 사은회 분위기처럼 선생님을 모셨다. 세월은 우리들에게도 똑같이 흘렀으니, 머리카락이 희끗희끗 어느새 장년이 된 제자들은 구령에 맞춰 큰절을 먼저 올렸다. 선생님은 감격하신 듯 했다. 우리는 우울한 대화를 피하며 마치 입학 후의 첫 강의실인 것처럼 '선생님. 아직도 교수수첩 없이 저희들 출석 호명하실 수 있으세요?' 졸업과 함께 멀어지고, 세월이 흐른 뒤에도 그 진한 사랑과 천재성은 변함이 없을까? (대개는 어느 날 거리에서 만났을 때, '선생님, 안녕하세요!' 하면 '가만있자, 네례 뉘기지?'가 정상이다.) 그러나 선생님은 그렇지 않으셨다. '잘 될까 모르갔다!' 잠시 머뭇거리시더니. '1번 이계진, 2번 권태원, (중간생략) 17번 김철교!…' 선생님은 막힘없이 완벽하게 내리 호명을 하셨고, 우리는 합창하듯 탄성을 내며 '네! 네!'

하고 힘차게 대답했다. 그것은 천재성을 넘어선, 지극한 제자 사랑의 마음이셨다. 그날 선생님은 노환을 잊은 듯 과음하고 만취하셨고 부축을 받으며 귀가 하셨다. 이제는 뵐 수조차 없는 선생님이 그립고 그립다.

탄신 100주년에 회상의 과분한 글을 쓰면서 나는 내내 행복한 마음이다. 또한 새삼 그 시절이 떠오르며, 큰 가르침과 참사랑을 느끼며, 일오 정한숙 선생님의 제자였음이 자랑스럽기만 하다. 다만 스승의 발자취를 따라 걸으며 이 나이가 되도록 한 발짝도 뛰어넘지 못한 부끄러움에 그저 고개를 숙일 뿐이다.

아! 로맨티스트 일오(一悟) 선생님 그립습니다!

이규항

어느 해 문장론 강의시간에 당신의 창작생활에서 모든 글의 첫머리가 어렵다고 하셨다. 그 말씀을 절감하고 있다. 일오(一悟) 선생님 하면 떠오르는 단편적인 생각의 모음의 글이다.

지금도 이때의 일을 생각하면 얼굴이 붉어지는 두 가지의 사건(?)이 있다.

"야! 규항아! 원고료가 곧 나올테니, 조금 더 기다리라마(기다려라)."

선생님의 평안도 방언은 향토적인 인간미가 있었다.

어느 날 선생님께 나의 주위에 꼭 도와주고 싶은 사람이 있는데 돈의 여유가 없다고 말씀드린 적이 있었다. 선생님은 즉시 당신께서 도와주신다고 하였다. 나는 그 후원금(?)의 수령 날짜를 기다리지 못해 벌어진 사건이었다.

또 한 가지는 세련되지 못한 선물 사건(?)이다. 삼선교 선생님댁 뒷담은 성벽(城壁)이었는데 뒤란에서는 닭을 키우셨다. 나도 세 마리의 닭을 키우고 있었는데, 제일 큰 수탉 한 마리를 선생님댁의 닭장에 넣

어드린 적이 있었다. 선물이 되려면 알을 낳는 암탉이라야 하는데 세련되지 못한 일을 한 것이다. 다만 닭을 옮기는 과정에서 택시 기사들이 산 짐승을 태우면 재수없다는 이유로 여러 번의 탑승 거부를 거쳐 운반에 성공한 일로 자위할 수는 있었다.

내가 이런 엉뚱한 일을 할 수 있었던 것은 선생님께서 각별히 당신의 곁을 주셨기 때문이다. 수제자(首弟子)는 될 수 없었으나 애제자(愛弟子)였던 셈이다.

선생님의 강의시간은 언제나 기다려졌다. 교양국어시간의 첫 말씀!

"너희들, 신이 계시다고 생각하느냐?"

뜻밖의 질문에 학생들은 침묵을 지킬 수밖에 없었다. 자문자답하시기를 "하느님이 계시면 좋겠지." 이 말씀은 하느님이 계시기 때문에 천국의 힘으로 살 수도 있다는 뜻과 신이 안 계시기에 계시면 인간은 지금보다 더 행복할 수 있다고도 해석되었다. 이러한 분위기로 긴장이 풀린 상황에서 어느 학생의 당돌한 질문!

"선생님! 지금도 연애하실 수 있으십니까?"

일오(一悟) 선생님은 조금도 당황하지 않으시고 "그 연인이 나의 가정의 무게보다 비중이 크면 할 수도 있겠지!" 장난삼아 질문을 드린 학생이 오히려 머쓱해졌다.

3학년 1학기 시험을 앞두고 긴장하고 있을 때 시험에 나올 두 가지 예상문제를 칠판에 판서하실 때 학생들은 박수를 치며 환호하였다. 그러나 막상 그 두 문제를 준비하려면 학기 내에 공부했던 내용을 자연스럽게 복습할 수밖에 없었다.

4학년 졸업반 시절에는 아예 시험이 없었다. 선생님께서 기억하고 계신 각자 학생들의 4년 동안 실력에 합당한 점수를 주시었다. 그런데 선생님 과목의 점수가 모자라 장학생이 되지 못한 한 학생이 항의를 하였다. 이때 선생님의 명답! "만일 자네가 이번의 점수 이상을 받는다면 본래 실력의 점수가 아닌 이번 시험기간에만 노력한 가짜 점수일쎄!"

당시 교수님들의 복장은 대체로 검은색 또는 회색 계통의 단색 양복이었다. 그러나 선생님은 영국신사용 상의라 불리는 홈스펀(Home Spun, 실제 발음은 홈쓰방이라고 했음)을 즐겨 입으셨다. 단정한 풍채에 걸음걸이는 경쾌하셨다. 눈메는 그신 편으로 로맨틱한 미소는 매력적으로 국문과 일곱명 여학생들 모두에게 인기가 있으셨다.

주말에는 지기(知己)이셨던 박고석(朴古石) 화백과 서울 근교의 등산을 하셨는데, 김순옥(훗날 여학생 회장)과 최정수가 따라다녔다.

내가 박고석 화백을 직접 뵈온 것은 초년 아나운서 시절이었다. KBS 아나운서들의 단골집인 명동의 빈대떡 전문주점인 송도에 퇴근길에 들르면 일오(一悟) 선생님과 박고석(朴古石) 화백이 석양배(夕陽杯)를 나누시는 모습을 자주보게 되었다. 명문 출판사 열화당이 출간했던 희귀본(稀貴本)인 《그림, 글 박고석》을 어렵게 구해 놓았다.혹시 일오(一悟) 선생님의 이야기가 나올까 해서이다.

결혼식 주례는 젊어보이셔서 못하시는 것이라고 학생들은 생각하였다. 훗날 이계진(66학번) 아나운서의 주례를 보았을 때 내가 기억하고 있는 내용이다. 나는 아나운서라는 직업 때문에 대체로 300여 번의 사회를 본 셈인데, 선생님의 주례사는 가장 인상적이었다.

"20대에는 돼지처럼 먹고, 30대에는 소처럼 일하며, 40대에는 자기가 하던 일에 꽃을 피우고, 50대에는 후배에게 그 일을 물려주며, 말년은 학(鶴)처럼 산다. 평소 학교에서 강의 시간에 학생들에게 자주 들려주었던 말로, 오늘 주례사를 대신합니다."

철학적인 내용과 짧은 말씀 때문에 오래 기억에 남으며 공개방송 때 자주 인용하기도 했다.

1958년 가을 국문과 2학년 때 KBS 아나운서 시험이 공지되었다. 응시자의 자격은 4학년 이상이었다. 시험과목은 필기는 국어, 영어, 상식. 실기는 뉴스와 수필 낭독이었다. KBS 서무과에서 많은 지원자의 적격 여부를 가릴 수는 없을 것 같았다. 그러나 거짓말이 싫어서 당시 장기범 아나운서 계장을 찾아가서 끈질긴 호소 끝에 당돌한 나의 행동에 어처구니가 없다는 듯이 웃으며 허락을 받아낼 수 있었다. 장기범 아나운서를 영화계에 비유하면 흑백 영화시절 스타 아나운서였다. 훗날 이계진 교우(66학번, 국회의원 재선)가 상금을 마련하여 인천(仁泉) 장기범상이 제정될 정도로 사후(死後)에도 모든 아나운서들의 존경의 대상이었다. 인천(仁泉)은 학교에서 배우지 않은 국어의 표준발음과 술마시는 법도 등 생활 교양을 가르치셨다. 일오(一悟) 선생님의 이때의 연세가 36세. 이와같은 남다른 제자 사랑은 휴머니스트의 천품(天稟)을 타고 나셨기 때문이었으리라. 합격자 6명 가운데 뜻밖에 나는 실기 1등, 필기 2등이란 우수한 성적으로 합격하였다.

이때 나의 가족만큼 기뻐해 주신 분이 일오(一悟) 선생님이셨다. 응시 규정 위반으로 방송국 측에서 난처한 입장을 보이고 있을 때, 선생님은 나를 방송국으로 데리고 가셨다. 당시 KBS는 남산 중턱에 있었다. 명동 입구 건너편 미도파 정류장에서 하차한 후 언덕을 포함하여 짧지 않은 거리를 선생님은 걸으셨다. 당시 아나운서 계장은 고려대 정치과 출신이며 최초의 공개방송 〈스무고개〉의 명사회자 장기범 아나운서였다.

두 분은 당시 사회의 저명한 인사였으므로 만나자마자 반갑게 인사를 나누었다. 선생님께서 단도직입적으로 방문 목적을 말씀하셨다. "아마 KBS 측에서도 처음있는 일이라 행정적으로 고심하실 듯한데, 어떻게 처리될까 궁금하여 이 군을 데리고 왔습니다." 장기범 계장은 뜻밖에 긍정적인 명쾌한 대답을 주었다.

"정 교수님의 제자 사랑에 제가 보답해 드릴 수 있는 일은 졸업 후 특채 아니겠습니까?"

두 분은 동시에 웃음꽃을 피웠다. 선생님은 여기에 만족하지 않으셨는지 쐐기를 박는 말씀을 하셨다.

"그러고 보면 제가 증인이 된 셈입니다."

그후 장기범 아나운서는 미국 워싱턴에 있는 미국의 소리(VOA, Voice of America)에 파견 근무로 서울을 떠나게 되었다. 그날의 약속이 수포로 돌아갈 수 있다고 생각 될 무렵, 현역 아나운서 대상 실기(음성) 테스트가 있게 되었다. 프로야구에서 1군과 2군이 있듯이 KBS 서울 본사 아나운서가 1군이라면, 지역 아나운서는 2군에 해당되었다. 따라서 서울에 근무하려면 지역의 아나운서는 음성 테스트를 거쳐야만 했다. 이러한 사실을 선생님께 말씀드렸더니 즉석에서 두 가지의 묘안을 제시하셨다. 선생님의 일처리는 속전속결이었다. 선생님께서는 나를 도와주시는 일이 부당한 청탁이 아니라 인간적인 호소라고 생각하셨던 듯하다.

우선 먼저 할 일은 보성전문 출신으로 당시 방송관리국의 S국장을 찾아가라고 하시며 당신의 저서인 《묘안묘심(猫眼猫心)》과 편지를 주시어 즉시 실행에 옮겼다. 그리고 두 번째의 말씀은 너무도 뜻밖이었다. 역시 고려대 출신인 KBS의 B모 과장을 이관옥(서울 음대)교수님이 잘 아시니 모시고 가라고 하셨다. 선생님께서는 이 교수님을 누님이라고 부르시는 사이로 어깨에 정종병을 메시고 이 교수님의 선친묘를 찾기도 하신다고 국문과의 학생들은 용케도 그런 사실을 알고 있었다.

이관옥(李觀玉) 선생님 역시 로맨티스트로 소프라노 조수미(曺秀美) 이전 우리나라 성악계 1세대 최고의 서정적인 리릭(Lyric) 소프라노이셨다. 당시 방송에서 우리나라 가곡을 자주 듣던 시절, 그러한 큰어른께서 나의 잡무에 관여하신다는 일이 매우 부담스러웠다. 더구나 B모 과장댁을 가던 날 하필 많은 비가 내려 몸 둘 바를 몰랐다. 나의 긴장된 마음을 풀어 주시기 위해 택시 안에서 아나운서 지망생이 아니었다면 성악을 전공해도 좋았을 것이라고도 하시었다. 선생님이 정성을 들이신 대로 일이 풀려 뉴스 녹음물을 제출하라는 내용의 속달편지를 KBS에서 보내왔다. 녹음기가 일반 가정에 없던 시절 어렵사리 고교 동창생인 샘표간장의 막내아들인 박승우 군 집의 리베아(Revere) 상표 녹음기가 도와주었다. 이번 테스트에서도 나는 4명의 합격자 명단에 들어갈 수 있었다. 그러나 이번 역시 아나운서실 측에서는 행정 절차상 전례없는 일이라 난처한 입장을 보였다. 나에게 차선의 방책으로 아나운서실 출입은 허용하며 실습도 할 수 있다고 하여 이후 아나운싱의 실력을 좀 더 쌓을 수 있었다.

1961년 졸업하던 해 일오(一悟) 선생님께서 연구실로 부르셨다. 장기범 아나운서가 아직 미국에서 돌아오지 않았다고 하는데 어떻게 하겠느냐고 물으셨다. 선생님 덕분으로 아나운서실을 출입하면서 충분한 연습을 했으므로 자신있다고 말씀드렸더니 KBS 아나운서 되기 참으로 힘들다면서 웃으셨다. 선생님께서 걱정하시는 것은 아나운서 시험의 경쟁률이 높기 때문이었다. 졸업하던 해 봄 천우신조(天佑神助)하여 세 번째 응시하여 쉽게 합격할 수 있었다. 선생님 덕분으로 아나운서실을 출입하면서 친분있던 시험관들의 호의석인 섬수 넉분이라고 생각하였다. 소정의 아나운서 교육을 마치자 마침 영장이 나왔다. 그 당시 2대독자는 6개월 복무규정에 따라 일찍 제대할 수 있었다.

어느날 늦잠을 자고 있는데 KBS 아나운서실에서 찾아왔다고 어머니께서 나를 깨웠다. 서울사대 국문과 출신의 전영우 아나운서였다. KBS 출입 당시 같은 전공과목의 인연으로 각별한 사이로 나의 집을 아는 유일한 아나운서였다. 전영우 아나운서가 서두르는 바람에 제대복 차림으로 집을 나섰다.

“장기범 과장(VOA에서 복귀 후 승진)께서 당신이 출퇴근하시는 이 관용차로 이규항 씨를 데려오라고 하신다는 사실은 아나운서실에서는 상상할 수 없는 일입니다.”

장기범 과장님을 뵙자마자 단정한 옷차림으로 오지못한 점에 대해 죄송하다고 하였다. 장기범 과장님의 말씀은 간단했다.

“정한숙 교수님의 약속을 늦게 지키게 되어 죄송하다고 전해 주십시오.”

방송국에서 나오자마자 삼선교 선생님댁으로 찾아 뵙고 큰절을 올렸다. 선생님께서는 파인대소하시면서 “KBS 아나운서 되기가 그리도 힘드냐!” 라고 하시었다. 훗날 고려대 출신 몇몇 KBS 후배 방송인들은 수업시간에 나의 KBS 입사 일화를 들었다고 하였다.

졸업 후 설 명절 때가 되면 각 동기별로 몇 명씩 그룹을 지어 인사를 다녔다. 최연장자이셨던 김춘동 교수님, 고전문학의 구자균 교수님, 그리고 마지막 일정을 정한숙 교수댁에서 잡는 일은 일오(一悟) 선생님의 주석(酒席) 분위기 살리기와 애주가셨던 선생님의 사모님 안주솜씨가 색다른 것들이 많았기 때문이었다. 교수님들의 주택의 추세가 한옥이었던 시절에 일오(一悟) 선생님 댁은 언덕의 정상에 튼튼하게 지은 단층이지만, 산 정상에 있어 조망(眺望)이 높은 빌딩에서 보는 듯했다. 당시 대학을 다닌다는 자부심은 교과서나 잡지에서 보던 인물들을 교실에서 직접 뵐 수 있다는 사실이었다. 나는 국문과의 야유회에도 자주 참여했는데 일행의 취흥이 한창일 때 일오(一悟) 선생님은 나를 한적한 소나무 숲속으로 가자고 하셨다 그리고, 뒷주머니에서 납작한 포켓용 양주병을 꺼내 술을 따라주시며 규항이만 주신다고 하였다. 이 국문과 야유회에는 영문과의 1세대 영문학자이셨던 조용만(趙容萬) 교수님과 홍일식(洪一植) 강사(훗날 고려대 총장)도 게스트로 모셨다.

1960년대 국문과 야유회 한 장면. 왼쪽부터 홍일식 전 고려대 총장, 당시 조용만 영문학과 교수, 필자,

1990년대 초반
제1회 고려대학교 자랑스러운 문과대학인상 시상식.
왼쪽부터 수상자 일오 선생님, 사회자 필자.

가정에 전화가 드물던 시절 대체로 남학생의 전화를 여학생집에서 받아주지 않았다. 나는 어려운 일이 있으면 삼선교 일오(一悟) 선생님 댁의 사모님께 의논을 드렸다. 자주 앞집에 사시는 이관옥 선생님이 놀러 오셨다. 이 교수님과는 구면이라 마음이 편해졌다. 지금의 아내와 연애시절 인생사 다 그렇지만 불규칙동사처럼 진척이 되지 않았다. 이 교수님은 지체없이 전화를 거시더니 "저는 ○○의 여고 동창인데요, 통화하고 싶습니다."

이 교수님의 미성(美聲) 덕분에 상대 측에서는 의심의 여지가 없었던 듯했다. 그런데 하필 당사자가 없었다.

사모님은 나의 결혼문제를 해결해 주시어 결국 결혼에 성공하였다. 처가에 놀러가면 사위에게 장모님이 자연스럽게 자랑을 하시는 일이 있다. 경성사범(서울사대 전신)의 입학은 지역의 경우 도시사의 추천이 있어야 한다고 하였다. 이런 우연의 일치도 있을까? 사모님은 장모님의 일년 선배로 오래전부터 양가에서는 교유하시며 지내시던 사이였다. 한국 야구팀이 아시아권 야구를 재패한후 1976년 캐나다 대륙간컵 세계야구대회 참여는 한국 야구사에 새로운 역사를 쓰는 대회였다. 우리나라 최고의 야구 캐스터 박종세 선배와 세계야구대회 전후반 경기를 함께 중계한다는 사실 또한 보람있는 일이었다. 귀국하는 비행기의 신문기사에서 이관옥 교수님 별세 뉴스 기사를 본 후 한동안 멍하니 있을 수밖에 없었다. 나의 아나운서 지망생 시절과 결혼을 앞둔 시절에 큰 도움을 주신 은혜를 어찌 쉽게 잊을 수 있었겠는가! 나는 지금도 이관옥 선생님의 가곡을 유튜브로 들을 때가 많다.

내가 일오(一悟) 선생님을 생전에 마지막 뵈온 것은 제1회 자랑스러운 고려대 문과대학인상 시상식에서 수상자와 사회자로서 뵐 수 있었다. 그리고 대학로에서 장례식이 있던날 "야 인마 울지마 나는 지금 내고향 어머님 품속으로 떠나는거야" 울먹이며 말을 잇지 못하는 오탁번 교수의 조시(弔詩)를 들으며 영화평론가 변인식(58) 교우와 맨 뒷자리에서 참례하였다. 귀가 도중 삼선교를 지날 때 나폴레옹 빵집 건너편 언덕 위에 선생님댁이 계시던 곳을 쳐다보게 되었다. 이러한 관성(慣性)은 이곳을 지날 때면 지금도 변함이 없다.

서울 각계 문화인들의 주점 종로2가의 '낭만'에서 자주 들려 주셨던 "문화인은 자유인이다"라는 말씀은 노트해 놓았다. 그리고 고희(古稀)기념시집《강강수월래》서명본(署名本)은 가까이 두고 있다. 지기(知己)이셨던 정한모(鄭漢模) 교수님께서 문공부 장관이 되셨을 때 일오(一悟) 선생님이 먼저 쓰신 후 정한모(鄭漢模) 장관님이 답한 글이 신문에 실렸을 때 장안의 화제가 되었었다.

그때 옮겨 쓴 작품을《강강수월래》시집 갈피에 모셔두고 있는데 국문과 동문들과 함께 공감하면서 이 글을 마무리 하고 싶다.

한 잔 하세

—정한모 장관에게

정한숙

몸
조심하이
세상은
먹구름
그러나 개이지 않던가
판서벼슬
오죽하리
쑥 냉이 돋거든
알큰히 무쳐
마당에 멍석 펴고
술 한 잔 하세
화창한 봄날
마당에 멍석 깔고
키
쐬주 한 잔 하세

1988. 3. 30.

저녁 노을 안주 삼아

—정한숙 형에게

정한모

시간에서 풀려나
사는 재미
어떠신가

젊은이 못지 않는
노익장 작품활동
누가 따르겠는가

판서도 나름이지
어디 이게
제격인가
마지막 헌신으로
배우며 일을 하네

어제도 돋나물로
입맛을 돋구었네

정을 섞어 마시면
깡소주도 감로주
청탁을 가렸던가

뒷골목 앞골목

명정인생 사십여년

정담 방담 사십년
어제같은데
어느덧 술자리엔
우리 둘 뿐이구료

얼마나 남았겠나
길어시 십년
술잔 놓는 세월이야
따져서 무얼하나

애써 틈을 내어
자주자주 만나세
저녁 노을 안주 삼아
술잔 거푸 건느세

빈대떡집
김사장이
멍석 깔아 준다네.

1988. 4. 5.

세 개의 유쾌한 기억

이남호

짜장면과 배갈

나는 정한숙 선생님의 마지막 제자이다. 제자를 잘 안 받으시던 원로교수가 나를 제자로 받아 주셔서 내가 그의 마지막 제자가 되었다는 것은, 나의 은근한 자랑거리 중 하나이다. 석사학위 논문심사 때의 일이다. 논문심사는 11시경에 선생님의 연구실에서 있었다. 선배이신 장성수 선생님과 함께 심사를 받았는데, 심사 전에 장성수 선생님과 상의해서 심사위원 선생님들의 점심을 모시기로 계획을 세워 두었다. 그게 1980년 연말의 일이었으니 그 시절의 시속이 요즘과 많이 달랐다. 무슨 말인고 하니, 옛 서당에서 책걸이를 하면 잔치를 했다는 전통의 연장선상에서 스승에 대한 예우가 각별함을 넘어서 때로는 지나침이 있는 경우도 있었다. 다른 대학이나 다른 학과의 일이었지만, 심한 경우는 호텔에서 심사를 하거나 따로 봉투를 마련하거나 양복 한 벌을 선물하기도 했다. 지금 돌이켜보면 그때야말로 김영란

법이 절실히 필요했던 것이 아닌가 하는 생각이 든다. 그러나 그 당시 고려대학교 국문과 분위기는 그런 것이 전혀 없었던 몇몇 학과들 가운데 하나였고, 그것을 국문과 대학원생들은 다행과 긍지로 여겼다. 그러니 더더욱 심사 후 감사의 조그만 표시로 식사 대접을 하고 싶었던 것이 제자의 마음이었다.

심사를 대충 마친 후 (정말 심사를 대충 했던 것 같다. 그런데 이건 오해를 피하기 위해 부언이 필요하다. 정한숙 선생은 일단 제자로 받아들이면 제자의 노력과 실력을 무조건 신뢰했다. 이것은, 사람을 사귀고 친구가 되면 무조건 그 친구를 옹호하고 신뢰하는 그의 교우관의 일부이기도 하다. 그래서 정한숙 선생님이 논문 제출을 허락하셨다는 것은 이미 심사 이후까지 신뢰했다는 뜻이다. 이 인간적 신뢰 때문에 정한숙 선생님은 사람을 '편애'한다는 비판도 가끔 받았다. 그렇지만 나는 이것이야말로 선생님의 큰 매력이요 대인적 풍모라고 믿는다.) 장성수 선생님과 나는 심사위원 선생님들께 식당을 예약해 두었다고 말씀드렸다. 그랬더니 야단을 치시며, 너네들이 무슨 돈이 있다고 그러냐며 무조건 따라 오라고 하시더니 학교 정문 앞 당구장 이층에 있는 조그만 중국집으로 우리를 데리고 가시는 것이었다. 아마도 고려당구장 이층에 있던 '고려정'이라는 중국집이었던 것 같다. 거기서 짜장면과 배갈을 주문하시고는 우리에게 석사논문 쓰느라 수고했다면서 배갈을 한 잔씩 주셨다. 짜장면과 배갈 값은 물론 선생님이 내시고. 선생님이 사 주신 짜장면과 배갈을 먹으며, 나는 논문심사보다도 더 큰 가르침을 받았음은 물론이다.

Old man's glass

아마도 80년대 중반경이었을 것이다. 그때만 해도 해외여행이 쉽지가 않았다. 그래서 어렵게 해외를 다녀오시고 나면 그 뒷이야기가 풍성했다. 정한숙 선생님이 동료분들과 미국 여행을 하시고 돌아오신 뒤 농담 삼아 들려주시던 이야기들이 있었는데, 그 중의 하나가 안경 이야기이다.

동료들과 뉴욕 거리를 구경하며 다니던 중, 안경점에 들리게 되었다. 돋보기를 준비해 오지 않은 분들이 많아 불편하던 중 마침 안경점에 들를 수 있게 되었으니 돋보기 안경을 하나씩 사자는 의견이 모아졌던 것이다. 영문학을 전공한 동료교수가 전담 통역사 역할을 했으니 소통의 문제는 아무 걱정도 없었다. 그러나 막상 돋보기 안경을 주문하려니 영문학 교수의 말문이 막혀 버렸다. 돋보기 안경을 영어로 뭐라 하는지 도통 생각이 나지 않았던 것이다. 그 옆에는 미국에서 10년씩 공부를 했던 다른 교수들도 있었지만 모두 갑자기 벙어리가 되어 서로의 눈치만 보고 있었다. 그리고 영문학 교수는 안경점 직원에게 다른 방식으로 설명하려 했으나 직원은 알아듣지 못한 표정이었다. 이 때 정한숙 선생이 나서서 거두절미하고 "올드맨즈 글라스!" 하면서 신문을 들고 읽는 동작을 취했다. 그랬더니 직원이 금방 알아챘다. 그렇게 돋보기 안경 사기는 성공적으로 마무리 되었다.

정한숙 선생님의 이러한 대담한 순발력은 브라질의 국내선 비행기 안에서도 발휘되었다. 일행 중 한 분이 약을 먹으려고 냉수 한 잔을 먹고자 했으나 포르투갈어로 어떻게 말해야 되는지 몰라 전전긍긍했다. 이를 알고 정한숙 선생님은 그냥 지나가는 스튜어디스를 보고 물

마시는 동작을 하면서 우리말로 "물"이라고 했더니 금방 알아 듣고 갖다 주어서 해결되었다.

정한숙 제자는 거기 앉고

물론 선생님들이 아직 교수로 있을 때 일이다. 고려대학교에서 가장 무서운 선생님은 영어학을 전공하신 조성식 선생님이었고, 서울대학교에서 가장 무서운 선생님은 소설가로서 현대소설을 가르치시는 전광용 선생님이었다. 그런데 공교롭게도 두 분 모두 월남한 분들이며, 정한숙 선생님과는 절친이시다. 조성식 선생님은 얼마나 무섭고 고집스러웠으면 그 별명이 '조메이니'였다. 당시 이란의 상성한 지도자 '호메이니'의 패러디였다. 그런가 하면 동료 후배교수들도 전광용 선생님 연구실에 가면 서서 이야기해야지 앉지도 못한다는 이야기가 있었다.

정한숙 선생님은 제자들을 술집에 자주 데리고 가셨다. 조성식 선생님과의 술자리에도 가끔 데리고 가셨는데, 문과대의 젊은 선생님들은 조성식 선생님과 정한숙 선생님이 앉은 자리에 끼지도 못했다. 저 멀리 따로 앉아서 조용히 있어야 했다. 그런데 정한숙 선생님의 제자들만은 완전 특혜였다. 그냥 두 선생님과 함께 앉아서 술도 주거니 받거니 말도 주거니 받거니 할 수 있었다. 조성식 선생님이라도 정한숙 선생님에게는 꼼작 못했는데, 그의 제자까지도 그냥 봐 주었다.

이런 일은 전광용 선생님과의 술자리에서도 있었다. 어떤 학회 뒷풀이에서였다. 헤드 테이블에 전광용 정한모 등 원로 교수 몇 분이 앉아 있었다. 정한숙 선생님은 안 계시는 자리였다. 젊은 사람들은 헤드 테이블에 가서 긴장된 자세로 인사를 드렸다. 내가 고려대학교 대학원을 졸업했다고 말씀드리자 전광용 선생님이 대뜸 지도교수가 누구냐고 물었다. 나는 움찔하며 정한숙 선생님이라고 말씀드렸다. 그랬더니 표정이 갑자기 부드러워지면서 자네는 거기 앉고 나머지는 다들 가보라고 했다. 그러고는 나에게 술잔도 건네고 이야기도 건네면서 술친구처럼 대해 주셨다. 도대체 그 무서운 선생님들이 정한숙 선생님이라면 왜 그렇게 부드러워지는지 아직도 이해가 안 된다.

그리운 교수님! 고마운 은사님! 경조사 아드님!

이은집

사람으로 태어나서 한평생을 살며 가장 행복한 사람은 누구일까? 이제 내 나이 80 고개를 넘어 또 한 살을 보태고 보니, 그 해답을 찾을 만도 하련만 아직도 정확히는 모르겠다. 흔히 사람들은 '행복의 3대 조건'으로 1. 돈, 2. 권력, 3. 명예를 꼽는데 얼핏 수긍이 가기도 한다. 그런데 나와 동갑인 삼성그룹의 이건희 회장은 우리나라뿐 아니라 세계적인 재벌의 총수였지만 말년엔 건강을 잃고 병상에서 지내다가 고인이 되었으며, 북한의 김정일 국방위원장은 지구상 가장 큰 권력을 가졌지만 역시 '인생70고래희'란 말처럼 2011년 69세로 유명을 달리했다.

그렇다면 이들과 동갑인 나의 경우는 어떠한가? 나는 이런 '돈'과 '권력'은 없으나 평생을 고등학교 국어교사란 직업을 가져 풍속한 생활은 못했지만 먹고 사는 걱정은 없이 살았으며, 지금은 공무원 연금자로서 노후를 보내고 있으니, 이만하면 다행이지 않은가? 또한 작가로서 등단 51주년에 한국문인협회 소설문과 회상이란 식책을 받고 있으니 과분한 명예를 가졌다고나 할까?

그런데 참으로 '행복한 사람'은 어떤 사람일까를 생각해보니 바로 자신에게 '그리운 사람' '고마운 사람' '경조사한 사람'을 많이 가진 사람이 아닐까 하는 결론에 이른 것이다. 한평생을 살면서 만났던 수많은 사람 중에 항상 보고 싶은 사람은 그리운 사람일 것이고, 내가 살면서 나의 성공과 출세에 도움을 주신 분은 '고마운 사람'일 것이고, 특히 그중에도 나와 경조사를 함께한 사람이야말로 얼마나 내게 행복을 주신 분인가? 이런 세 가지 측면에서 나에게 '행복을 주신 분' 가운데 첫째를 꼽으라면 나는 단연 정한숙 은사님을 떠올리게 되는 것이다.

내가 일오 정한숙 교수님과 처음 인연을 맺게 된 것은 충남 광천중학교 시절에 교내 백일장에서 장원을 하여 문학에 대한 소질을 인정받고 당시 《학원》이란 잡지에 수필 또는 콩트를 써서 투고하여 김동리 소설가의 칭찬을 받고 작가를 꿈꾸어, 고려대학교 국어국문학과에 입학하게 된 때문이었다. 내가 입학한 당시에 정한숙 교수님은 41세여서 너무나 젊으신 분이었고, 작가다운 열정으로 우리들에게 강의를 하실 때 그야말로 열강을 하셨던 추억을 아직도 생생히 간직하고 있다.

"작가의 삶은 돼지처럼 먹고(건강) 황소처럼 일하며(작품 쓰기) 학처럼 살라(청빈)!"고 설파하셨다. 암튼 그때 나는 문청으로서 누구나 그렇듯이 소설가가 되는 것이 꿈이었기에 정한숙 교수님의 말씀대로 특히 황소처럼 창작혼을 불태워 습작을 했던 것이다. 그래서 나는 고대방송국원으로 활동했기에 당시에 대한가족계획협회에서 모집한 장편드라마에 응모하여 당선함으로써 술빚을 꽤나 갚았던 추억이 있다. 또한 고대신문에 콩트도 몇 번 발표했고 고대문학상에 응모하기도 했으며 재학생 때부터 몇년간 신춘문예의 열병에 걸려 매년 응모했으나 낙방하고 결국 서울여자고등학교의 국어교사가 되어 당시로서는 아주 드물게 창작집으로 문단에 데뷔하는 용감성을 발휘했던 것이다.

그런데 재학시절에 정한숙 교수님의 모습을 뵈면 그처럼 바쁘신 강의 틈에도 소설에 관한 이론서와 장편소설을 발간하시는가 하면 현대문학 같은 잡지에 계속 작품을 발표하시고 언젠가는 일간지에 연재소설도 쓰셔서 나를 놀라게 하셨다. 또한 다른 교수님들처럼 캠퍼스에만 머무시는 교수님이 아니라 '주막'이란 동인을 하셨기 때문인지 언젠가는 오늘날의 대학로인 서울대 문리대 교정에 고대, 서울대, 연대, 이대 같은 여러 대학의 국문과생을 모이게 해서 정한숙 교수님과 전광용 교수님과 정한모 교수님 등이 막걸리 통을 여러 개 풀어서 우리 국문과생들에게 막걸리 잔치를 베풀기도 하셨다. 참으로 송강 정철의 장진주사가 생각나는 호방하고 국문과생들에게 걸맞는 막걸리 파티가 아니었던가 아직도 그날의 황혼에 물들던 마로니에 캠퍼스 마당이 생각난다.

그뿐 아니라 언젠가는 정한숙 교수님께서 종로에 있는 '낭만'이란 술집에 오라고 하셔서 우리들은 생전 처음 특별한 술집에서 맥주를 마신 추억은 영원히 잊지 못할 것 같다. 그래서 나는 고등학교 교사였지만 대학에 들어간 문예반 제자들이 찾아오면 항상 호프집에 내려가 호프를 사주게 되었던 것이다.

나는 '칠갑산'이란 노래로 유명한 충남 청양의 시골 출신이어서 방학을 맞아 집에 가면 부모님께서 고마우신 정한숙 교수님께 갖다 드리라며 씨암탉과 바가지를 주셔서 부끄러웠지만 기차와 버스를 타고 오게 되니 암탉은 꼬꼬댁거리고 바가지가 덜걱거려서 차안의 승객들이 폭소를 터트리기도 했는데, 그래도 성북동 성벽가에 있는 정한숙 교수님댁에 갖다 드리니 충청도 시골 인심에 사모님께서 웃음으로 받으셨던 일화도 있다.

또하나 잊지 못할 정한숙 교수님과의 추억은 재학시절뿐 아니라 고등학교 교사가 되어 1997년 정한숙 교수님께서 갑작스레 돌아가신 날까지 매년 설과 추석명절에는 꼭 찾아뵙고 세배를 드리거나 선물을 드렸던 것이다. 그래서 당시 신세계백화점에서 양말세트나 사모님 머플러를 주로 선물해 드렸는데 마치 부모님께 효도하는 기분이랄까? 즉 선물을 드리려 마음 먹을 때, 드릴 때, 드리고 나서 등 세 번 행복감을 느끼는 것이었다. 그런데 정한숙 은사님께서 정년을 하시고 세월이 흐르자, 명절에 방문하는 제자들도 줄어들어 당시에 65학번인 민병기 창원대 교수와 미리 연락해 함께 찾아뵈었던 것이다. 그런데 1997년 추석을 맞아 선물을 준비해 방문하니, 사모님한테 이런 청천 날벼락 같은 소식을 듣게 되었으니, 정한숙 은사님께서 아침 늦게까지 기침을 하지 않으셔 웬일인가 방문을 열어보니 이미 소천하셨다는 어이없는 말씀이었던 것이다. 정한숙 은사님께서는 명절 때 찾아뵐 때마다 이 선생은 고등학교 교사를 하면서 방송작가 생활도 열심히 하고 있으니 참 장한 일이라고 칭찬을 주셨는데, 그래서 나 역시 부담없이 돌아가실 때까지 은사님을 모시는 것이 행복했던 것 같다. 그러나 무엇보다도 내가 신춘문예에 번번히 떨어져 12편의 단편을 모아 '머리가 없는 사람'이란 창작집으로 문단에 데뷔할 때, 정한숙 은사님께서 서문을 써주신 것이다. 그 시절만 해도 원고지에 써서 수록 작품을 다 읽지 않으실 줄 알았는데 전부 보시고 일일이 구체적인 작품평을 곁드린 서문을 써주셔 여간 놀라지 않을 수 없었다.

그런데 더욱 한 가지 놀라운 일은 정한숙 은사님의 생년월일이 1922년 11월 3일이신데, 나는 1942년 3월 11일이니, 나는 정한숙 은사님보다 20년 아래이고, 11월 3일이 뒤바뀐 것이다. 암튼 그래서 나는 정한숙 은사님과의 인연은 하늘의 뜻이라고 여기는 것이다. 이제 뒤돌아보니 정한숙 은사님께서 소천하신 지도 1997년이니까 어느덧 25년이나 흘러갔다.

여기서 한가지 덧붙일 사연은 정한숙 은사님의 작은아드님이신 정지욱 씨와는 마치 형제처럼 여겨져 지금은 제주도에 살며 100세이신 사모님을 모시고 사는데, 내가 따님의 주례를 서게 된 것이다 내가 서른살에 고등학교 국어선생이 되어 결혼할 때 정한숙 은사님께서 나와 동기인 민충환 부천대 교수에 이어 두 번째로 주례를 서 주셨는데 나는 정한숙 은사님의 손녀 주례를 서게 되니 예식장 주례석 단상에 선 감회는 참으로 뜻깊었던 것이다.

아! 그리하여 나는 인생 80 고개를 넘어서야 삶의 행복 세 가지를 깨닫게 되었다! 그것은 '그리운 사람' '고마운 사람' '경조사 사람'이 많이 있는게 아닌가! 그런데 나에게 정한숙 교수님은 '그리운 교수님' '고마운 은사님'이시고, 또한 '경조사 아드님'으로 인연을 맺었으니, 참으로 나는 세상에서 가장 행복한 사람이 아닌가 싶기도 하다.

정한숙 교수님! 그립습니다. 정한숙 은사님! 고맙습니다! 그리고 아드님과는 경조사 인연까지 맺었는 바, 현재 제주도에 생존해 계신 사모님도 100세이시니 살아 계실 때 찾아 뵈어야 할 텐데, 코로나의 창궐은 그 마저 어렵게 하는군요! 정한숙 은사님의 탄생 100주년을 맞아 불초 제자가 그리워하며 고마워하오며 추모의 글을 갈음합니다.

스승께서는 호연지기를 가르치셨으되

고 정한숙 선생님 기억

이희중

정한숙 선생님을 가까이 뵙게 된 것은 내가 대학원에 들어와 학과 조교를 하게 되면서이다. 1984년 한 해 학과 조교 일을 했으니 그해 선생님의 연세가 지금 내 나이와 같았던가 보다. 심부름으로 잠깐씩 들어가 보았던, 우리 과 선생님 연구실이 모여 있던 서관 1층 서편 골목 왼쪽 끝 정 선생님의 연구실은 유화물감 냄새로 가득하였다. 고등학교 때 미술반에서 잠시 유화를 연습한 적이 있던 나는 선생님 연구실의 화구과 유화 기름 냄새가 반갑기도 하고 신기하기도 했다.

어느 날 선생님께서 연구실로 부르셨다. 아무 표식도 붙어 있지 않은, 빨간 액체가 든 됫병 하나를 주셨다. 이게 진도홍주라는 술인데 다른 조교들과 나누어 마시라고 하셨다. 당시 나는 선생님께서 과실주나 약주류는 드시지 않고 시판 소주 이상의 독한 술만 드신다는 사실을 들어 알고 있었다. 기억이 희미하지만 나는 진도홍주가 과실주처럼 보일 뿐 매우 독한 증류주라는 사실을 알고 있었던 듯하다. 가져가라 하셨으니 들고나오기만 했다. 현내문학 선공 내학원생의 발석에 있던 내가 선생님 앞에서 감히 그 술에 대해 뭘 아는 체를 하며 선생님과 긴 말씀을 나눌 자리는 아니었다.

며칠 후 교양국어실 조교 선배들과 나는 큰 복을 누렸다. 당시는 나라에서 진도홍주나 안동소주 같은 전통 증류주 생산량을 극히 제한하고 있었고, 그나마 공식 판매가 허용되지 않아 구경조차 하기 어려울 때였다. 우리는 어느 음식점에 모여 귀한, 빨간색의 진짜 소주를 넉넉하게 맛보았다. 꽤 세월이 흐른 후 진도를 여행할 기회가 있었다. 들른 식당에서 마침, 이제는 정식 상표를 붙인 그 술을 팔고 있어 일부러 주문해 마셔 보았다. 선생님께서 주셨던 술과 맛이 같지 않았다.

선생님께서는 다 알고 계셨을 것이다. 그 빨간 술이 귀하디 귀한 술이라는 것을. 보기만 과실주 비슷할 뿐 기실 당신이 즐기시는 바로 그런 종류의 술이라는 것도. 단지 어린 제자들에게 평생 잊지 못할 술맛을 각인해 주기 위해 '하사'하신 일임을 이제는 의심하지 않는다.

선생님께서 담당하신 대학 강의의 시험을 보실 때면 선생님의 제자이자 나에게는 스승인 선생님 몇 분과 조교들이 시험감독을 도와드리곤 했다. 시험감독 마치면 선생님께서 밥을 사주셨다. 선생님께서 즐겨 찾으시던 중식당이, 정문 건너편에서 도봉산 방향으로 더 걷다가 주유소를 돌면 오른쪽에 나타나는 호젓한 골목 안쪽에 있었다. 서관을 나온 일행이 그 식당으로 향할 때 저만치 앞서 바삐 걸어가시던 선생님 모습이 떠오른다. 발은 빠르게 움직이셨지만 상체를 곧게 세우고 흔들림 없이 가시던 모습. 선생님은 어지간한 먼 길은 걸어서 다닌 세대셨다.

선생님께서는 앞에 놓인 술잔을 비운 후 동석한 제자들에게 그 잔을 건네고 가득 따라 권하셨다. 제자가 받은 잔을 비우고 다시 선생님께 드리면 바로 드시고 다른 옆 제자에게 주셨다. 내가 뵈온 바로는 항시 그렇게 하셨다. 언젠가 스무 사람 가까이 되는 대학원생들과 우이동 어느 식당에 가신 일이 있었다. 역시 선생님께서는 큰 방에 둘러앉은 모든 제자에게 차례로 잔을 건네 따라 주셨다. 제자들이 꿇어앉아 가득 올려드리는 잔 또한 다 드셨다. 삼시간에 서너 병 소주를 드신 듯했다. 선생님 앞이라 대학원생들은 긴장하여 선생님의 말씀을 경청하며 말없이 술만 마실 뿐이었다. 오래지 않아 선생님께서 먼저 일어나셨다. 우리가 선생님을 따라나가 배웅해 드린 후 다시 술자리로 돌아와 앉았을 때 나는 이미 많은 사람이 몸을 가누지 못할 만큼 취해 있음을 알 수 있었다. 젊은 학생들보다 소주를 더 드신 선생님께서 하나 흐트러짐이 없으셨으니, 아무도 감히 취하지 못한 것일까, 다만 취한 내색을 못한 것일까.

내가 군역을 마치고 박사과정에 들어왔을 때 선생님께서는 퇴직하신 후였다. 학교에서는 뵈올 수 없었으나 학과나 전공에 큰 행사가 있을 때 선생님을 모셔 오는 심부름을 내가 맡아 하곤 했다. 선생님 댁에 들어가 잠시 앉은 자리에서나 모시는 차 안에서 선생님께서 베풀어 주신 격려와 위로의 말씀을 잊을 수 없다. 학위를 받았지만 한참 동안 취업하지 못해 노심초사할 때도 조언과 충고를 해주셨고 곡진한 추천서를 써주신 적도 있었다. 마흔에 가까워지던, 미혼의 '어린' 제자를 보시던 따뜻한 미소와 눈길도 기억에 남아 있다.

만약 내가 대학을 졸업하고 바로 세상으로 나갔다면 기억 속에서 모교와 스승들의 모습은 지금과 많이 다를 것이다. 내게 대학 4년이 선배들을 겪은 세월이었다면 대학원 6년은 고스란히 스승들을 겪은 시간이었다. 이 여섯 해는 석사과정에 들어와서 박사학위를 받기까지지만 중간에 다녀온 군역까지 10년 세월이었다. 이십대 중반에서 삼십대 중반이 되는 세월 동안 나는 사회적 성장이 유예된 '학생'이었고 스승들을 통해 어른들의 세상을 조금씩 배울 뿐이었다.

대학 시절 멀리서 뵙던 정 선생님은 형형한 눈빛을 지닌, 그래서 오히려 감히 가까이 머물거나 말 붙일 수 없는 다른 세상의 존재셨다. 다른 무엇보다도 연배에서 그랬다. 선생님의 자상함과 다정함을 알 방도도, 기회도 없었다. 대학 시절 내가 선생님을 각별히 더 무섭고 차가운 분으로 기억할 만한 사건이 하나 있었다. 첫 대면에서 그랬다. 대학 4년 동안 나는 선생님의 강의를 하나 들었다. '현대한국문학사'. 강의실은 서관 1층 남쪽 현관과 교수휴게실 사이에 있는 모퉁이에 있었다. 내가 대학 들어올 무렵 1학년은 소속학과가 없었다. 국영불독노중을 하나로 묶은 어문학계열로 입학해 1년을 떠돌이로 보내다가 2학년 되어서야 전공수업을 들을 수 있었다. 그 무렵 개강 첫 주는 강의를 하지 않는 선생님들이 많으셨다. 어수선한 개강 즈음을 적응하게 하려는 선생님들의 배려라고 내 마음대로 생각했다. 방학 동안 만나지 못한 선후배, 동기들과 인사 나누고 안부 묻는 것만으로도 첫 주는 바빴다. 나는 둘째 주 첫 시간, 조금 늦게 강의실에 들어갔다. 선생님께서는 벌써 강의를 시작하셨다. 꾸벅 인사드린 후 빈자리를 찾고 있는 내 등 뒤에서 "학생, 나가!"라는 말씀이 들렸다. 내가 어쩔 줄 몰라 서 있는 동안 선생님께서는 노기를 얹어 같은 말씀을 한 차례 더 하셨다. 분부대로 나가야 옳은지, 용서를 빌며 버텨야 옳은지 갈피를 잡을 수 없었다. 쩔쩔매는 내게 몇몇 선배가 안타까운 눈짓을 했다. 나는 그 신호를 '너, 지금 나가야 돼'로 이해하고 강의실을 나왔다. 영문을 알기 위해 강의실 창밖 잔디밭에 앉아 강의가 끝나기를 기다렸다.

선배들한테서 선생님께서 첫 주 첫 시간에 하셨다는 말씀을 전해 들었다. '나는 학생들이 내 강의를 듣는 것보다 잔디밭에 누워 넓고 푸른 하늘을 보면서 호연지기를 키우는 것이 더 좋다고 생각한다. 그래서 앞으로도 출석은 부르지 않겠다. 아예 안 들어오는 것이 좋을 강의이니 굳이 시간이 늦었는데 강의실에 들어올 필요는 더더욱 없다' 라는 요지의 말씀을 하셨단다. 그리고 선배들이 '너 아까 안 나가고 버텼으면 맞았을 거야'라고 했다. 나는 남은 학기 그 강의를 자주 들어가지 않았던가 보다. 선생님께서 강의하시는 모습이 몇 장면밖에 기억에 남지 않은 이유가 그 말고 또 있을 것 같지 않다. 그 장면 속에는, 교단에 책상과 걸상이 놓여 있고, 선생님께서는 별 움직임 없이 걸상에 낮아 책상 위에 펼친 교재를 읽으며 강의하고 계신다.

선생님 강의에 들어가지 않았다고 해서 내가 잔디밭에 누워 넓고 푸른 하늘을 보며 호연지기를 기른 것은 아니다. '드넓은 기상'은 애초 나 같은 소인배에게는 어울리지 않았다. 나는 첫 대면의 부끄러운 일화를, 나중에 선생님을 가까이 뵐 수 있던 때에도 말씀드리지 않았다. 이제는 "내 앞에서 사라져라"라고 하실까 두려웠다. 스승께서는 호연지기를 가르치셨으되, 나는 애초 타고났고 조금이나마 고칠 엄두를 내지 못한 용렬과 협량에 사로잡힌 채 어느덧 당시의 선생님보다 더 많은 세월을 우물쭈물 살고 말았다.

내가 지금의 식상에 취식한 해 조가을, 선생님의 부음을 들었다. 검은 양복과 검은 넥타이를 처음으로 사 입고 치른 장례였다.

나의 아버지, 정한숙을 추억하며

정지태

올해는 아버지 태어나신 지 100년, 돌아가신 후 사반세기가 되는 해이다. 이제 세월의 흐름 따라 아버지를 기억하는 사람들의 기억도 점차 희미해지고 있고, 자식들의 기억도 70이 넘으면서 점차 흐려지고 있다. 내 머릿속에 남아 있는 강렬한 아버지의 모습은 커다란 바위에서 밧줄을 타고 하강하고 있는 흑백사진이다. 지금은 한양 도성길 조성으로 사라져 버린 삼선교 낙산 꼭대기에 있던 집 응접실 벽에 늘 걸려 있었다.

그러나 철들면서 실제로 아버지가 본격적으로 등산하시는 모습을 본 적은 없다. 종종 고려대학교 교직원산악회에 나가셔서 가벼운 등산을 하시고는 했지만, 낚시를 즐기시면서 주말마다 낚시터를 찾으시고 등산보다는 술을 즐기셨던 것 같다. 중학교 시절 주말이면 거나하게 취하신 아버지가 민물고기를 잔뜩 가지고 오시고, 가끔 목욕탕에 물을 받아놓고, 찌를 맞추시던 기억이 난다. 고등학교 시절 아버지를 따라 낚시터를 간 적이 몇 번 있는데, 낚시에 집중하기보다는 술을

1960년 전후
삼선동 시절 가족과 함께

즐기시고, 술기운이 오르면 노래를 부르시다 낮잠을 주무셨다. 아버지는 집에서도 가끔 TV에서 나오는 노래를 따라 부르기도 하고, 가사를 적어 달라고 해서 열심히 연습하시고는 모임에서 노래 부르시곤 했다. 우리는 아버지가 기타를 치실 줄 안다고는 한 번도 생각해 본 적이 없었는데, 동생이 고등학교 시절 통기타를 치고 있는데 오시더니 옛날 노래 하나를 연주하시는 모습에 놀란 적이 있다. 이건 제자들도 주변 사람들도 알지 못했던 일이라 생각된다. 가장 즐겨 부르셨던 노래는 허성희의 〈전우기 남긴 한마디〉이다. 진광용 선생님이 돌아가신 후 장지에서 흙 덮기 전에 이 노래를 불러, 주변 사람들을 당황스럽게 했다는 이야기를 들었다.

아버지는 담배를 엄청 많이 태우셨다. 집에서 글을 쓰실 때는 줄담배를 물고 계셨는데, 어린 시절 하루에도 몇 번씩 서재에 들어가 재떨이를 비우던 기억이 있다. 집필하시는 동안은 엄청 예민해지셔서 늘 어머니가 조용히 들어가서 재떨이 가져나오라고 하셨던 기억이 있다. 대학에서 은퇴하신 후에 서초동으로 이사 가고 난 후 운동 삼아 산책을 하시면서 나갔다가 들어오실 때면 담배 두 갑과 소주 한 병을 사서 들어오셔서는 장롱 아래 칸에 넣어 두셨는데, 돌아가신 후에 보니 그 장롱 속에서 너무나 많은 담배와 소주가 들어 있어서 아파트 경비원들에게 나누어 주었던 일도 있다.

사람들은 그렇게 술을 드시는데 글을 언제 쓰시냐고 묻기도 하는데, 놀라운 것은 늘 거나해서 늦은 시간에 집에 들어오셔서도 아침이면 멀쩡한 모습으로 새벽에 일어나서 글을 쓰셨다. 우리가 커가면서는 이른 식사를 하시고 연구실로 출근해 오전 내내 끊임없이 글을 쓰셨다고 들었다. 돌아가신 후 아버지의 작품 목록을 정리하면서 그 많은 작품을 보고 우리를 위해 정말 열심히 일하신 것을 알고 가슴이 뭉클해지기도 했다.

아버지는 한국동란 전에 월남해서 대학교에 다니고 결혼해 서울에 사셨다. 그러나 실향민으로 늘 고향을 그리워하셨다. 고향 영변의 약산, 진달래꽃으로 유명한 영변군 약산동, 그곳이 아버지의 고향이다. 할아버지가 독립운동으로 일찍 만주로 떠나셔서 동네 선교사 집에서 일을 거들며 농업고등학교를 나오셔서, 곡물 검사소 소장까지 했는데, 먹고 사는 일에 크게 문제가 없었는데도 학업에 대한 열망으로 좋은 직업을 버리고, 남쪽으로 내려와 대학을 다니셨다고 했다. 대학교 때 만난 전광용 선생님, 정한모 선생님, 전영경 선생님과 뜻이 맞아

'주막동인(酒幕同人)'이란 모임을 함께 하셨고, 네 분 다 삼선교, 성북동에 사셨기 때문에 내 어린 시절에는 가족끼리도 다 친분이 있었다. 한 달에 한 번씩 각 집을 돌아가면서 모임을 하면서 서로의 글을 읽고 품평회를 하시고, 가족이 다들 모여서 식사를 하곤 했다. 부엌에서 정종을 데워서 방에 들일 때, 내가 가지고 가겠다고 나서서는 몰래 주전자에 입을 대고 마시고는 온종일 취해 해롱거렸던 어릴 적 기억도 있다.

나의 학창시절에는 늘 아버지는 바빴고, 내가 의과대학을 졸업하고 전공의 생활하고, 군대 가고, 해외연수를 다녀오고 하느라 철이 들고 나서는 아버지와 가까이 지낼 기회가 별로 없었다. 아버지가 은퇴하고 내가 대학병원에서 자리를 잡은 후에야 함께 식사도 하고, 가까운 곳에 차를 몰고 여행을 다닐 수 있게 되었는데, 아버지는 여행에 대한 거리감이 없으셨다. 가끔 전화하셔서는 '내일 시간 괜찮으면 지난번 갔던 산 넘어 순두붓집 다녀오자'고는 하셨는데, 거기가 설악산 넘어 한화콘도 가는 길에 있던 순두붓집이다. 아이들 깨워서 새벽에 아버지 댁에 가면, "점심 먹을 건데 벌써 가냐?" 하시면서 차에 타시면 바로 잠이 드시고, 서너 시간 푹 주무시다 도착하면 소주 한 병 드시면서 맛나게 식사를 하셨다. 그리고 온천서 목욕하시고, 차에 타시면 또 잠이 드시고, 서울 오면 저녁식사를 할 시간이 되곤 했다. 그러면 "오늘은 별 하는 일 없이 밥만 먹는 것 같은데…" 하시면서 늘 가시는 수육집에서 수육 한 접시에 또 소주 한 병을 가볍게 드시고, 칼국수를 드셨다.

동생이 결혼해서 아버지와 함께 살 때는 자주 보신탕집에 모시고 갔는데, 지금은 없어졌지만 성북동 초입에 있던 성수집이란 곳을 좋아하셨다. 어린 조카들이 강아지를 보면 "냥냥"이라고 해서 식구들이 웃을 정도로 좋아하셨다.

아버지가 늘 하시던 가훈과 같은 말씀이 있는데, 어머니가 특히 이 말을 좋아하시지 않았다. 좀 고급지게 표현하는 말을 가훈으로 하라고, 손주들 학교에서 가훈 써오라고 하면 써줄 수 없다고 불평하셨다.

'돼지처럼 먹고, 소처럼 일하고, 학처럼 살아라…'

이 말을 우리에게만 했다고 생각했는데, 나중에 제자들이 쓴 글에 보니 제자들께도 이 말을 자주 하셨던 것 같다. 아버지가 특별히 자주 만나 이야기를 나누던 제자는 오탁번 교수, 최동호 교수, 송하춘 교수였다. 돌아가신 후에도 늘 연락하고 지내고 있다. 아버지 돌아가신 후 2003년에 파주 헤이리 마을에 기념관을 지었는데, 나 혼자서는 운영하는 것이 막막했지만, 제자들이 도와주셔서 개관행사, 기념행사를 무사히 치를 수 있었다. 내가 대학에서 은퇴하면 좀 더 정성 들여 기념관을 운영해 보려 했는데, 그게 마음처럼 쉬운 일은 아니었다. 요즘은 코로나 팬데믹으로 인해 정말 아무 행사도 못 하고 있어 답답하고, 죄스런 마음이다.

고려대학교 문과대학에서 아버지 생일에 즈음해서 탄생 100주년 기념행사를 하겠다고 제자들이 힘을 합쳐 준비 중이었는데, 문학계 이곳 저곳에서 문인 탄생 100주년 행사를 준비하는 모양이다. 찾아보니 여석기 선생, 손창섭 선생도 100주년이란 사실을 알게 되었다.

사실 글 쓰는 일이 나의 적성이 아니어서 스무 장 분량의 글을 써달라니 쉽지 않았다. 이 짧은 글을 쓰는데도 오랫동안 끙끙거리다, 어렸을 때 매일 아버지가 쓰신 원고지 9장 분량의 신문연재 소설을 들고, 성북동 운보 김기창 화백께 삽화 부탁하는 심부름 다니던 기억이 떠올랐다. 매일 매일 글을 쓰는 일이 얼마나 힘이 드셨을까? 이제는 편히 쉬시리라 믿는다.

요즘은 아버지를 기억하는 사람들이 별로 없다고 생각했다. 식구와 제자, 나이가 더 많은 세대 사람들은 가끔 이야기하지만, 젊은 사람들이 아버지 소설에 관해 이야기하는 것을 별로 들어보지 못했다. 그래서 100세 생일이 지나면 기념관도 접을 생각하고 있었는데, 올 스승의 날에 X-세대에 속하는 나의 제자들이 저녁을 함께하자고 모였는데, 무슨 이야기를 하다가 자기들 고등학교 시절 국어 시험에 아버지 소설 〈금당벽화〉가 매번 출제되어 〈고가〉 〈이여도〉 〈전황당인보기〉 등의 소설도 입시공부로 열심히 읽었다는 이야기를 해서, 내 다음 세대도 아직 아버지의 소설을 기억하는 사람이 많나는 생각이 들어서, 조금 더 기념관을 활성화해 볼 생각을 하고 있다.

늦어도 너무 늦은 반성문

주철환

현장에서 PD로 일하던 시절 방송사에서는 '특이하다'는 말을 국어사전의 설명과는 좀 다르게 사용하곤 했다. 시사회(혹은 간단한 제작발표회)를 마친 후 각자 돌아가며 느낌을 이야기할 때 이 단어가 영향력 있는 선배의 입에서 나오면 그 작품을 만든 PD의 표정이 어두워졌다. '특이하다'는 평가는 '나름대로 열심히 만들었을 텐데 완성도가 높아 보이지 않는다. 따라서 시청률이 기대만큼 나올 것 같진 않다'는 취지의 완곡어법이었던 것이다. '시청률의 노예'라는 지적에는 발끈하면서도 경쟁사와 시청률 1퍼센트 차이로 일희일비하던 시절의 여의도 사무실풍경이다.

방송사는 여기저기서 인물평이 차고 넘치는 곳이다. "그 사람 어때?" "좀 특이한 것 같은데요." 특별한 재능을 가진 사람에게 바치는 찬사라기보다 그 역할에 적합하지 않거나 인간관계가 다소 원활치 않을 때 떠도는 부정의 담화인 경우가 많았다. 연예인뿐 아니라 PD나 작가에 관해서도 예외가 없었다. 귀에 직접 들리는 일은 드물지만 나에 관해서도 뭐라고 평가하는지 대충 짐작 가는 구석이 있었다. 이따금 스스로도 '특이하다'고 느낀 부분이 있었는데 그건 직책과 상관없이 나이든 어른을 일대일로 만나면 지나치게 긴장한다는 점이었다. 빨리 이 순간을 모면해야겠다는 생각밖에 들지 않을 정도였다. 동기나 후배들 앞에선 명랑하게 활개를 펴다가도 선배 앞에만 붙잡혀(?)가면 마치 김수희의 노래 〈애모〉처럼 주눅이 드는 것이다. '그대 앞에만 서면 나는 왜 작아지는가' 그런데 이런 증상이 실은 청소년시절부터 죽 이어져왔다는 게 나의 약점이자 '특이한' 점이라는 사실을 부인할 수 없다.

심리학서적을 읽은 것도 아니고 전문가 상담을 받은 것도 아니지만 어느 순간 TV를 보다가 자가진단을 해버렸다. 과거로 나를 회귀시킨 그 예능프로그램 제목은 '아빠 어디가'였다. 돌아보니 나는 평생 이런 말을 해본 기억이 없었던 거다. 높임말로 '아버지 어디 가세요'도 물론 없었다. 가부장적인 분위기? 아니다. 어려서부터 아버지라는 존재가 내 주변에 없었다. 사생아? 실종? 아니다. 아버지가 분명히 계셨으나 '가까이 하기엔 너무 먼 당신'이었다. 다섯 살 때 생모가 고향(마산)에서 갑자기 돌아가시자 나는 서울 돈암동시장에서 혼자 장사하던 고모에게 맡겨졌다. 실향민인 아버지의 직업이 뭔지 몰랐으나 친척들이 나누는 말 가운데 이따금 산판(山坂)이라는 말이 나왔던 건 어렴풋이 기억난다. 박경리의 소설《토지》에 '안 되면 산판에 가서 짐이나 나르겠다'라는 말이 나오는데 사전을 찾아보니 '산에서 나무를 베어다 파는 업 또는 그런 현장'이라고 적혀있었다. 아버지는 6남매 중 따로 떨어져 산 막내아들인 나를 어쩌다 만나러 와서도 딴 곳을 바라볼 뿐 거의 말씀이 없었다. 누이동생 볼 낯이 없었는지 애당초 내게 정이 안 갔는지는 모르겠다. '아버지처럼 살기 싫었어'라는 '특이한' 제목의 드라마가 나왔을 때 혼자서 고개를 끄덕인 배경엔 다 이런 사연이 촘촘히 깔려있다.

남루한 개인사가 장황하게 서두를 채운 이유가 있다. 이제부턴 생물학적 아버지 말고 문학적, 교육학적 아버지를 얘기하려 한다. 아주 많이 늦긴 했지만 제자를 아들처럼 아껴주셨던 선생님께 글로나마 감사를 전하고 또 용서를 구하고 싶다. 내 기억 속의 정한숙 선생님은 교실 안팎에서 두루 다정한 분이셨다. 교정에서 우연히 마주쳐도 반드시 이름을 불러주셨다. 그러면 정답게 반응을 보여야 하는데 난 그러지 못했다. 그냥 무안한 표정을 지으며 급한 일이 있는 양 선생님으로부터 달아나기 급급했다.

지워지지 않는 장면이 있다, 어떤 날 복도에서 불쑥 마주친 선생님이 '너 이따가 빈 시간에 내 연구실에 잠깐 들러라'하셔서 '내가 혹시 뭘 잘못 했나' 두려움에 마음 졸이며 찾아간 적이 있다. 반갑게 맞아주신 선생님은 주말에 지리산 다녀오신 이야기로 시작해 학교생활 가정생활에 대해 이런저런 질문을 하셨다. 눈도 못 맞추고 밑만 바라보고 있는데 때마침 탁자 위에는 여행 중에 구입하신 열쇠고리 몇 개가 어지러이 널려있었다. 면담을 마칠 때쯤 선생님이 그 중 하나를 집으시더니 내게 선물로 주셨다. 그로부터 20여 년이 지난 후 선생님의 장례식장에서 그때 그 장면이 생생하게 떠올랐다. 그렇게 제자를 아껴주시던 선생님께 단 한 번도 작은 선물 하나 드린 적 없는 무심하고 무정한 제자. 내리사랑은 있어도 치사랑은 없다는 속언으로 무마하기엔 지은 죄가 한도를 넘었는데 영정 속 선생님은 여전히 인자하게 웃고만 계셨다.

선생님이 담당한 '소설기술론' 시간에 과제로 〈경우의 수〉라는 제목의 단편을 제출했는데 스토리가 약간 막장에 가까웠다. 소설 속 아버지는 성직자였는데 혼전에 과실로 낳은 아들이 있었다. 진실이 밝혀지면 난처해지니까 신도들에겐 입양한 것으로 아름답게 포장하여 오히려 존경을 받는다. 소설의 화자는 출생의 비밀을 전해들은 친구인데 선생님의 평은 짧고 명료했다. "철환군은 나중에 동화를 쓰면 좋겠다."

나는 모교의 국어교사 생활을 거쳐 방송사의 예능PD가 됐다. 동화작가는 못 됐지만 나는 틈날 때마다, 아니 틈을 내서라도 신문과 잡지에 글을 썼고 그것을 모아 책도 냈다. 선생님은 두 번째 책에 추천사까지 써주셨다. "내가 이 책에 아낌없는 박수를 보내는 까닭은 그가 애제자이기 때문만이 아니라 방송과 사람을 이해하는 데 매우 좋은 책이라고 믿기 때문이다." 1992년 4월 문학사상사에서 펴낸 수필집 《PD는 마지막에 웃는다》엔 달랑 몇 줄의 의례적 문구가 아니라 무려 7페이지에 걸친 방대한 추천사가 실렸다. 앞에 인용한 건 책 표지에서 발췌한 내용 중에서도 극히 일부에 불과하다. 이렇듯 무제한으로 받은 스승의 사랑에 제자는 몇 분의 일이나 돌려드렸나 생각하니 결초보은(結草報恩) 반대쪽 사자성어 하나가 가슴을 후비며 지나간다. 배은망덕(背恩忘德). 은혜를 저버리고 덕분을 망각한 나는 오늘에야 비로소 뒤늦은 반성문을 쓴다.

17년간 방송사에서 일하다가 2000년 초에 대학으로 직장을 옮겼는데 가끔씩 제자의 결혼식 주례를 설 때가 있다. 부탁을 받으면 거의 들어주는 편인데 그때마다 어김없이 선생님 생각이 난다. 내 결혼식의 주례를 정한숙 선생님이 서주셨기 때문이다. 매우 간결하시만 신심이 깃든 주례사였다. 대학 다닐 때 응원가였던 송창식의 〈고래사냥〉은 영화 〈바보들의 행진〉의 삽입곡이다. 영화에는 노래가 여러 곡 나오는데 그중 하나의 제목이 〈왜 불러〉다. 이 노래 또한 크게 히트했는데 가사에 이런 부분이 나온다. '마음 없이 부르는 소리는 안 들려 안 들려' 선생님은 마음을 담아 내 이름을 불러주셨는데 못난 제자는 왜 달아나기 급급했을까. 아버지의 부재를 해명자료랍시고 내놓은 제자를 선생님은 용납해주실까.

철없던 제자도 내일모레면 어느새 70세다. 주례를 자주 서다 보니 '주주클럽'이라는 비공식 모임이 생겼다. '주교수에게 주례 받은 부부들'이라는 의미다. 그들은 분기별 계기별로 나를 만나서 이른바 결혼수행평가를 받는다. 그날은 마음의 청진기와 내시경도 준비한다. 속이 상하면 겉도 상한다는 게 나의 지론이다. 정한숙 선생님은 그 모임의 씨앗이자 등불이다. 영원한 자문위원이다.

주주클럽의 마지막 모임은 아마도 나의 장례식장이 될 전망이다. 돌아갈 순 없어도 돌아볼 순 있다. 살면서 많은 사람들을 만났다. 누구는 지나갔고 누구는 여전히 남아있다. 그들은 내게 무엇이었나. 어떤 이는 한 줄의 시였고 한 권의 책이었다. 누군가는 한 잔의 술이었다. 한 채의 집 혹은 건물로 남은 이도 있다. 하나의 노래, 한 줄기 바람, 한 송이 꽃인 사람도 있다. 정한숙 선생님은 두 가지 이미지로 내 가슴 속 좋은 자리에 남아있다. 다리 뻗을 수 있도록 그늘을 만들어준 한 그루 나무. 그리고 어둠이 좀 길다 싶을 때 저 멀리서 비치는 한 줄기 빛. 그래서 오늘도 무한정 스승께 감사하고 못난 제자는 지금도 행복하다.

화강암과 나무들 그리고 학

일오(一惡) 선생님을 추모하며

최동호

일오(一悟) 정한숙 선생(1922-1997)께서 영면하셨다. 추석 나음 날인 9월 17일 오전 필자는 전날의 과음으로 늦게까지 일어나지 못하고 있었다. 그리고, 마지막 꿈이 무엇인가 잘 풀리지 않아 얼른 눈을 뜰 수 없었다. 10시 30분경 일어나 세수를 하고 가볍게 아침을 들고 난 다음 이를 닦고 난 다음에도 그 의문은 쉽게 풀리지 않았다.

꿈속에서 내가 슬프게 울고 있었던 것이다. 보통이 아니라 아주 서럽게 고아가 된 느낌으로 슬프게 울고 있었으나, 그 이유를 종내 알 수 없었다. 왜 이렇게 슬픈 일이 있을까. 화장실 문을 막 나오려는데 전화가 왔다는 것이다. 어디서냐 물으니 선생님 댁이라고 했다. 전화를 받는 순간 사모님의 분부로 큰 며느님이 부음을 알려주었다. 황급히 시초동 선생님댁으로 달려 가보니 시신은 안암동 병원으로 갔고 텅 빈 집에서 사모님만 침통한 표정으로 남아계셨다.

아침을 거의 들지 않으셨고, 사모님께서 손주들과 집안일을 하시다가 점심시간이 되어 진지를 드시라고 방문을 열어보니, 벽에 기대어 앉은 채로 아무 움직임이 없었다는 것이다. 거의 평상시와 다름없이 깨끗한 모습으로 앉아 계셨으므로, 몇 차례 흔들어 보아도 깨어나지 않아 의사인 아들에게 연락하여 응급 처치해 보았으나 이미 돌이킬 수 없었다는 것이다.

어쩌면 내 꿈속의 마지막 부분에서 알 수 없는 장면이 전개되다 비몽사몽간에 큰 슬픔에 빠진 것과 거의 같은 시각이었다. 장례를 치르면서 내내 선생님께서 남기시고자 했던 마지막 말씀이 무엇일까 하는 것을 생각해 보았다. 선생님은 불교에서 말하는 좌탈(坐脫)하듯 이승에서 저승으로 가셨다. 문예진흥원 앞뜰에서 문인장으로 치루어진 영결식장은 물론 장지까지 갔던 많은 사람들에게 선생님은 각각의 독특한 이미지로 남겨져 있는 것 같았다. 선생님께 대한 각자 자신들만의 사랑은 가지고 있었다는 것이 더 정확한 말일 것이다.

그것은 선생님이 불어넣었던 사람들에 대한 사랑 때문이 아닐까. 선생님은 직정적이며 차가운 분이었다. 그러나 다른 한편 정열적이며 다정다감한 인간미를 가진 분이기도 했다.

선생님의 문하를 드나들기 시작한 60년대 중반부터 30여 년! 선생님은 필자에게 처음에는 엄격한 스승이었고, 나중에는 자비로운 아버지였으며 주저하고 망설일 때마다 격려와 직책을 아끼지 않은 인생의 안내자였다. 혈육지정(血肉之情)도 중하다지만, 사제지정(師弟之情) 또한 이에 못지않게 중한 것이라는 말을 실감한 것은 오랜 시간이 지난 다음이었다.

10여 년 전 선생님의 작가적 단면을 스케치한 〈화강암 돌들의 주름살〉(《우리 시대의 한국문학》, 계몽사, 1986)에서 필자는 외람되게도 한 장의 40대 사진을 매개로 하여 돌출된 화강암의 돌들처럼 오만한 패기를 지적하면서 선생님의 인간적 정열을 기술한 적이 있다. 이제 와 다시 돌이켜 보니 선생님에게서 한 마리 학의 이미지를 떠올려 보게 되는 것은 어쩐 일일까. 화강암의 돌들처럼 양각된 이미지가 아니라 무성한 나무에 깃들였다가 이승을 떠나 저승으로 날아간 고고한 학을 연상하게 된다는 것이다. 선생님의 최후가 상징적이었던 것처럼 올곧고 개결한 성품은 누추하고 지저분한 세상사를 단호히 거부하고 깔끔한 죽음으로 생을 마감하였던 것이 아닌가 싶다. 선생님의 좌우명은 어느 수필에서 쓰신 대로 '돼지처럼 먹고, 소처럼 일하고, 학같이 늙는다'는 것이었다. 바로 말씀 그대로 세상을 살다 가신 것이다.

선생님께서 우리에게 가르쳐 주신 것이 무엇일까를 돌이켜 보면 크게 두 가지로 요약될 것이다. 우선 자신의 일에 최선을 다하고, 당당하게 살아가라는 것이 그 하나이다. 1966년 봄 대학 신입생이 되어, 처음 수업 시간이 되었을 때, '나는 소설나부랑이나 쓰는 사람이다'라고 씁쓸한 표정을 지으면서 말씀하셨다. 이 말은 문학에 대해 많은 것을 잔뜩 기대하고 있던 우리에게 커다란 실망감을 주었다. 문학에 엄청난 무엇이 펼쳐질 것으로 마음먹고 있었기에 더욱 그러했을 것이다. 그러나, 십 년 이십 년이 지나고 나서 약간 가치 폄하적인 이 말을 음미해 볼 때, 거기에는 작가로서 패기와 자신감이 그 씁쓸한 표정 속에 감추어져 있었던 것이라 판단된다. 전날의 과음으로 일찍 출근하지 못하는 제자들에게 '다음 날 제시간에 출근하지 못하는 사람은 술을 먹지 말라'고 하셨는데, 전날 아무리 술을 드시더라도 선생님은 정년퇴직하시는 날까지 아침 일찍 연구실에 출근하여 오전 내내 원고 집필에 전념하셨다. 이 모습이 선생님을 생각할 때 첫 번째 떠오르는 것은 아직도 퍽이나 인상적이다.

술좌석에서 늘 선생님은 좌중을 압도하는 기발한 위트와 풍부한 유머로 화제를 주도하셨으나, 조금이라도 마음에 안 들 경우 가차 없이 신랄한 공격을 가하여 상대를 어쩔 줄 모르게 만드는 일도 많았다. 당하는 입장에 선 사람들에게는 당혹스럽지만 좌중에 참여한 사람들은 조마조마한 마음이면서 한편으로는 그 난경에서 묘한 즐거움을 느끼는 일들이었다고 기억된다. 상대가 어느 누구라도 조금도 밀리지 않고 상대를 제압하는 선생님의 화술에서 우리들은 선생님의 작가적 통찰과 인간적 당당함을 느낄 수 있었다.

남의 눈치를 보지 마라. 네가 정말 옳다고 생각하는 일은 당당하게 밀고 나가라는 것이 언제나 선생님의 가르침이었다. 1989년 6월 필자의 장인 김달진 시인이 작고하시고, 그 일주기 즈음에 '김달진 문학상'을 한번 해 보고 싶은데 어떨까요 하고 여쭈었더니, '한두 번 하고 그만 두려면 하지 말라'고 하셨다. 필자는 이 말을 시작하면 쉽게 그만두지 말고 열심히 잘해보라는 뜻으로 받아들였다. 1990년부터 시행된 이 상은 벌써 8회 수상자를 냈고, 해마다 그 시상식 때마다 선생님께서 참석하시고, 격려도 해주셨다. 아마도 잘하고 있는지 여부를 마지막까지 보시기 위함이었을 것이다.

다음으로 떠올릴 수 있는 것은 선생님이 가지신 인간에 대한 남다른 애정이다. 《주막(酒幕)》 동인이었던 백사 전광용(全光鏞), 일모 정한모(鄭漢模), 그리고 이번 장례에서 호상을 맡아 노고를 아끼지 않으셨던 전영경(全榮慶) 선생 등에 대한 우정을 평생 두텁게 나누셨고, 그분들의 돈독한 우정을 바라보는 제자들에게도 이것은 늘 선망의 대상이었다. 제자들은 그것을 일러 6·25 동란을 겪은 50년대 세대들이 지닌 독특한 인간미의 하나라고 하지만 그 이후 다른 세대에게서 찾아

볼 수 없는 우정으로 느껴졌다. 선생님은 또한 제자들에 대한 사랑이 매우 깊은 분이었다. 친자식 이상으로 제자들을 사랑하셨고, 때로는 헌신적으로 도와주기도 했다. 선생님보다 먼저 타계하였지만, 박재삼 시인의 재능을 아껴, 모두가 어려웠던 시절인 1950년대 후반 학교를 마치라고 등록금을 대주었던 일을 필자는 박재삼 시인에게서 직접 들은 일도 있다. 물론 박재삼 시인은 그것을 받아들고 그대로 달려가 술을 마셨고, 등록을 하지 못하고 학교를 중퇴하고 말아, 마음속으로는 선생님께 늘 죄송하게 생각한다고 전해주었다.

아마도 선생님은 잘 기억하지 못할 사소한 일이지만, 지명 수배되어 선생님의 연구실로 피신한 운동원 학생들 숨겨주었다가 학교 버스로 퇴근할 때, 신고 니간 적도 있다는 것이다. 때가 게임령 시질이었으니 쉽게 행하기 어려운 일이었을 것이다. 게으르고 나태한 제자들에게는 서슴없는 질책을 가하셨는데, 모두들 선생님에게 서릿발처럼 야단맞는 정도에 비례해서 인간적으로 성장한다고 그 무안함과 쑥스러움을 달래기도 했다.

복더위가 한창인 지난 7월 19일 양수리에 있는 작가 김용만 씨 집에서 고형진 선생과 함께 선생님께 약주를 대접한 적이 있다. 필자로서는 이것이 마지막 뵌 것인데, 그날따라 잡아들였던 손이 차갑게 느껴졌다. '선생님 8월쯤에 춘천으로 낚시 한 번 가시지요. 오춘택 교수가 기다릴 텐데요' 하고 여쭈니까 선생님께서는 잠깐 머뭇거리다가 약간 힘없이 말씀하셨다. '그 친구가 부담스러워할 텐네', '아니요, 선생님 경우라면 정말 기다릴 겁니다'. '글쎄 그래 볼까?' 선생님의 말끄리가 흐렸다. 필자는 팔월 중 외국을 다녀오고 이사를 하느라고 다시 직접 선생님을 뵙지는 못했다. 아마 9월 17일 임공하시던 순간, 바시

막 무언가 말하지 못한 말씀이 있었던 것이 아닐까. 지금까지 선생님의 문하를 드나들며, 30여 년의 세월이 지나가는 동안 흔들리고 방황할 때마다 선생님은 필자를 지켜주는 커다란 당산나무와 같았다. 해결할 수 없는 일에 부딪칠 때마다 선생님을 뵈었고, 뚜렷한 해답이 나오지 않더라도 말씀 중에 스스로 깨칠 수 있기도 했다.

불가의 선승들이 좌탈처럼 또는 고고한 학처럼 마무리하신 마지막 한 번 깨달음이 무엇일까. 학이 날아간 나무의 스산함이 어떠할까. 가을바람에 마음을 추스르기 힘들다. 그러나 선생님은 평상시대로 말씀하실 것이다. "임마 잠들었다 눈뜨면 살아있는 것이고 눈뜨지 못하면 죽어버린 것이야." 생사의 길을 깨닫고 실천하는 것이 선생님의 어떤 가르침보다 귀한 것일지도 모른다. 1948년 단편 〈흉가〉로 문단에 등단하신 후《끊어진 다리》(1962)를 비롯한 6편의 장편과 〈금당벽화〉(1935), 〈고가〉(1956) 등 200여 편의 중단편 그리고《나무와 그늘사이》(1988) 등 세 권의 시집 등이 선생님의 문학적 성과이다. 그리고 학술서로《소설기술론》(1973)《한국현대소설론》,《한국현대문학사》 등을 남기셨다. 선생님은 '대한민국 예술원 회장', '문예진흥원장' 등을 역임하셨지만 이는 모두 정년퇴직 이후의 분외의 일이요 어디까지나 작가로 자신의 길에 혼신의 힘을 쏟았다고 할 수 있을 것이다.

문단에서는 선생님을 다양한 소재와 소설적 기법을 보여준 작가 정한숙으로 떠올리겠지만 필자로서는 작가일 뿐 아니라 스승이자 인간 정한숙으로 마음 깊이 새기고 싶다. 선생님 생시의 만남을 소재로 썼지만 부끄럽고 쑥스러워 보여드리지 못했던 시의 일부를 인용하면서 삼가 선생님의 명복을 빈다.

말씀 중에도 가끔 술잔을 바르게 고쳐/놓으면서 놋쇠 재떨이를 끌어당겨/담뱃재를 툭툭 떨었다.//자세를 가다듬은 연기는/하늘로 올라가고 잘못 털린 담뱃재는 야단맞은 학생처럼/그 분의 어깨 너머에 쌓였다 부스러졌다. (…) 평생의 친구 맑은 소주가 작은 잔에/바다처럼 찰랑거려도/떨리는 손쉽게 멈추지 못하는데/세월의 실마리를 감아 도는/이야기는 어디서 멈출지 알 수 없어라//마른 눈에 물기 번질 때 역광의/불빛 너머 도사린/늙은 어둠은 어느 틈에/우리들의 오랜 이야기의 속살을/딱딱한 수피(樹皮)처럼 두르고/담뱃진 밴 손가락은 평생의 바다가 담긴/작은 술잔을 감싸 안고/노란 가랑잎처럼 떠 힘 없이 흔들리고 있었다

〈울릉도 답사〉와 〈폐광〉

최학

어느새 또 십여 년 세월이 흘러 버렸다. 모교에서 '소설창작연습' 강의를 하던 때가 생각난다. 이는 원래 송하춘 선배의 담당과목인데 송 선배가 문과대학장 보직을 맡아 바쁘다면서 만만한 후배인 나한테 떠맡긴 것이었다. 부담감 반 기쁜 마음 반으로 4, 5년 만에 다시 안암동 강의실에 섰다. 젊은 날의 내 자취가 남아있을 것 같은 안암동에서의 강의는 그리 잦은 편이 아니었지만 강의 때마다 약간의 감개가 동반하던 것이 사실이었다. 그 사이 강의동 건물이 위풍당당한 석조 건물로 바뀌었지만 주위의 학생회관이며 등나무 광장은 조금도 달라지지 않았다. 강의실 또한 그 옛날 내가 입학시험을 치던 교실 그쯤이었다.

첫날, 등나무 광장에서 담뱃불을 끄고, 강의동 2층 로비에서 커피 한 잔을 빼어 마시고, 천천히 교실을 찾아가는 그 짧은 시간에도 내 머리 속엔 자꾸 정한숙 선생님이 떠올랐다. 도대체 그 사이 흐른 세월은 얼마나 아득한 것인가. 내가 학생이던 때 선생님한테서 들은 강의가 바로 '소설창작론'이었고 그 강의의 과제물로 제출했던 단편소설

한 편으로 이른바 등단이란 것을 했는데 어느새 선생님 대신 내가 그 강의를 한답시고 교실을 찾아가고 있었으니 말이다. 셈해 보면, 내가 고대 신입생이 되어 선생님을 뵙던 때 선생님의 연세는 사십 대 후반으로 당시의 나보다 훨씬 젊었다. 그런대도 내가 떠올리는 선생님의 모습은 항상 백발이 성성한 노교수였다. 그렇다면 서른 해 아래쯤 되는 내 후배 학생들은 교단에 선 나를 어떤 시선으로 쳐다보았을지 적이 궁금하다.

내가 선생님을 처음 뵌 것은 1970년 정월 고대 입학시험 면접고사장에서였다. 평소 사진을 통해 봐 왔던 터라 나는 면접관이 그 분임을 대번에 알았다. 동안(童顔)에 장난기 서린 웃음까지 머금은 그 분이 필답고사 성적가드를 앞에 놓고 내게 물으셨다. "자네 수학 몇 점 받았는지 알어? 2점이야, 2점. 이 점수를 갖고 고대엘 오겠다고?" "빵점이 아니어서 다행입니다." 각오했던 바 있어서 나는 당황치 않고 대답했다.(당시 고대 입시규정에는 한 과목이라도 0점이면 다른 모든 과목에서 만점을 받아도 낙방이었다. 장담컨대, 120점 만점의 수학에서 나처럼 단 2점의 점수를 받고 고대에 합격한 이는 전무후무하리라.) 선생님은 어이없다는 듯 허허 웃으셨지만 나는 벌써 나와 선생님의 연분이 이것으로 끝나지 않을 것임을 예감하고 있었다.

안암고등학교에 다닌다고 자조적으로 일컫던 교양학부 시절, 선생님은 교양학부장의 보직을 맡고 계셨다. 1학년 말, 나는 교양학부 기관지 《교양》의 편집책임사인 데다 벌써 꽤 문명(文名)도 얻고 있는 터여서 으레 내 소설 하나쯤은 내가 만드는 책에 그냥 실을 수 있을 줄 알았다. 그런데 선자(選者)인 선생님의 손을 거쳐 온 소설들에는 내 것이 빠져 있었다. 선생님을 찾아가 이유를 물었더니 '문제가 많다'는 것이었다. 오기가 발동한 나는 이틀 만에 단편 한 편을 새로 만들어 선생님께 갖고 갔으며 간신히 그것을 책에 실었다.

요즘 같으면 강단에 서시기도 어려울 법한데, 당시 선생님은 턱없이 학생들에 대한 호불호가 분명하셨다. 저 놈은 A학점, 저 놈은 B학점… 1학년 첫 학기 때 이미 선생님은 학생들 하나하나의 전 학년 성적을 정해 놓고 계셨다. 시험 때 써내는 답안지는 물론 출결 사정과도 무관한 판정이고 재단이었지만 억울하다고 대들 수도 없었다. 결코 선생님께는 참한 학생이 될 수 없었던 나는 마음먹고 시험공부를 해도 B학점이요 백지 시험지를 내도 B학점이었다.

나는 나대로 나 같은 인재를 몰라준답시고 선생님의 강의를 빼먹기 일쑤요, 교실에 앉아 있는 때도 딴 짓거리하기가 보통이었다. "소설가가 아니야, 소설쟁이가 돼야 해" "소설가는 미장이 목수와 똑같아" "소설은 많이 쓸수록 좋아. 백 편의 작품 중 한두 편만 좋아도 돼. 나쁜 작품은 문학연구가들이 다 걸러줘"… 당시 소설을 세상구제의 뭣쯤으로 여기던 내게 선생님의 이런 '소설론'은 자못 천박하기까지 했으니 내가 어찌 선생님의 본뜻을 헤아려 보겠다는 기특한 마음을 먹을 수 있었겠는가.

3학년 2학기 '소설창작론'' 시간이었다. 수강생들이 단편소설 한 편씩을 지어 와 낭독 발표를 하고(당시엔 복사기가 없었다) 합평을 하는 시간이었는데 내가 첫 번째 발표를 자청했다. 이 기회에 우리 선생님의 눈을 번쩍 뜨이게 해드리겠다는 치기와 오만의 발동이었다. 그래서 밤잠을 버리고 한 주일 만에 만든 작품이 문제의 〈폐광〉이었다. 발표날, 내가 감정을 잡아 소설을 읽는 동안에도 선생님은 조시는 듯 내내 눈을 감고 계셨다.

종합평가 시간, 선생님은 칠판에다 내 소설의 첫 문장을 적으시곤 최 아무개의 소설은 수필도 아니라고 단언하셨다. 소설은커녕 수필도 아닌 이유를 선생님이 설명하셨는데 '바다는 저만큼 멀리 밀려나가 있었다.'는 첫 문장부터 돼먹지 않았다는 것이었다. '저만큼'이 도대체 얼마 만큼이냐? 10킬로냐 오십 리냐…? 작품 내용에 대해선 한마디 언급도 않고 문장 하나를 갖고 트집을 잡으시는 선생님이 몹시 못마땅하였지만 나는 말씀만큼은 틀리지 않다고 고개만 떨구고 있었다. 당시의 충격은 아직도 생생한데, 구체적이고 정확한 소설문장을 쓸 줄 알아야 한다는 가르침 하나는 그렇게 얻었다.

그 해 겨울, 나는 문장 두 군데만 고친 이 작품을 신춘문예에 던져 운 좋게 당선이 되었고 나는 또 하는 수 없이 선생님께 먼저 인사를 드리러 갈 수밖에 없었다. "그 봐, 내가 고치란 데 고치니까 되지?" 차 한 잔까지 끓여 주시는 선생님이 전혀 밉지 않았다.

"인마, 2등은 필요 없어. 그런 걸로 책 만드는 거 아냐!

졸업 다음 해였다. 모 신문사의 장편소설공모에 응모를 했다가 최종 두 편에서 탈락했다. 그랬더니 몇 군데 출판사에서 그 떨어진 작품을 사겠다는 제의를 해왔다. 마음이 동하지 않는바 아니었지만 찜찜한 구석이 있어서 전화로 선생님께 의논 드렸더니 단호히 하신 말씀이 이것이었다. 참으로 고마운 말씀이었음은 세월이 많이 지난 뒤에야 제대로 깨쳤다.

선생님께는 두리뭉실이란 것이 없었다. 당신이 생각해서 옳으면 옳고 그르면 그른 것이었다. 시국 관련의 데모가 한창이던 무렵, 학생들이 큰길로 진출하기 위하여 교문 쪽으로 나아갈라치면 학내 교수 분중에서도 가장 먼저 앞서서 팔을 벌리고 막아서던 분이 선생님이셨다. 명분이야 어떻든 학생들을 다치게 할 수 없다는 뜻에서였다. 그 단호함, 당당함은 아직도 눈에 선하다.

선생님의 비상한 기억력은 자타가 인정하는 바다. 몇 년 전 졸업한 학생의 집안내력을 훤히 꿰시는 선생님이셨기 때문이다. 나의 고등학교 2학년 때였다. 고대신문사에서 주최하는 전국고교생문예콩쿠르에 나도 작품을 내겠다고 끙끙거렸는데 작품을 완성하기 전에 마감 날을 넘겨 버렸다. 응모를 포기할 처지였는데 내 담임선생님이 더 아쉬워했다. "정한숙 선생님께 부탁을 드리면 며칠은 봐 주실 게다." 담임선생님의 말을 듣고 교복차림으로 따라 나섰다. 담임선생님의 대학 은사이신 전광용 선생님 댁을 먼저 찾아가서 선생님의 댁 위치를 알았다. 그래서 처음으로 삼선동 비탈길을 올랐는데 선생님이 계시질 않아 작품만 놓고 돌아섰다. 상 하나 타지 못하면서 나는 그 일을 곧 잊어버렸다. 대학 3학년 때, 울릉도로 학술답사를 갔을 때였다. 교수와 학생들이 함께 어울린 술자리에서 선생님이 지나가는 투로 내게 말씀하셨다. "자네, 고등학교 때 내 집을 다녀갔지?"

선생님의 단편소설 중에는 실명으로 내가 등장하는 소설이 한 편 있다. 그것도 주인공 격이다. 《현대문학》에 발표하셨던 〈울릉도 답사〉가 그것인데 실제의 학술답사를 소재로 하면서 르포 이상으로 우리들 얘기를 생생하게 그린 소설이었다. 3년 전에 있었던 학생들의 일상적인 대화까지 꼼꼼히 적고 계시는 우리 선생님이 놀랍기만 했다. 소설에서 나와 함께 한 사건을 만들고 있는 동기 여학생이 먼저 이 작품을 읽고 내게 일러 주어 사정을 알았다. 선생님이 당시의 사건을 오해하고 계시다는 것쯤은 쉬 넘길 수 있었지만 제자의 실명을 소설에다 함부로 쓰고 계심은 좀처럼 이해되지 않았다. 곧바로 선생님께 전화를 드려 항변조로 말했다. “선생님, 이러시면 저도 선생님을 주인공으로 해서 똑같은 제목의 소설 한 편을 발표하겠습니다.” “그렇게 하렴.” 선생님이 통화기 저편에서 기분 좋게 웃고 계셨다.

젊기만 하던 시절, 나는 외람되게도 나와 선생님은 애증의 관계라는 말을 곧잘 하곤 다녔다. 이런 가당찮은 소리가 또 있을까. 나는 제자로서 도리를 다 하지 못했는데 선생님으로부터 사랑만 입었다. 나 자신이 나 대학 때의 선생님 연세보다 더 많은 나이가 되고 그때의 나 같은 학생들을 강의실에 앉히는 처지가 되고 보니 이 부끄러움과 고마움은 더 여실했다.

선생님이 잘 가시던 종로의 맥주집 ‘낭만’, 이항녕 홍익대 총장도 계시는 자리에서 “지 놈은 싱금민 타 먹는 소실장이야” 하시던 자랑 섞인 경계, 짧은 내 결혼식의 주례사, 나와 유만상(소설가)의 대학원 논문심사가 끝나는 날, 점심 값만큼은 우리 둘이 낸다고 작정하고 있는데 어느 틈에 계산을 다 하시곤 훌훌히 떠나신 일, 문예진흥원 원장실에서 내 손에 쥐어 주시던 당신의 책 한 권… 그 어느 것 하나 선생님의 사랑에서 나오지 아니한 것이 없음을 알 수 있다.

이 세상을 하직하시던 때에도 선생님은 티끌 하나 남김없이 홀연히 떠나셨다. 사모님께마저 임종의 기회를 주시지 않은 청결함이 무서울 정도였다. 동대문 근처의 술집에 앉아 있다가 선생님의 부음을 듣고 그 길로 고대병원에 달려가 선생님 영정 앞에 무릎을 꿇은 때가 1997년 9월 어느 저녁이었다. 선생님으로 인해 숱한 세사들이 홍복을 입었지만 선생님도 기라성 같은 제자들이 저마다 큰일들을 이루면서 당신같이 늙어 감을 저승에서 보시면서 즐거워하실 것은 분명하다.

정한숙 생애 연보

1922년(1세) 11월 3일 평안북도 영변군 영변면 동부리 533번지에서 부 정이석과 모 박병렬의 오남매 중 차남으로 출생. 영변에는 4대조부터 정착하여 살았으나 부친이 파산하면서 연주문 앞의 초가로 이사. 불교에서 기독교로 개종한 모친의 영향으로 보통학교 입학 전 2년 동안 기독교 계통의 유치원에 다님.

1929년(8세) 영변 공립 보통학교 입학. 재학 시절, 훗날 아내가 될 김순실을 만남.

1937년(16세) 중학교 입학시험에 떨어져 보통학교를 8년 동안 다님. 17세 때까지 기독교에 심취하여 교회에서 성극을 지도하며 찬양대 대원으로 활동하기도 함. 누나와 누나 친구의 영향으로 소설을 탐독하며 이광수의 소설과 이태준의 문장에 매료되며 막연하게나마 소설가의 꿈을 꾸게 됨.

1943년(22세) 영변공립농업학교 졸업. 생계를 위해 방직회사 사원, 도(道) 고원, 일인(日人) 소학교 촉탁교원 겸 서기, 총독부 기수, 곡물검사소 소장 대리 등 여러 직업을 전전함. 일제 말 징용을 피해 국경

지대인 만포와 강계에 머물다가 해방을 맞음.

1946년(25세) 단신 월남 후 평양으로 시집간 누나를 제외한 어머니와 두 남동생도 뒤이어 월남. 학업 정진을 위해 고려대학교 국어국문학과에 편입. 고명중학교 교사. 이미 월남하여 초등학교 교사를 하고 있던 김순실과 재회.

1947년(26세) 전광용, 정한모, 남상규, 전영경 등과 함께 '주막(酒幕)' 동인 결성.

1948년(27세) 소설 〈흉가(凶家)〉가 《예술조선》(3호, 4월) 신인상 가작에 당선되면서 문단에 데뷔.

1950년(29세) 고려대학교 국어국문학과 1회 졸업생으로 졸업(5월). 대학 졸업 직후 대동상업학교에서 국어교사를 하던 중 한국전쟁이 발발하자 적 치하 90일을 숨어 삶.

1951년(30세) 휘문고등학교 강사(~52년). 부산으로 피난. 피난지에서 황순원, 김동리, 허윤석, 박연희, 박목월 등을 만나 교유함.

1952년(31세) 휘문고등학교에 국어교사(~58년). 단편 〈ADAM의 행로〉와 〈광녀〉 발표.

1954년(33세) 고려대학교 문리과대학 강사(~57년). 소설 〈배신〉이 《조선일보》(2월 8일) 신춘현상단편소설모집에서 선외가작으로 당선.

1955년(34세) 문단의 혼란기에 본격적인 재등단이 필요하다고 생각할 무렵 마침 현상모집에 작품 투고를 하여 소설 〈전황당인보기(田黃堂

印譜記)〉와 희곡 〈혼항(昏巷)〉이 《한국일보》 신춘문예에 가작으로 당선됨. 이후 양적으로 주목할 만한 활동을 함. '주막' 동인은 동인 초창기 친목 도모적 성격을 탈피하여 월례 작품합평회를 가졌고, 이 모임은 1970년대 중반까지 20여 년 동안 계속됨. 동인 시절 '일오(一悟)'라는 호를 얻음.

1956년(35세) 국제 펜클럽 회원. 《조선일보》에 〈여인의 생태〉를 연재하면서 〈바위〉, 〈고가〉, 〈예성강곡〉 등을 발표.

1957년(36세) 고려대학교 문리과대학 조교수(~61년). 〈암흑의 계절〉(《문학예술》), 〈고원의 비련〉(《평화신문》), 〈애원〉(《현대》 연재). 엄청난 분량의 연재 원고를 써내면서도 〈해랑사〉, 〈청상시대〉, 〈화선빈〉, 〈그늘진 계곡〉 등 여러 단편 발표.

1958년(37세) 〈암흑의 계절〉로 제1회 내성문학상 수상. 〈처용랑〉을 《경향신문》에 연재. 〈시몬의 회상〉을 비롯한 〈낙산방춘사〉, 〈미아리 근처〉 등을 발표하였으며, 첫 소설집 《묘안묘심》을 정음사에서 간행.

1959년(38세) 소설 〈바다의 왕자〉를 《경향신문》에 연재.

1960년(39세) 중편 〈IYEU도〉를 비롯하여 〈신과 인간의 상처〉, 〈목우〉 등 발표.

1961년(40세) 고려대학교 문과대학 부교수(~64년)

1962년(41세) 전작 장편 《끊어진 다리》를 을유문화사에서 간행.

1963년(42세) 〈우리 서로 닮았다〉를 《동아일보》에 연재하면서, 다시 왕성하게 소설 작업에 몰두. 이후 〈닭장 관리〉, 〈쌍회점〉, 〈만나기 내리는 땅〉, 〈누항곡〉 등 발표.

1964년(43세) 고려대학교 문과대학 교수(~88년).

1965년(44세) 〈이성계〉를 《동아일보》에 연재.

1966년(45세) 장편 《우린 서로 닮았다》를 동민문화사에서 간행.

1969년(48세) 〈논개〉를 《한국일보》에서 연재하고 단편 〈백자도공 최술〉 발표.

1970년(49세) 이 무렵부터 창작과 함께 더욱 연구와 후배 양성에 진력함. 1970년대에 집중적으로 《소설기술론》(1975), 《소설문장론》(1973), 《한국문학의 주변》(1975) 《현대한국작가론》(1976) 《현대한국소설론》(1977)과 같은 여러 편의 논문과 연구서들을 펴냄. 이러한 연구 작업은 《해방문단사》(1980)와 《현대한국문학사》(1982)와 같이 80년대에도 이어져 후학 양성에 기여함.

1975년(54세) 전국소설가협회 부회장, 펜클럽 중앙위원.

1976년(55세) 고려대학교 사범대학장(~80년). 장편 《조용한 아침》을 청림사에서 간행.

1977년(56세) 장편 《조용한 아침》으로 제1회 흙의 문학상 수상.

1981년(60세) 단편집 《거문고 산조》를 예성사에서 간행.

1983년(62세) 고려대학교 명예문학박사학위 수여. 대한민국 예술원 정회원. 제15회 대한민국 문화예술상 수상. 단편집 《안개거리》를 정음사에서 간행.

1986년(65세) 대한민국 예술원상 수상.

1987년(66세) 고려대학교 학술상 수상. 국제 펜클럽 한국본부 이사. 한국소설가협회 대표위원. 단편집《대학로 축제》를 문학사상사에서 간행.

1988년(67세) 고려대학교 문과대학 교수로 정년퇴임. 대한민국예술원 부회장. 한국소설가협회 대표위원. 국제 펜클럽 한국본부 이사. 3.1 문화상 수상. 국민훈장 모란장 수훈. 단편집《창녀와 복권》을 청한에서, 첫 시집《나무와 그늘 사이에서》를 열음사에서, 첫 수필집《꿈으로 오는 고향내음》을 해문출판사에서 간행.

1989년(68세) 단편집《유혹》을 거목출판사에서, 두 번째 시집《잠든 숲속 걸으면》을 문학사상사에서 간행.

1991년(70세) 대한민국예술원 회장(~93년). 한국문화예술진흥원장(~93년). 소설선집《고가》, 고희기념시집《강강수월래》를 둥지에서 간행.

1992년(71세) 수필집《공자는 남자인가 여자인가》를 혜진서관에서 간행.

1997년(76세) 9월 17일 숙환으로 별세. 문예진흥원 앞마당에서 문인장으로 장례를 치른 후 남서울공원묘지에 안장. 2004년에는 경기도 파주 헤이리 예술인 마을에 '정한숙기념홀'이 건립됨.

헌정 산문 필자 약력

고형진 1959년 서울 출생. 고려대학교 국어교육과 및 동 대학원 국문과 졸업. 고려대학교 국어교육과 교수. 저서로《시인의 샘》,《현대시의 서사지향성과 미적 구조》,《또 하나의 실재》,《백석시를 읽는다는 것》,《백석시의 물명고》 등이 있음.

김미혜 1948년 출생. 고려대학교 영문과 졸업. 오스트리아 빈 대학원 졸업(Ph.D). 한양대학교 예술체육대학 연극영화학과 교수 역임. 예술경영지원센터 이사장 역임. 현 한양대학교 명예교수. 저서로《드라마투르기적 연출의 실제》,《모던 연극의 초석 헨리크 입센》,《브로드웨이를 넘어》, 역서로《아방가르드 연극의 흐름 1892-1992》,《부조리극》,《미국의 아방가르드연극》,《헨리크 입센 완역 전집》 전 10권 등이 있음.

김보한 경기도 포천 출생. 고려대학교 국문과 졸업. 수유여중, 청운중, 수도여고, 경복고, 용산고, 경기상고, 관악고 등에서 교사 역임. 2003년 수필춘추 등단. 현 한국문인협회 회원. 저서로《초당마을에서의 회상》 등이 있음.

김인환 1946년 서울 출생. 고려대학교 국문과 및 동 대학원 국문과 졸업. 1972년 현대문학(평론)으로 등단. 고려대학교 문과대학 국문과 교수 역임. 현 고려대학교 명예교수, 대한민국 학술원 회원. 저서로《비평의 이해》,《언어학과 문학》,《과학과 문학》,《새한국문학사》등이 있음.

김종성 1952년 강원도 평창 출생. 고려대학교 국문과 및 동 대학원 졸업. 1986년 동서문학(소설) 등단. 고려대 문화창의학부 조교수 역임. 현 한국작가회의 소설분과 위원회 위원장. 저서로 소설집《마을》,《탄(炭)》,《연리지가 있는 풍경》,《말 없는 놀이꾼들》,《금지된 문》, 연구서《한국환경생태소설연구》,《글쓰기의 원리와 방법》,《한국어 어휘와 표현 Ⅰ·Ⅱ·Ⅲ·Ⅳ》등이 있음.

김춘미 1943년 충북 괴산 출생. 이화여자대학교 영문과, 한국외국어대학교 대학원 일어과, 고려대학교 대학원 국문과 비교문학전공 졸업. 한국외국어대학교 일어과 교수, 고려대학교 일어일문학과 교수 역임. 현 고려대학교 명예교수, 일본도교대학, 비교문화문학실 객원연구원, 일본국제문화연구센터 객원연구원, 고려대학교 일본연구센터 소장, 한국일본학회 회장. 저서로《김동인 연구》,《다니자키 준이리초》, 역서로《인간실격》,《해변의 카프카》,《무라카미 하루키론》등이 있음.

문창재 1946년 강원 정선 출생. 고려대학교 국문과 졸업. 게이오대학교 신문연구소 수료. 논설위원실장, 내일신문 객원논설위원 역임. 현 논설 고문. 저서로《동경특파원 보고서》,《나는 전범이 아니다》,《대한민국의 주홍글씨》,《정유재란격전지에 서다》등이 있음.

민충환 1945년 서울 출생. 고려대학교 국문과 졸업. 인하대학교 교육대학원 수료. 부천대학교 교수 역임. 저서로《이태준 연구》,《임꺽정 우리말 용례 사전》,《송기숙 소실어 사전》,《이문구 소설어 사전》,《최일남 소설어 사전》,《어휘 풀이로 읽는 오영수 소설 사전》등이 있음.

박도 1945년 경북 구미 출생. 고려대학교 국문과 졸업. 전 교사, 시민기자.

현 작가. 장편소설로《사람은 누군가를 그리며 산다》,《전쟁과 사랑》,《허형식 장군》,《용서》, 산문집으로《비어 있는 자리》,《일본기행》,《안흥 산골에서 띄우는 편지》,《백범 김구 암살자와 추적자》,《마지막 수업》, 역사 답사기로《항일유적답사기》,《누가 이 나라를 지켰을까》,《영웅 안중근》, 이밖에 엮은 책으로 사진집《지울 수 없는 이미지》,《나를 울린 한국 전쟁 100장면》,《개화기와 대한 제국》,《일제강점기》,《미군정 3년사》, 어린이 도서로《대한민국의 시작은 임시정부입니다》,《김구, 독립운동의 끝은 통일》,《독립운동가, 청년 안중근》등이 있음.

박정규 1946년 서울 출생. 고려대학교 국문과 및 동 대학원 석사과정. 한양대학교 국문과 박사과정(문학박사). 1991년 월간 문학정신(단편소설, 니느웨로 가는 길)로 등단. 현 서울과학기술대학교 문예창작학과 명예교수. 단편소설로《로암미들의 겨울》,《에코르체 혹은 보이지 않는 남자》,《당신은 왜 그렇게 멀리 달아났습니까?》, 장편소설로《흔적》, 논문집으로《김유정 소설과 시간》등이 있음.

서병준 1944년 서울 출생. 고려대학교 국문과 졸업. 국제문예(시)로 등단. 육군중위 예편(ROTC#5) 약사공론에서 근무. 서울고등학교운영위원, 서울시교육청모니터위원, 보건사회부 중앙약사심의위원, 에이즈예방협회 홍보위원 역임. 현 서예문화연구원 회장. 저서로 칼럼집《팜 코러스의 꿈》, 시집《동화시편》등이 있음.

서종택 1944년 전남 강진 출생. 고려대학교 국문학과 및 동 대학원 졸업. 1969년 월간문학(소설)과 문화비평(소설)로 등단. 홍익대학교 사범대학, 고려대학교 인문대학 교수 역임. 현 고려대학교 명예교수. 저서로 창작집《외출》,《원무》, 논저《코리아 블루》,《한국현대소설사론》등이 있음.

송하춘 1944년 전북 김제 출생. 고려대학교 국문과 및 동 대학원 국문과 졸업. 1972년 조선일보(소설)로 등단. 고려대학교 문과대학 국어국문학과 교수, 고려대학교 문과대학장 역임. 현 고려대학교 명예교수. 저서로《1920년대 한국소설 연구》,《발견의로서의 소설기법》,《탐구로서의 소설독법》, 창작집으로《한번 그렇게 보낸 가을》,《은장도와 트럼펫》,《하백의 딸들》등이 있음.

오탁번 1943년 충북 제천 출생. 고려대학교 영문과 및 동 대학원 국문과 졸업. 1966년 동아일보(동화), 1967년 중앙일보(시), 1969년 대한일보(소설) 신춘문예 등단. 고려대학교 사범대학 국어교육과 교수 역임. 현 고려대학교 명예교수, 대한민국 예술원 회원. 저서로《오탁번 소설》전 6권,《오탁번시전집》,《현대시의 이해》등이 있음.

원동은 황해도 연백 출생. 고려대학교 국문과 졸업. 민중서관·학원사 등 출판편집 및 DL이앤씨 홍보실장 등 역임. 현 계간 서울문학 주간, 한국문인협회 회원. 저서로 시집《바닥 기침을 하는지 어쩌는지》,《민속풍물화 시리즈》전 5권,《나의 살던 고향은》등이 있음.

유만상 1948년 경북 경주 출생. 고려대학교 국문과 및 동 교육대학원 국어교육과 졸업. 1982년 현대문학지 소설 추천 완료로 등단. 창작집으로《바람의 끝》,《땅끝에서》,《폭설》,《다시 사랑으로 흐르는 강》, 꽁트집《구경도 못합니까》등이 있음.

윤석달 1948년 충남 당진 출생. 고려대학교 국문과 및 동 대학원 졸업. 한국항공대학교 교수 역임. 현 한국항공대 명예교수. 저서로《한국현대가족사소설 연구》,《국어의 발견》,《대중문화의 이해》,《명창들의 시대》등이 있음.

이경혜 1947년 평북 정주 출생. 고려대학교 국문학과 졸업. 문학박사. 한국문인협회 수필 분과 위원 역임. 현 안양대학교 명예교수.

이계진 1946년 강원도 원주 출생. 고려대학교 국문과 졸업. 1973년 KBS 1기 아나운서. 저서로《뉴스를 말씀드리겠습니다. 딸꾹!》,《사랑을 주고 갈 수만 있다면》,《남자도 가끔은 옛사랑이 그립다》,《이계진이 만난 아름다운 사람들》 등이 있음.

이규항 1939년 서울 출생. 고려대학교 국문과 졸업. KBS 아나운서 실장, KBS 2대 한국어연구실장, 한글맞춤법 및 표준어 개정작업 검토 조절위원, 국어심의위원, 외래어 심의위원, 동덕여대 강사 역임. 프로야구·민속씨름 전문 캐스터. 저서로《표준 한국어 발음사전》,《아나운서로 가는 길》,《미국 야구》,《0의 행복》,《부처님의 밥맛》,《재미있는 한국어의 미학》 등이 있음.

이남호 1956년 부산 출생. 고려대학교 국문과 및 동 대학원 졸업. 문학박사. 고려대학교 사범대학 국어교육과 명예교수. 저서로《한심한 영혼아》,《문학의 위족》,《남김의 미학》 등이 있음.

이은집 1942년 충남 청양 출생. 고려대학교 국문과 및 동국대학교 교육대학원 졸업. 1971년 창작집《머리가 없는 사람》 등단. 한국문인협회 소설분과 회장, 한국소설가협회 이사, 국제펜한국본부 이사, 한국문예학술저작권협회 감사 역임. 저서로《후예》,《눈물 한방울》,《스타 탄생》,《통일절》,《통일가족 통일남북》,《한국인 멸종》,《응답하라! 고향아! 추억아!》 등이 있음.

이희중 1960년 경남 밀양 출생. 고려대학교 국문과 및 동 대학원 졸업. 1987년 광주일보(시) 등단. 1992년 경향신문 신춘문예(평론) 등단. 현 전주대학교 국어교육과 교수. 저서로 시집《푸른 비상구》,《참 오래 쓴 가위》, 평론집《기억의 지도》,《기억의 풍경》 등이 있음.

정지태 1954년 출생. 현 대한의학회 회장, 고려대학교 명예교수. 저서로《소아과학》,《소아 알레르기 호흡기학》 등이 있음.

주철환 1955년 경남 마산 출생. 고려대학교 국문과 및 동 대학원 국문과 졸업. 동북중고등학교 교사, MBC TV프로듀서, 이화여자대학교 교수, OBS경인TV 대표이사 사장, JTBC 제작본부장, 아주대학교 교수, 서울문화재단 대표이사 역임. 저서로 《PD는 마지막에 웃는다》, 《더 좋은 날들은 지금부터다》, 《재미있게 살다가 의미 있게 죽자》 등이 있음.

최동호 1948년 수원 출생. 고려대학교 국문과 및 동 대학원 국문과 졸업. 1976년 시집 《황사바람》 발간, 1979년 중앙일보(평론) 신춘문예 등단. 경남대학교, 경희대학교, 고려대학교 교수, 황순원학회 회장, 시사랑문화인협의회 회장 역임. 현 고려대학교 명예교수 겸 경남대학교 석좌교수. 저서로 시집 《황사바람》, 《아침책상》, 《공놀이하는 달마》, 《제왕나비》, 《수원 남문 언덕》, 시론집 《현대시의 정신사》, 《불확정시대의 문학》, 《평정의 시학을 위하여》, 평론집 《하나의 도에 이르는 시학》, 역서 《헤겔 시학》, 《문심조룡》 등이 있음.

최학 1950년 경북 경산 출생. 고려대학교 국문과 및 동 교육대학원 졸업. 1973 경향신문(소설) 신춘문예 등단. 1979년 한국일보(장편소설) 당선. 우송대학교 교수 역임. 저서로 《안개울음》, 《미륵을 기다리며》, 《화담명월》, 《고변》, 《시가 있는 간이역》 등이 있음.

큰 가슴 작은 손

정한숙 수필 선집 및 헌정 산문

초판 발행 1쇄 2022년 11월 3일

엮은이 일오 정한숙 선생 탄생 백주년 기념사업회
펴낸곳 고려대학교출판문화원
www.kupress.com
kupress@korea.ac.kr
(02841) 서울특별시 성북구 안암로 145
Tel 02-3290-4230, 4232
Fax 02-923-6311
찍은곳 (주)동화인쇄

ISBN 979-11-6956-002-3 04810
ISBN 979-11-6956-000-9 (세트)

값 18,000원